国家骨干高职院校建设项目成果

个人理财业务实训

何先应　李广辉　主　编
李　绍　徐强强　副主编

经济科学出版社

图书在版编目（CIP）数据

个人理财业务实训 / 何先应，李广辉主编．—北京：经济科学出版社，2012.12（2017.8 重印）

ISBN 978－7－5141－2852－9

Ⅰ.①个…　Ⅱ.①何…②李…　Ⅲ.①私人投资－高等职业教育－教材　Ⅳ.①F830.59

中国版本图书馆 CIP 数据核字（2012）第 314091 号

责任编辑：侯晓霞　刘殿和
责任校对：徐领柱
责任印制：李　鹏

个人理财业务实训
何先应　李广辉　主　编
李　绍　徐强强　副主编
经济科学出版社出版、发行　新华书店经销
社址：北京市海淀区阜成路甲 28 号　邮编：100142
教材分社电话：88191345　发行部电话：88191537
网址：www.esp.com.cn
电子邮件：houxiaoxia@esp.com.cn
北京密兴印刷有限公司印装
787×1092　16 开　12.25 印张　290000 字
2012 年 12 月第 1 版　2017 年 8 月第 2 次印刷
ISBN 978－7－5141－2852－9　定价：25.00 元
（图书出现印装问题，本社负责调换。电话：88191502）

前言

《个人理财》是金融与证券、金融保险、投资与理财等金融类专业的核心课程，也是银行从业人员资格考试必考的一门课程。它运用理财基本原理分析个人生命周期不同阶段财富处置与安排的基本原理和基本方法，最终让学习者掌握制作个人理财规划书的技能。为巩固学生理财知识，提高学生理财水平，我院组织了专业教师和在理财领域有丰富经验、理论知识扎实的一线工作者共同编写这本《个人理财业务实训》。本教材是根据商业银行、保险公司、证券公司和理财服务咨询公司等金融机构的个人客户经理岗位从业基本要求来编写的，是与《个人理财》教材配套的实训教材，主要培养学生面向个人客户从事理财业务的基本知识、操作技能和相关职业素质。

本教材包括了认知个人理财、货币时间价值计算、建立和维护客户关系、客户的理财目标与风险属性界定、编制并分析客户家庭财务报表、教育规划、银行理财规划、保险理财规划、证券理财规划、实物理财规划、退休规划等内容。实训操作结合深圳智盛公司开发的“金融理财规划系统”进行详细阐述，基本操作流程和内容充分体现了个人理财过程，各项目既可以单独成为一个实训项目，同时也是个人理财业务实训必不可少的一个环节，充分体现了“学中做”、“做中学”的职教要求。

本教材由江西财经职业学院何先应和中国银行九江分行副行长李广辉担任主编，江西财经职业学院李绍和中国农业银行九江分行高级理财师徐强强担任副主编。其中，项目一、项目二由何先应和徐强强共同编写，项目三、项目四、项目六、项目十一、项目十二由李绍和李广辉共同编写，项目五、项目七、项目十由江西财经职业学院樊纪明和九江农商银行滨湖支行行长刘艳红共同编写，项目八由江西财经职业学院王怡然和中国人寿九江分公司刘家荣经理共同编写，项目九由江西财经职业学院王能翔和中航证券九江营业部桑林经理共同编写。

本教材在编写过程中，参考了有关书籍、图片及其他资料等文献，在此谨向这些文献的作者表示深深的谢意。同时也得到了编者所在单位领导及同事的指导与大力支持，在此一并致谢。

由于时间仓促，加之编写水平有限，本教材中难免有疏漏和不妥之处，恳请广大读者批评指正。

编　者
2012 年 12 月

目录

项目一

认知个人理财

任务1　认知个人理财服务岗位

➢ 实训目标

熟悉金融行业个人理财业务岗位的工作内容及上岗要求。

➢ 实训预备

利用实训室各种网络资源查找金融机构个人理财业务岗位的内容和上岗要求，如进入招聘网站（图1－1），搜索“金融机构个人理财业务岗位”。

综合人才(12)	前程无忧	智联招聘网	58同城招聘	卓博人才网	中国人才热线
	中华英才网	百伯网招聘	招聘会信息	智通人才网	我的工作网
	赶集网招聘	猎聘网			
毕业生招聘(11)	应届生求职网	过来人求职网	大街网	各地毕业生就业	hiall校园招聘
	应届毕业生求职网	简历模板	面试技巧和注意	应届生bbs	晒工资薪水
	人人应届生校招				
各地人才(22)	广西人才网	深圳人才网	广东人才网	南方人才网	百才招聘网
	齐鲁人才网	厦门人才网	苏州人才新干线	上海公共招聘网	杭州人才网
	湖南人才网	昆山人才网	新安人才网	宁波人才网	浙江人才网
	西安人才网	福建海峡人才网	江西人才网	泉州人才网	山西人才网
	河北搜才网	重庆人才网			

图1－1　招聘网站

资料来源：http：//www. hao123. com/zhaopin.

一、某股份制银行中山分行招聘理财业务产品经理

工作地区：中山市
职位性质：全职
招聘人数：3 人
职位月薪：10 000 ~ 14 999 元
学历要求：本科
工作经验：3 年以上

【工作职责】

1. 负责各类个人理财产品（信托、基金、证券等）的引入、开发及现有产品体系的管理与维护；

2. 负责各类个人理财产品的营销推广和交叉销售；

3. 负责各类个人理财产品的渠道拓展和管理；

4. 为分行提供投资策略咨询及产品培训。

【职位要求】

1. 本科及以上学历，经济、金融、管理、营销等相关专业；

2. 5 年或以上银行相关岗位工作经验；

3. 具有高品质的客户服务意识，较强的领导力、执行力和创新能力；

4. 具有良好的团队合作意识和职业操守。

二、北京精英创融投资管理有限公司招聘理财顾问

工作地区：朝阳区

职位性质：全职

招聘人数：12 人

职位月薪：6 000 ~7 999 元

学历要求：大专

工作经验：无要求

【工作职责】

1. 服务于公司 VIP 客户及京城高价值个人客户，为高价值个人客户提供全方面金融理财服务；

2. 通过与客户沟通，了解客户在家庭财务方面存在的问题以及理财方面的需求；

3. 根据客户的资产规模、生活目标、预期收益目标和风险承受能力进行需求分析，出具专业的理财计划方案，推荐合适的理财产品；

4. 通过调整存款、股票、债券、基金、保险等各种金融产品的理财产品比重达到资产的合理配置，使客户的资产在安全、稳健的基础上保值升值；

5. 协助客户开立账户及一系列后期服务；

6. 定期与客户联系，报告理财产品的收益情况，向客户介绍新的金融服务、理财产品及金融市场动向，维护良好的信任关系。

【职位要求】

销售公司所涵盖的金融产品（包括信用卡、保险业务、证券业务、信托项目等，针对客户将产品整合）。

大专以上学历，专业不限（金融/营销）受过市场营销、产品知识等方面的培训。

具有极强的中高端客户市场开拓能力以及良好的客户沟通能力，关系管理能力及优秀的谈判技巧；有地区销售网络和销售关系；坦诚自信，乐观进取，高度的工作热情；有良好的团队合作精神，有敬业精神；具有独立的分析和解决问题的能力；良好的沟通技巧和说服能力，能承受较大的工作压力。

【薪酬】

上不封顶有竞争力的国际惯例薪酬待遇及晋升机制，成长空间巨大，是我们的绝对优势。（薪酬：底薪 + 产品佣金 + 津贴补助 + 季度奖 + 年终奖 + 公司各项福利 + 商业保险）

【优势】

1. 公司提供完善优厚有竞争力的薪酬福利，多元化的收入来源（多达 30 项），上不封顶。目前我公司理财人员年薪普遍在 10 万 ~30 万元，高级金融理财师和营销主管年薪已达到 100 万元以上。

2. 一经录用，公司提供高端客户资源，并配备专职理财助理负责联系约访客户，提供终身免费理财培训平台，享受国际惯例公平竞争晋升机遇。

3. 专业培训：中国平安引进国际领先的理财顾问教育课程（PAPPM），平安金融学院所设立的各种课程让平安理财顾问得到全方位的提升，造就新一代的金融理财师。

4. 福利保障：考虑到人才发展的长远性，本理财顾问创业计划在福利保障方面为您想到更多，基本医疗、意外保险、养老公积金，长期服务奖等使员工能够发展于平安，留存于平安。

三、新华人寿保险股份有限公司深圳分公司招聘银行业务部理财经理

工作地区：深圳市

职位性质：全职

招聘人数：不限

职位月薪：面议

学历要求：大专

工作经验：1 年以上

【工作职责】

1. 完成公司下达的计划任务目标；

2. 有效地进行网点沟通并能进行网点培训、辅导工作；

3. 根据公司要求完成相应的客户服务工作；

4. 遵守公司相关的《风险管理办法》规定。

【职位要求】

1. 大专以上学历；

2. 具有一定的沟通能力，有 1 年以上的销售经验者优先；

3. 具有金融理财的基础知识，学习能力强；

4. 能吃苦、反应敏捷。

四、太平人寿保险有限公司福建分公司招聘银行保险业务发展部理财经理岗

工作地区：福州市

职位性质：不限

招聘人数：若干

职位月薪：面议

学历要求：大专

工作经验：无要求

职位职能：保险代理/经纪人/客户经理 客户经理/主管

职位描述：招聘岗位：银行保险部——理财经理岗

【工作职责】

1. 负责银行保险业务的推动与开发；

2. 为银行人员提供培训、支持和服务。

【职位要求】

1. 大专以上学历，金融、保险等经济类专业优先；

2. 有销售经验者优先。

【薪资福利】

行业内富有竞争力的薪酬待遇和新人培养体系，全面的职业生涯规划，健全的培训机制，业务培训与综合培养并重，完备的福利保障计划，社会保险、住房公积金、节日费、商业保险、带薪年假及团队活动等。

五、中国国际技术智力合作公司（中智公司）招聘个人银行部理财客户经理

工作地区：北京市

职位性质：全职

招聘人数：1 人

职位月薪：面议

学历要求：本科

工作经验：3 年以上

【工作职责】

1. 开拓和发掘显卓理财客户。通过网点识别、员工/客户引荐、营销/联谊活动、数据库销售等各类渠道获得客户资源。

2. 识别客户需求，提供专业化理财服务。根据客户需求提供专业理财顾问服务和综合理财服务，提出投资理财建议或规划，推荐符合客户风险承受能力的产品；根据客户的消费习惯、风险偏好、投资需求等信息，进行有针对性的相关产品和服务交叉销售，在满足客户需求的同时，提升客户价值。

3. 建立客户档案，维护客户关系。建立客户档案，及时收集、整理、更新客户信息，进行客户关系维护，提高显卓理财客户的忠诚度。在交易业务处理中融入客户关系管理的概念，不断发掘进一步提供理财服务的机会。

4. 及时维护及服务显卓理财客户。及时主动联系客户进行关系维护并提供产品组合管理的建议等，向显卓客户提供一对一的专属服务。

5. 完成业绩指标。通过客户维护及开拓，销售我行各类零售业务产品等，完成上级下达的各项业绩指标。

6. 合规操作。遵守监管法规及行内规章的规定，合法、合规地进行客户营销及产品销售。

7. 其他。完成上级安排的其他工作。

【职位要求】

学历及教育背景：经济类本科学历以上，大学专业为金融学、货币银行学者优先考虑；

工作经验：4 年以上银行工作经验；熟悉个人银行部业务，有外资银行工作者优先考虑；

资格证书：有各种专业证书者优先；

英文能力：听、说、读、写流利，国家英语专业 4 级以上；

其他主要资质：办公软件操作熟练；良好普通话水平；良好计算机操作；性格积极、乐观、开朗、外向，能够承受较大工作压力；沟通能力强。

➢ **实务操作**

1. 利用实训室网络资源查找或去金融机构实地调研，了解金融机构个人理财岗位的上岗要求、工作职责和福利待遇。

2. 全班学生分成若干小组，以小组形式进行调查，每个小组制作一份金融机构理财岗位调查报告，在实训课堂上每个小组推荐一名同学在班级进行报告的说明，然后大家讨论。

任务 2　熟悉个人理财规划的内容

➢ **实训目标**

熟悉个人理财规划的子项目和规划流程，为理财实训顺利进行打下基础。

➢ **实训预备**

理财规划通常可以分为生活理财规划和投资理财规划两个部分。生活理财是通过设计一个将个人整个生命周期考虑在内的终身财务计划，将个人未来的职业选择、自身及子女的教育、购房、保险、医疗、税收、企业年金和养老、遗产、继承以及生活中个人所必须面对的各种事宜进行妥善安排，使个人在不断提高生活品质的同时，即使到年老体弱或收入锐减的时候，也能保持自己所设定的生活水平，最终达到终生的财务安全和生活幸福。投资理财则是个人或者家庭的生活目标得到满足以后，通过投资股票、债券、金融衍生工具、黄金、外汇、不动产以及艺术品等投资品种，获取投资回报，加速个人或者家庭资产的增长，从而提高家庭的生活质量。

一、理财规划的主要内容

理财规划具体的包括以下 8 个方面的内容，这些内容对应了我们所要达成的各种生活目标。

1. 现金规划。现金规划是理财规划的核心部分。它的宗旨就是要按计划时间，满足个人或家庭对现金的需求金额。为了满足个人或家庭短期需求，要确定日常的现金及现金等价物（活期储蓄、各类银行存款、货币市场基金等流动性强的金融资产）的额度，也可以设计通过短期融资达成现金需求目标的方案。而满足中长期现金需求，则要通过储蓄和投资来完成。

一般来说，在现金规划中有这样一个原则：短期需求可以用手头现金来满足，而预期的或者将来的需求，则可以通过各种类型的储蓄或者短期投资、融资工具来满足。这实际上是在保持资产的流动性和机会成本之间进行权衡的问题。

怎样确定个人或家庭所持有的现金额度呢？可以通过下面的公式进行计算，以确定现金及现金等价物的持有额度。

流动性资产 = 流动性比率 × 每月支出流动性比率一般保持在 3 ~ 6，也就是说现金及现金等价物的额度应该是个人或家庭每月支出的 3 ~ 6 倍。

如果再进一步细化的话，在持有额度确定好以后就可以在现金及现金等价物之间进行资产配置了。例如，可以将额度的 1/3 以现金形式保存，而另外 2/3 以活期储蓄和货币市场基金的形式存在。通过现金规划，要既能够保持资产一定的流动性、满足日常生活费用的需要，又能够使这些流动性较强的资产也能产生一定的收益。

（1）现金。现金是现金规划的重要工具。它具有两个特点：一是在所有现金规划工具中，它的流动性最强；二是持有现金的收益率低。在通常情况下，由于通货膨胀的存在持有现金不但没有收益反而出现贬值。

（2）相关储蓄产品。国内储蓄业务主要有：活期储蓄、定活两便储蓄、整存整取定期储蓄、零存整取定期储蓄、存本取息储蓄、个人通知存款、定额定期储蓄。

（3）货币市场基金。货币市场基金是仅投资于货币市场工具的基金，它是一种功能类似于活期存款，而收益却高于银行存款的低风险投资产品。它有几个特点：一是收益性能够与银行中短期存款相替代，而且利息收入无需缴纳税费；二是属资品种的特性决定了货币基金的安全性高，风险接近于零；三是具有较好的流动性，资金最快 T + 1 日即可到账。

货币市场基金是现金规划工具当中一个不错的选择。从海外经验来看，参与货币市场基金的群体很广泛，这一类型的产品应该成为资产组合的一部分，配置 10% ~20% 最佳。

（4）现金规划融资工具。随着银行业、保险业的发展以及个人融资需求的日益增强，在个人或家庭的现金规划中，我们利用一些短期融资工具解决紧急资金需求不失为一个好的方法。目前，适宜于现金规划的融资方式主要包括以下几种：信用卡融资；凭证式国债质押贷款、存单质押贷款；保单质押贷款；典当融资。

2. 消费支出规划。消费支出规划主要是基于一定的财源下，对个人的消费水平和消费结构进行规划，以达到适度消费、稳步提高生活质量的目标。消费支出规划是理财业务重要的内容，如果消费支出缺乏计划或者消费计划不得当，很可能支付过高的消费成本甚至产生财务危机。个人或家庭的消费模式可以归纳为三种类型：收大于支、收支相抵、支大于收。收大于支的消费模式，可以认为达到了财务安全的目标，如果用结余资金进行的投资得当，随着积累的增加，可以实现财务自由。收支相抵的消费模式达到财务自由就相当困难，而支大于收则有可能使家庭陷入财务危机之中。所以，在进行消费支出规划之前，要调整我们的消费模式，只有理顺了收支关系才可能实现财务安全，进而早日达到财务自由。消费支出规划主要包括住房消费规划、汽车消费规划、信用卡与个人信贷消费规划等。在做信贷消费规划时要注意控制贷款的额度，可以参照以下两个指标：

（1）房屋月供款与税前月总收入的比率一般不应超过 25% ~30%。

（2）所有贷款月供与税前总收入的比率一般应控制在 33% ~38%。

购房的财务支出由于涉及的金额大、时间长，是我们应该首先做好的规划。在制定购房消费支出贷款规划时，要综合考虑借款金额、借款期限、还款方式等各方面的因素。

可负担的房屋总价可以通过以下方式加以计算：

$$\text{可负担首付款} = \frac{\text{现有净资产}}{\text{购房时的终值}} + \frac{\text{以年收入为年金}}{\text{购房时的终值}} \times \frac{\text{年收入中可负担}}{\text{首付的比例上限}}$$

$$可负担房屋贷款 = \frac{以年收入为年}{金购房时的现值} \times \frac{年收入中可负}{担贷款的比例上限}$$

$$可负担的房屋总价 = 可负担首付款 + 可负担房屋贷款$$

对于购房者的建议是：贷款购房的房价最好控制在年收入的 6 倍以内，贷款期限在 8 ~ 15 年。在这个范围内，月均还款支出的额度较为适宜。

具体的还款方式，个人可以根据对未来收入的预期情况，选择采取等额本息还款或者是等额本金还款。等额本息还款时贷款期限内每月偿还的本金与利息的和金额均等，方便制订财务支出计划，适用于收入稳定的家庭。等额本金还款时贷款期限内每月偿还的本金相等而利息则是递减的，因此每月还款的总金额是逐渐减少的，适用于目前还款能力较强而未来收入不确定的家庭。

3. 教育规划。对大多数家庭而言，子女教育费用支出是最不容忽视且数额越来越大的一笔支出。教育规划可划分为个人教育规划和子女教育费用规划两种。因为子女受教育目标的不同，教育费用额度具有弹性，但是却具有时间刚性。

正因为教育规划的以上特点，在选择教育理财产品时，应该首先考虑安全性，不能大量投资风险过高的理财产品等。其次要考虑收益性，进行提前规划，建议采用定期定额的方式长期投资。例如，建议家庭以每月收入的固定比例进行教育费用的规划时，可以定期定额购买稳健型的投资组合。这个投资组合中可以由 1/3 的债券型投资基金、1/3 的指数型基金、1/3 的股票型基金组成。这样一个组合可以较好地规避风险，并获得相对较高的综合收益率，是普通家庭规划子女教育费用的一个可行方案。

具体的教育规划理财工具，可以根据家庭风险收益的偏好选择：教育储蓄、教育保险，或者国债、信托、基金等。

4. 风险管理和保险规划。人在生命的各个阶段都会承担不同的责任，同时会面临不同的风险。在没有充分保险的情况下，一旦家庭主要经济支柱发生风险，将给个人或家庭带来重大的经济损失。风险管理和保险规划的目的是，通过对个人经济状况和保障需求的分析，选择最适合的风险管理措施以规避风险。因此，保险产品应该成为生活的一种必备品。

在理财规划方案中，购买保险的保障性需求大于投资性需求，购买保险的主要目的是针对自身可能面临的风险进行风险转移。保险规划的理财工具可以选择各种不同类型的商业保险，以规避人身风险、健康风险和财产风险。

5. 税收筹划。出于对自身利益的考虑，纳税人往往希望将自己的税负减到最小，在合法的前提下尽量减少税负就成为每位纳税人十分关注的问题。个人税收筹划是指纳税人在符合国家法律及税收法规的前提下，按照税收政策法规的导向，在纳税义务发生前，通过对纳税主体的经营、投资、理财等经济活动的事先筹划和安排，充分利用税法提供的优惠和差别待遇，以减轻税负，达到整体税后利润最大化的过程。

对于个人有一些常用的税收筹划方式来实现“合理避税”。

（1）利用税收优惠政策。基本养老保险费、基本医疗保险费、失业保险费和住房公积金免征个人所得税，这三险一金从税前工资中扣除，提高三险一金的缴纳数额可以实现少缴税的税收收益。

（2）推迟收入实现时间。如果一次性收入较高，纳税时适用的税率也高。将收入平摊到几个月份，降低每个月的应纳税额，尽可能适用较小的税率，以实现少缴税和递延纳税的税收收益。

（3）投资免税理财产品。如投资基金，基金分配中取得的收入暂不征收个人所得税，而且还免收分红手续费和再投资手续费；个人投资企业债券应缴纳20%的个人所得税，而投资国债就可以免征个人所得税。

6. 投资规划。投资是实现资产增值的重要手段。投资规划是根据个人的财务目标、可用投资额和风险承受能力等实际情况来确定投资目标、制订合理的资产配置方案、构建投资组合的过程。由于投资规划具有极强的专业性，为了规避风险，建议个人和家庭的投资规划交由专业人员来做。专业人员要对市场上可以选择的投资工具进行分析，综合运用各种投资组合技术，确定投资比例，得出合适的股票投资组合、债券投资组合、基金组合等，最终形成一个完整的投资组合。

投资规划是理财规划的核心，投资是走向财务自由的必经之路。投资规划方案中既要考虑收益性又要考虑稳健性。在确定个人或家庭的投资额度时可以参考下面这一组比例：

$$投资比率 = 投资资产/净资产 = 0.6$$
$$偿付比率 = 净资产/总资产 = 0.6$$

目前市场上可用的投资工具主要有：

（1）实物资产投资：实业投资、不动产、艺术品、收藏品等。

（2）金融资产投资。股票：包括A股、B股、H股；债券：国债、企业债、金融债、可转换债券；集合投资：证券投资基金、集合资金信托、私募基金等；衍生产品：期货、权证等；其他：外汇、黄金。

一般来说，若家庭收入很高、来源稳定，生活无忧，可进行稍微激进点的投资，可以将其中的30%～40%投资房产、土地所有权买卖，或直接进行股票投资。也就是说，固定收益类投资和权益类投资可以采用6∶4的比例。而家庭收入一般，家庭财务压力较大，进行投资的方向主要是基金和国债，另外对于投资基金的部分不妨将债券型基金和股票型基金进行6∶4的配置。这里推荐通过基金定投的方式，选择股票型基金、指数型基金，定期、定额进行投资的积累，这种方法既可以满足个人的投资需求，集腋成裘，又可以在一定程度上回避风险，更具有可操作性。

7. 退休养老规划。退休养老规划是为保证人在老年时期有一个自立、尊严、高品质的退休生活而实施的规划方案。合理而有效的退休养老规划不但可以满足退休后漫长生活支出的需要，保障自己的生活品质，抵御通货膨胀的影响，而且可以显著提高个人的净财富。退休规划核心在于进行退休需求的分析和退休规划工具的选择。

退休需求因个人对生活目标的不同而有相当大的差异。对于个人的养老规划来说要考虑以下几个方面的问题：

第一是确定合适的退休年龄，退休后日常收入的大幅度削减更加降低了我们的生活水平和质量。因此，为了平衡退休前后两段时期的不同生活，我们需要结合自身的财务、身体等状况，为自己确定一个理想的退休年龄。第二是根据自身经济状况，合理安排退休后所需要的生活费用，在综合考虑家庭收入和支出的情况下，对自己退休后的生活方式和生活质量进行恰当评估和合理安排。一方面要尽量维持较好的生活水平，不能降低生活质量；另一方面还要考虑到自己的实际情况，不能盲目追求超标准生活。第三是选择适当的养老投资工具。

可供养老的资金渠道有：社保养老金保险、企业年金保险、商业保险。第四是根据资金使用情况和风险承受能力选择市场上合适的投资工具。可以在理财师的指导下进行高风险的投资工具的配置来满足高品质的生活支出的需求。

8. 财产分配与传承规划。财产分配与传承规划是个人理财规划中不可或缺的部分。财产分配规划是指为了将资产在家庭成员之间进行合理分配而制定的财务规划。财产传承是指当事人在其健在时通过选择遗产管理工具和制订遗产分配方案，将拥有或控制的各种资产或负债进行安排，确保在自己去世或丧失行为能力时能够实现家庭财产的代际相传或安全让渡等特定的目标。

财产分配与传承规划为个人和家庭提供了一种规避风险的保障机制，当个人及家庭在遭遇到现实中存在的风险时，这种规划能够帮助客户隔离风险或降低风险带来的损失。在实际生活中，个人及家庭可能遭遇的风险主要有：家庭经营风险、夫妻中一方或双方丧失劳动能力或经济能力的风险、离婚或者再婚风险、家庭成员去世的风险。以上种种家庭及个人遭遇的风险一旦发生，就会对个人及家庭的经济能力产生不利影响。如果能够在风险发生之前采取相应措施，就可以最大限度地消除或减少其可能造成的不利影响。通过理财规划，可以根据对家庭及个人状况，制订财务方案，选择避险工具，进行有针对性的风险规避安排，最大限度地消除上述风险带给个人及家庭的不利影响。

二、理财规划的流程

专业人员为客户进行理财规划的标准流程可以分为6步，如图1－2所示。

1. 建立与定位理财师与客户的关系。金融理财师应该解释并以书面形式说明将向客户提供的服务，金融理财师以及客户各自的责任都应得到严格界定。理财师应对其薪酬给付方式向客户明确说明。理财师与客户应就合作期限及决策方式达成一致。

2. 收集客户金融信息。财务信息包括：固定资产、负债情况，每月收入、支出、结余情况等。非财务信息包括：风险承受能力、家庭成员状况、职业发展潜力等。期望目标包括：预期收益率、消费支出的金额和时间计划等。

金融理财师应向客户收集有关信息，客户及理财师应各自陈述对客户个人生活目标及理财目标的构想，完成讨论和实施决策的时间框架，并对风险做出评估。在提出具体理财建议之前，理财师应将所有相关信息收集完整。

3. 分析评估客户财务状况。在提出理财规划之前，要客观分析客户现行的财务状况并对未来的财务状况进行预测。要对客户的资产负债状况、现金流量状况和基本的财务比率进行分析。需要分析的财务比率包括：结余比率、投资与净资产比率、清偿比率、负债比率、即付比率、负债收入比率和流动性比率等。

4. 起草并提出金融理财建议及备选方案。金融理财师应在客户所提供的信息的基础上提出与理财目标相对应的理财建议。理财师应与客户进行深入的讨论，力求让客户对理财师的分析及建议有充分的理解和把握，以便于客户做出科学的决策。理财师也应听取客户的意见，对理财建议进行合理修改。

5. 实施实现目标的计划方案。理财师与客户应就理财计划的实施方案达成一致。理财方案要得到顺利的实施，首先要确定理财计划的实施步骤，然后根据理财计划要求确定匹配资金的来源，最后还要确定具体的实施时间表。

6. 监督实施和调整方案。理财服务不是一次完成的，对未来的估计不可能完全准确，客观环境会不断的变化，客户的个人经济条件、理财目标也会发生变动，如果理财方案不相应变化，会导致方案的最终效果与当初的预定目标产生较大差异。因此，要定期对理财方案进行评估，并且不定期对方案进行调整，以便更好地适应客观环境，达到理财目标。

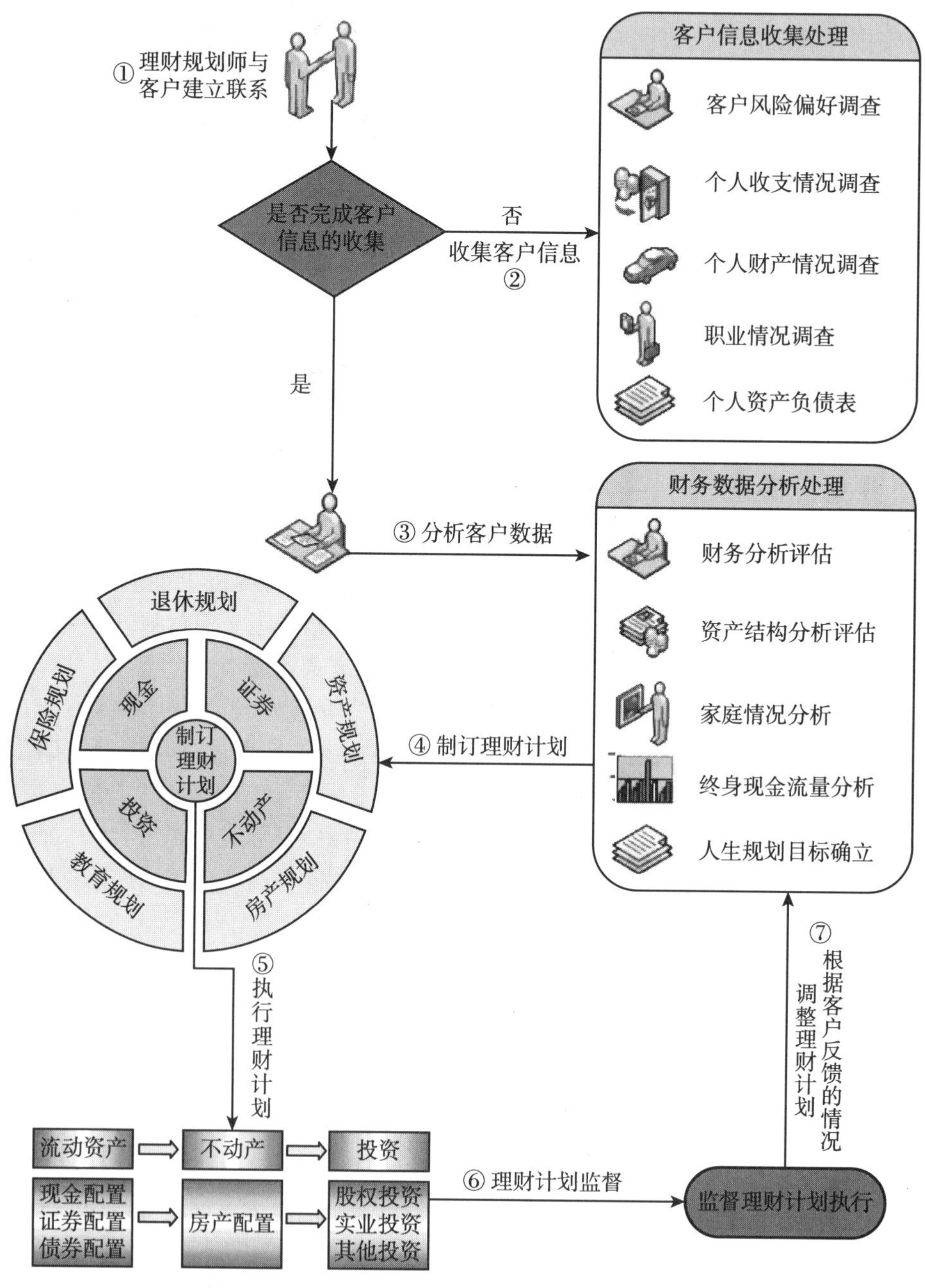

图1-2 金融理财规划业务流程

资料来源：智盛理财规划系统说明书。

➢ 实务操作

1. 对当地的金融机构进行调研，深入了解个人理财业务岗位的内容和流程。

2. 谈谈你对个人理财规划的认识，最重要或最感兴趣的部分，如何才能学好这门课程，字数不少于1 000字，不得抄袭网络或他人的文章。

项目二

货币时间价值

➢ **实训目标**

了解货币时间价值的含义，掌握货币时间价值相关计算题的计算方法。

➢ **实训预备**

一、了解时间价值的含义及计算公式

西方国家的传统说法是：即使在没有风险和没有通货膨胀的情况下，今天1元钱的价值亦大于1年以后1元钱的价值。股东投资1元钱，就牺牲了当时使用或消费这1元钱的机会或权利，按牺牲时间计算的这种牺牲的代价或报酬，就叫时间价值。

本杰明·弗兰克说：钱生钱，并且所生之钱会生出更多的钱。这就是货币时间价值的本质。

马克思没有用“时间价值”这一概念，但正是他无情地揭示了这种所谓的“耐心报酬”就是剩余价值。

货币的时间价值就是指当前所持有的一定量货币比未来获得的等量货币具有更高的价值。

货币时间价值是指货币在周转使用中随着时间的推移而发生的价值增值。

从经济学的角度而言，现在的一单位货币与未来的一单位货币的购买力之所以不同，是因为要节省现在的一单位货币不消费而改在未来消费，则在未来消费时必须有大于一单位的货币可供消费，作为弥补延迟消费的贴水。

货币时间价值概念及计算公式如表2-1。

表2-1　　货币时间价值概念及计算公式

类　别	概　念	计算公式	各字母含义
单利终值	单利计算是仅按本金计算利息，不论时间长短，其所生利息不加入本金重复计算的方法	$FV = PV \cdot (1 + K \cdot n)$	FV-终值 PV-现值 K-利率 n-计息期数
单利现值		$PV = FV \cdot \frac{1}{(1 + K \cdot n)}$	同上

续表

类　别	概　念	计算公式	各字母含义
复利终值	复利是指不仅本金要计算利息，每经过一个计息期还要将所生利息加入本金再计算利益，逐期滚算，即俗称“利滚利”的利息计算方法	$FV_n = PV \cdot (1+K)^n$ $= PV \cdot FVIF_{K \cdot n}$	$(1+K)^n$ “$FVIF_{K \cdot n}$” －普通复利终值系数
复利现值		$PV = FV_a \cdot \frac{1}{(1+K)^n}$ $= FV_a \cdot PVIF_{K \cdot n}$	$\frac{1}{(1+K)^n}$ “$PVIF_{K \cdot n}$” －普通复利现值系数
年金终值	年金是指一定时期内每期相等金额的系列支出或收入	$FVA_n = A \cdot \frac{(1+K)^n - 1}{K}$ $= A \cdot FVIFA_{K \cdot n}$	A－年金数额 K－利息率 n－年金期数 $FVIFA_n$－n 期的年金终值
偿债基金	偿债基金是指为使年金终值达到既定金额每年应支付的年金数额	$A = FVA_n \cdot \frac{K}{(1+K)^n - 1}$	
预付年金终值	预付年金又称先付年金或即付年金。它是指在一定时期内，各期起初等额系列的付款（或收款）	$V_a = A \cdot FVIFA_{K \cdot n} \cdot (1+K)$ $= A \cdot (FVIFA_{K \cdot n+1} - 1)$	
先付年金现值		$V_o = A \cdot PVIFA_{K \cdot n} \cdot (1+K)$ $A \cdot (PVIFA_{K \cdot n-1} + 1)$	
递延年金	递延年金是指在最初若干期没有首付款项的情况下后面若干期等额的系列首付款项	$V_o = A \cdot PVIFA_{K \cdot n} \cdot PVIF_{K \cdot n}$ $= A \cdot PVIFA_{K,n+n} - A \cdot PVIFA_{K \cdot n}$	

资料来源：百度文库。

二、学习计算题的解题方法

1. 假设某客户拥有100万元，现利用这笔资金建设一个小型工厂，这个厂投资建成10年后将全部换置，其残值与清理费用相互抵消，问该厂10年内至少能为客户提供多少收益才值得投资？假定年利率10%，按复利计算。

参考答案：

$$F = 100 \times (F/P, 10\%, 10) = 259.37(万元)$$

2. 假定以某客户出包方式准备建设一个水利工程，承包商的要求是：签约之日付款5 000万元，到第4年年初续付2 000万元，5年完工再付5 000万元，为确保资金落实，于签约之日将全部资金准备好，其未支付部分存入银行，备到时支付，设银行存款年利率为10%，问举办该项工程需筹资多少？

参考答案：

$$P=5\ 000+2\ 000\times(P/F,10\%,3)+5\ 000\times(P/F,10\%,5)=9\ 607(\text{万元})$$

3. “想赚100万元吗？就这样做……从所有参加者中选出一个获胜者将获得100万元。”这就是最近在一项比赛中的广告。比赛规则详细描述了“百万元大奖”的事宜：“在20年中每年支付50 000元的奖金，第一笔将在1年后支付，此后款项将在接下来的每年同一时间支付，共计支付100万元”。若以年利率8%计算，这项“百万元奖项”的真实价值是多少？

参考答案：

$$P=50\ 000\times(P/A,8\%,20)=490\ 905(\text{元})$$

4. 王先生最近购买彩票中奖，获得了10 000元奖金，他想在10后买一辆车，估计10年后该种车价将为25 937元，你认为王先生必须以多高利率进行存款才能使他10年后能买得起这种车子。

参考答案：

$$10\ 000\times(1+x\%)^{10}=25\ 937$$
$$(1+x\%)^{10}=2.5937$$

查表（一元复利终值表）可知$x\%=10\%$的年利率可使王先生买得起这辆车。

5. 某企业向银行借款10 000元，年利率10%，期限10年，每半年计息一次，问第5年年末的本利和为多少？

参考答案：

$$F=P\left(1+\frac{r}{m}^{n}\right)^{m}=10\ 000\times\left(1+\frac{10\%}{2}\right)^{2\times5}=16\ 289(\text{元})$$

6. 假设下列现金流量中的现值为5 979.04元，如果年折现率为12%，那么该现金流序列中第2年（t=2）的现金流量为多少？

0	1	2	3	4
0	1 000	?	2 000	2 000

参考答案：

$$P=1\ 000\times(P/F,12\%,1)+CF_2\times(P/F,12\%,2)+2\ 000\times(P/F,12\%,3)+2\ 000\times(P/F,12\%,4)=5\ 979.04(\text{元})$$

7. 某公司需要一台设备，买价为800元，可用10年；如果租用，则每年年初需付租金100元（不包括修理费），如果年利率为6%，问是购买还是租用？

参考答案：

$$\begin{aligned}P &= A[(P/A,i,n-1)+1]\\ &= 800\times[(P/A,6\%,10-1)+1]\\ &= 800\times(6.8017+1)=780.17(\text{元})\end{aligned}$$

由于租金现值低于买价，因此应租用该项设备。

8. 假设某人正在考虑两个买房子的方案，按 A 方案，必须首期支付 10 000 元，以后 30 年每年末支付 3 500 元；按 B 方案，必须首期支付 13 500 元，以后 20 年每年末支付 3 540 元。假设折现率为 10%，试比较两个方案。

参考答案：

A：P = 10 000 + 3 500 ×（P/A，10%，30）= 42 994（元）

B：P = 13 500 + 3 540 ×（P/A，10%，20）= 43 638（元）

由于 A 方案支付的现值小于 B 方案，因此应选择 A 方案。

9. 假设你有一笔钱存在银行，名义利率为 8.0944%，按日复利计息（每年按 365 天计算）。你的朋友有一张国库券，27 个月后到期值 10 000 元，你的朋友希望现在以 8 000 元价格卖给你。如果你购买了这张国库券，你投资的实际利率会发生什么变化？

0	12	24	27（月）
0	1	2	2.25（年）
-8 000			100 000

参考答案：

第一步：将名义利率调整为按日计息的实际利率。

$$i=\left(1+\frac{0.080944}{365}\right)^{365}-1=8.43\%$$

第二步：计算投资的实际利率。

$$8\ 000\times(1+i)^{225}=10\ 000$$

$$(1+i)^{225}=\frac{10\ 000}{8\ 000}=1.25$$

$$1+i=1.10426\quad i=10.43\%$$

第三步：计算两种投资实际利率的差异。

差异 = 10.43% − 8.43% = 2.0%

10. 某投资者准备进行证券投资，现在市场上有以下几种证券可供选择：

（1）A 股票，上年发放的股利为 1.5 元，以后每年的股利按 5% 递增，目前股票的市价为 15 元。

（2）B 债券，面值为 1 000 元，5 年期，票面利率 8%，单利计息，到期一次还本付息。复利折现，目前价格为 1 080 元，假设甲投资时离到期日还有 2 年。

（3）C 股票，最近支付的股利是 2 元，预计未来 2 年股利将按每年 14% 递增，在此之后转为正常增长，增长率为 10%，股票的市价为 46 元。

如果该投资者期望的最低报酬率为 15%，请你帮他选择哪种证券可以投资（小数点后保留两位）。

参考答案：

A股票，按投资必要报酬率计算股价 $P = 1.5 \times (1 + 5\%)/(15\% - 5\%) = 15.75 > 15$，故可以投资。

B债券，内在价值 $P = F(P/F, 15\%, 2) = (80 \times 5 + 1\,000) \times 0.7561 = 1\,058.54 < 1\,080$，故不可以投资。

C股票按投资必要报酬率计算股价：

第一年股利 $= 2 \times (1 + 14\%) = 2.28$（元）

第二年股利 $= 2.28 \times (1 + 14\%) = 2.60$（元）

第三年股利 $= 2.60 \times (1 + 10\%) = 2.86$（元）

$P = 2.28 \times (F/P, 15\%, 1) + 2.60 \times (F/P, 15\%, 2) + 2.86/(15\% - 10\%) \times (F/P, 15\%, 2) = 47.20 > 46$，故可以投资。

A股票，内在价值大于市价，故可以投资。

B债券，内在价值小于市价，故不可以投资。

C股票，内在价值大于市价，故可以投资。

➢ **实务操作**

1. 为什么货币具有时间价值？可以从哪几个方面进行理解，请写出你对货币时间价值的体会和理解，制作成PPT，并由小组成员现场作答。

2. 解答下列有关货币时间价值的习题，必须写出答题步骤。由老师指导学生改正错误的部分，同学们必须认真体会和理解如何解答，并由老师布置新计算题进行训练，直到合格为止。

解答下列计算题：

1. 某人存入银行10 000元，存期2年，利率4%，试用单利和复利两种方法计算2年后得到的本金和利息分别是多少？

2. 某旅游公司借款100万元，年利率为10%，试问5年末连本带利一次需偿还多少？

3. 某投资人若10年内每年末存10 000元，年利率8%，问10年末年本利和是多少？

4. 若某旅游公司一技术方案初始投资1 000万元，年利率为8%，在10年内收回全部本利，则每年应收回多少？

5. 某人连续5年每年存入银行20万元，银行年利率6%，按年复利计算，第5年年末一次性收回本金和利息，则到期可以收回的金额是多少万元？

6. 某人有一笔5年后到期的借款，本息合计将是331 536元，如果他从现在每年年末等额地存入银行一笔款项，5年后将本息一并取出偿还借款。银行年利率5%，他每年存入的金额为多少元？

7. 某企业发行面值10 000元，利率10%，期限10年的长期债券。

要求：计算债券发行价格，当：

（1）市场利率10%；

（2）市场利率15%；

（3）市场利率5%。

8. 某旅游酒店欲购买一套音响设备，供货商提供了四种付款方式

方式一：从现在起，每年年末支付1 000元，连续支付8年。

方式二：从现在起，每年年初支付900元，连续支付8年。

方式三：从第3年起，每年年末支付2 000元，连续支付5年。

方式四：现在一次性付款5 500元。

假设资金成本为10%，请你帮酒店提出可行性建议。

9. 某公司准备购入设备以扩充生产能力，现有甲、乙两个方案可供选择。甲方案需初始投资110 000元，使用期限为5年，投资当年产生收益。每年资金流入量如下：第1年为50 000元，第2年为40 000元，第3年为30 000元，第4年为30 000元，第5年为10 000元，设备报废无残值。乙方案需初始投资80 000元，使用期限也为5年，投资当年产生收益。每年资金流入量均为25 000元，设备报废后无残值。该项投资拟向银行借款解决，银行借款年利率为10%。

如果只能选择一个方案，问应该投资哪个方案？

10. 某投资者准备进行证券投资，现在市场上有以下几种证券可供选择：

(1) A股票，上年发放的股利为2元，以后每年的股利按5%递增，目前股票的市价为20元。

(2) B债券，面值为1 000元，5年期，票面利率8%，单利计息，到期一次还本付息。复利折现，目前价格为1 060元，假设甲投资时离到期日还有2年。

(3) C股票，最近支付的股利是1.5元，预计未来2年股利将按每年14%递增，在此之后转为正常增长，增长率为10%，股票的市价为36元。

如果该投资者期望的最低报酬率为15%，请你帮他选择哪种证券可以投资（小数点后保留两位）。

项目三

建立和维护客户关系

任务1　调查客户信息

➢ **实训目标**

掌握拜访客户的步骤和方法，调查客户的基本情况。

➢ **实训预备**

一、拜访前的工作

1. 了解客户的信息资料及背景。了解客户的个人信息，包括职业、职位、着装、性格、爱好、有无忌讳、脾气秉性、文化底蕴、素质涵养等，以及他的家庭状况、配偶子女的情况等。如果能搜集到客户以前的个人事业奋斗经历，那么在拜访客户的时候，将是一个很好的话题切入点，最佳的做法是提前准备一份客户拜访计划表（表3－1）。

表3－1　　客户拜访计划

姓名		年龄	
性别		家庭其他成员	
职业		职位	
毕业院校		学历	
爱好		忌讳	
拜访地点		拜访级别	
竞争对手的名称			
竞争对手的优势			
竞争对手的劣势			
联络方式的选择			
此次拜访预期目标			
会谈问题			
客户可能需要的产品			
拟向客户介绍哪些情况和提供哪些资料			
需要进一步了解的问题			

续表

开始拜访时的策略	
客户可能提出哪些问题及如何回答	
客户可能提出哪些异议及处理方法	
客户合作态度不明确的策略	
客户拒绝时的策略	

资料来源：杨则文主编的《个人理财业务》。

2. 联络方式的选择。方式包括电话、短信、E-mail、QQ、贺卡、点歌、小礼物的赠送（鲜花、巧克力、光碟等）、通过与他关系熟识的人从中引见，等等。

方式选择的注意点：

（1）男女有别，对待男女客户应该采用一些不同的方法。例如，男性客户可以采用打电话事先寒暄一下，平时可以发一些搞笑的短信、发邮件交流一下等。而女性客户则可以聊一下 QQ、发一些温馨祝福的短信、选择恰当的时机给其点歌等，但要注意尺度的把握。

（2）根据客户年龄的不同采取不同的方法。例如，年龄大的客户，我们一定要表现出自身的素质和修养，表现出我们的成熟和稳重。年龄上比较年轻的客户，我们可以适当的随意一些，这样比较容易拉近距离，形成比较亲近的氛围。

3. 拜访前与客户感情的培养。通过事前的接触，以及我们掌握的信息，我们可以“出其不意”地采取一些行动，使客户既惊讶又温馨，同时还“心存感激”。例如，在全国性假日的时候和一些时尚的节日，以及客户特定的时日（生日等），我们可以采取一些不同的方式来表达我们对他（她）的尊重与关心。

二、拜访客户

1. 拜访前恰当的约定。拜访前一定要亲自进行电话预约。要选择在客户工作不忙或没有特别安排时进行拜访。如果正巧碰上客户很忙，我们在电话里要表达出对客户的体谅和理解，有可能的话，要把关切之意表达一下。

例如，“工作归工作，您可要注意下身体呀！”等等。

2. 拜访时自身的守时性。守时不仅是对别人的尊重，而且代表着一个人的素质和涵养。我们不仅代表着我们自己，而且代表着公司的形象与企业文化。我们不仅要守时，而且要尽量提前 10 分钟，这会使我们拜会客户时，自身能够做好充分的准备。

3. 与客户见面前的自我激励。我们与客户见面时，一定要保持放松的心态。我们第一次与客户见面，心情可能会有些紧张，不妨这样试一下：对着镜子修整一下自己的衣着，三次深呼吸后，对自己说：“我是最棒的！我一定行！”

通过这样的自我暗示和调节，我们的状态才会保持到最佳。

4. 谈话的方式和技巧。见面时的礼仪（握手和坐姿）。开场白和自我介绍，以及必要的寒暄。

进入主题后，不要刻意的谈本公司如何如何，而要尽量和客户通过一些有意思的事物和共同爱好的话题进行“闲聊”，记住我们和客户“90% 的时间是聊天，10% 是谈业务！”首先要让客户接受你这个人，这样他才会有兴趣和你谈业务。如果要让客户接受和认同你，那么你就要满足客户的“需求”。

客户的需求包括共性需求和个性需求。

需求具体要因人而异。例如，客户有让别人赞美的“需求”，那么我们不妨就对他（她）进行一下赞美，“您这么年轻，就已经做到经理了，真是年轻有为啊!”“恕我直言，来的时候，我还在想您会是一个怎么样的经理呢？没想到这么年轻漂亮，真是巾帼不让须眉啊!”赞美要根据具体情况，要把握一个“度”，不能无限的夸大。

客户在和你谈话时，肯定会偏向于他的个人喜好，例如，客户比较喜欢时事历史，那么你就可以适时适度和其“探讨”一下，要在有意无意中，表现出对其观点的认同；如果客户比较喜欢时尚的话题，我们就和其聊一些这方面的新闻趣事，顺便对他本身的时尚（衣着、发型等）表现出一定的欣赏；如果是中年以上的客户，我们要得体、稳重，可以适当和其谈一下工作、事业、人生、感情、家庭等，使其在思想上产生共鸣。

5. 拜访结束时方式的选择和应注意的礼仪。第一次拜访客户的时间要把握好，不要太长，毕竟是第一次见面，时间不能太久，适可而止，让他觉得和你相见太晚而又意犹未尽，这样可以为以后的见面做铺垫。所以，在基本内容谈完以后，第一次见面就要到此为止了。

再见的时候，除了必须的客套和礼数外，我们最好要向对方发出诚挚的邀请，希望其在方便的时候，到我们公司去坐一下，等等。

三、拜访后的客户定期跟进

1. 拜访的次数和时间间隔的有效掌握。

2. 感情的沟通与情感增进。

3. 良好的私人关系有利于工作业务上的长期合作。

➢ 实务操作

1. 利用实训室各种资源和对当地的金融机构进行调研，学习个人理财业务客户关系的建立方法。

2. 全班学生分成若干小组，以小组形式制作《客户拜访计划表》，在实训课堂上每个小组推荐若干名同学模拟进行客户拜访。

模拟拜访的客户资料：

现有张先生，42 岁，在一影视企业任部门经理，其月薪税后 8 000 元，年终奖金有 2 万元，所在单位给其交了五险一金；张太太，37 岁，在一教育机构任教，其月薪税后 5 000 元，所在单位给其交了五险一金；双方父母均已退休在家养老，身体都挺好，但张先生夫妇还是面临赡养 4 位老人的严重压力，张先生父母有住房，但是积蓄给了儿女，无保险；张太太父母积蓄丰厚，享受养老金和大病保险，足以自己抵御风险；张先生的儿子 14 岁正在读初中，目前学习成绩还不错，夫妻打算好好培养儿子，以后送他去国外留学，目前没有帮儿子买保险。因为工作原因，夫妻双方都有继续学习的需求；平常闲暇的时候喜欢打球、看电影，一年至少远途旅游一次。家庭资产有（1）有一辆价值 7 万元的车子；（2）目前有活期储蓄存款 4 万元，定期存款 12 万元；（3）两套住房：一套市价 80 万元的住房用于出租，一套市价 100 万元的住房用于自住；（5）在国泰君安证券公司购入宝钢集团发行的 5 年期企业债现值 5 万元；（6）在博时基金公司购入股票型基金 10 万元。

假设你是××银行员工，张先生是贵行的长期客户，贵行最近推出一款理财产品×××

×，你认为张先生会感兴趣，现打算上门拜访和推销该款理财产品。

任务2　录入客户基本信息

➢ 实训目标

熟悉如何运用智盛金融理财规划系统录入客户的基本信息，为后续理财规划服务做好铺垫。

➢ 实训预备

一、登录智盛金融理财规划系统

1. 打开电脑，双击 IE 或者其他浏览器的图标，打开浏览器，在网址访问处输入“http：//211.162.67.162/FP/”，然后单击“Enter”键，会出现智盛金融理财规划系统登录界面，如图 3－1 所示。

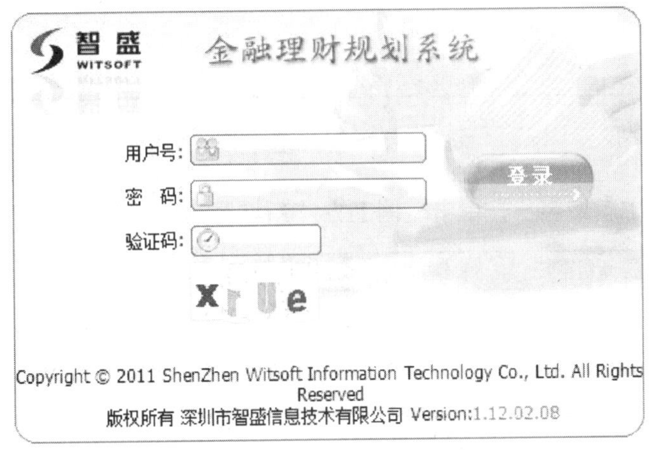

图 3－1　登录界面

2. 每位用户输入已经取得的用户号，如“600018”；输入设置的密码，如“123456”；输入临时的网络验证码，如“xrue”；最后用鼠标单击“登录 ”键即可进入智盛金融理财规划系统，如图 3－2 所示。

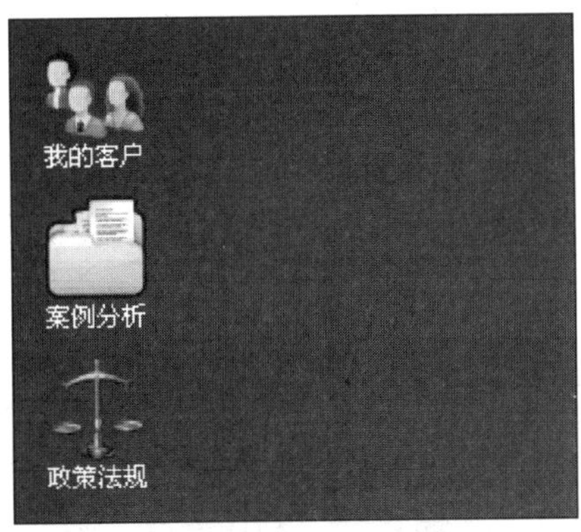

图 3－2　进入规划理财系统

二、新增客户

1. 单击“我的客户”选项，在工作区中出现我的所有客户的基本信息，如图3－3所示。

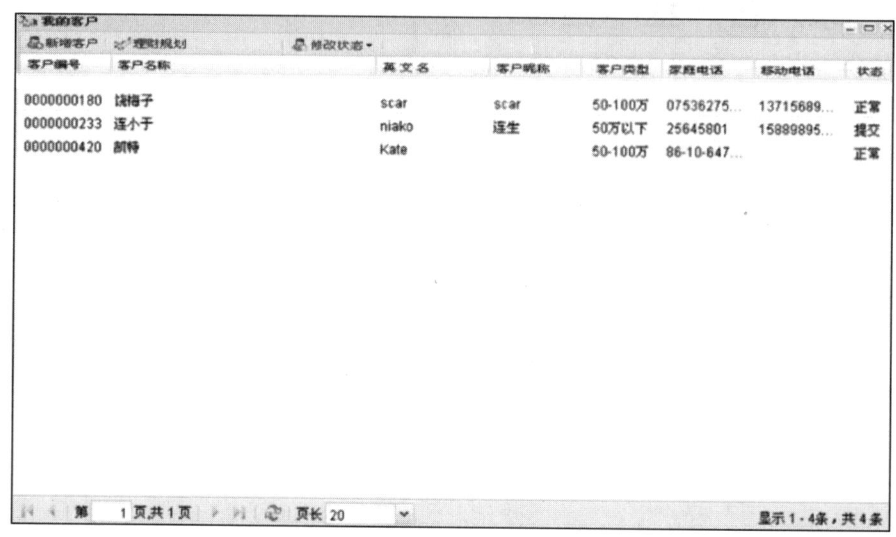

图3－3　客户基本信息

2. 如需在系统中新增客户，单击左侧上方“新增客户”按钮，显示如图3－4的界面。

新增客户

客户名称：
英 文 名：
客户昵称：
客户类型：50万以下
调查编号：
邮政编码：
通信地址：
家庭电话：
办公电话：
移动电话：
传真号码：
电子邮箱：
个人主页：

保存　取消

图3－4　新增客户

3. 然后依次输入该客户的基本信息，如客户姓名、英文名、客户昵称等，其中客户类型是由系统设定，根据实际情况可以选择“50 万元以下”、“ 50 万 ~100 万元” 或 “100 万元以上”，如图 3 –5 所示。

客户编号:	0000000019
客户名称:	李智贤
英 文 名:	demo
客户昵称:	demo
客户类型:	100万以上
调查编号:	8985896366
邮政编码:	518000
通信地址:	深圳市高新区科苑南路武汉大学产学研大楼A501-503室
家庭电话:	0755-82792488
办公电话:	0755-82792478
移动电话:	13800138000
传真号码:	0755-82792698
电子邮箱:	jsd2000@21cn.com
个人主页:	www.szwitsoft.com

图 3 –5　信息录入

4. 录入客户基本信息之后，单击“保存”键，这样就完成了新客户的创建工作，并出现以下界面，如图 3 –6 所示。

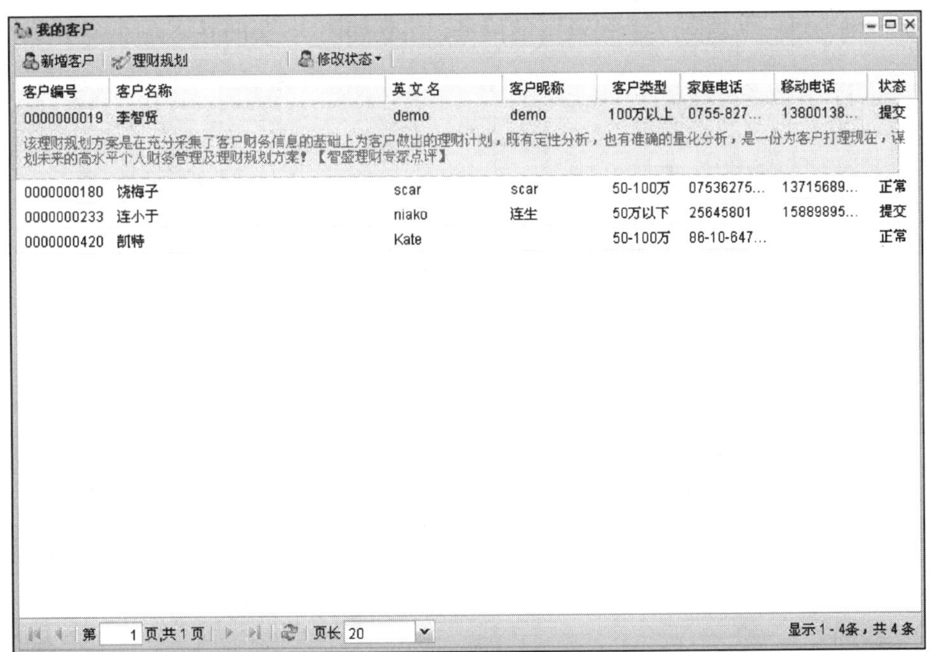

图 3 –6　客户信息

三、修改/添加客户信息

1. 如需修改/添加客户信息，用鼠标选中所要修改的客户，该客户信息条变为灰色，然后单击理财规划；或者双击所要修改的客户信息条，如双击图 3－6“李智贤”的信息条，出现如图 3－7 的界面。

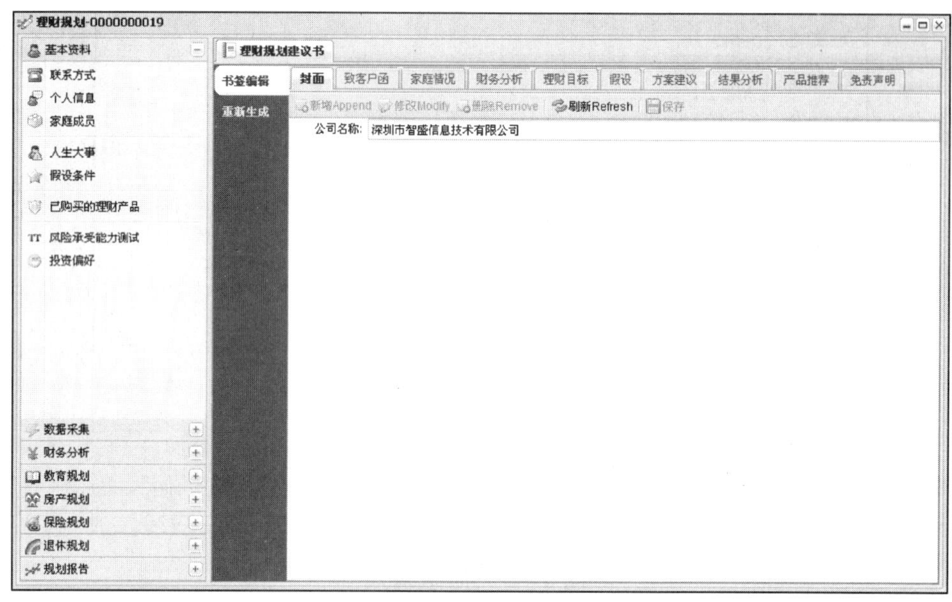

图 3－7 进入修改信息界面

2. 单击左侧客户基本资料下拉菜单中的“联系方式”，根据实际情况填写客户信息，单击“保存”键即可。如填写“李智贤”的信息，出现如图 3－8 的界面。

图 3－8 填写、保存联系方式

3. 单击左侧客户基本资料下拉菜单中的“个人信息”，根据实际情况填写客户信息，单击“保存”键即可。如填写“李智贤”的信息，出现如图 3－9 的界面。

图 3－9　填写、保存个人信息

4. 单击左侧客户基本资料下拉菜单中的“家庭成员”，单击上方工具栏“新增/修改/删除”选项进行相应操作，根据实际情况填写客户信息，单击“保存”键即可。如填写“李智贤”的信息，出现如图 3－10 的界面。

图 3－10　填写、保存家庭成员信息

5. 单击左侧客户基本资料下拉菜单中的“已购买的理财产品”，单击上方工具栏“新增/修改/删除”选项进行相应操作，根据实际情况填写客户信息，单击“保存”键即可。如填写客户“李智贤”的信息，出现如图3－11的界面。

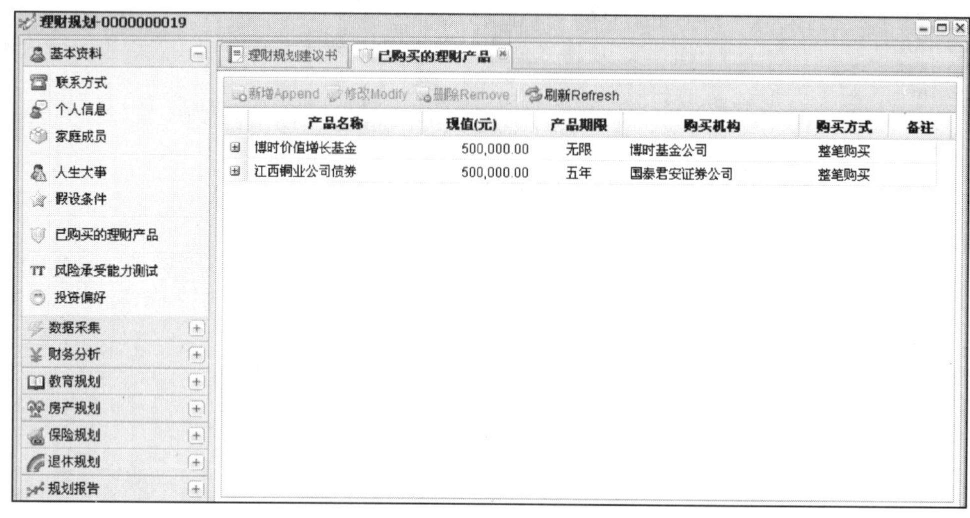

图3－11　已购买理财产品

➢ 实务操作

在实训课堂的规定时间内，每位学生必须运用智盛金融理财规划系统完成新建客户的操作，并按照实训要求完善客户基本资料。

客户资料：

客户中文名字：张文宣，英文名字：Andy，年龄：42岁，出生日期：1971年9月16日，健康状况良好，已婚，硕士学历，毕业于北京传媒大学，现在光线传媒任部门经理，通讯地址：北京市和平里东街雍和航星园，单位电话：64516000，家庭电话：6275480，手机：13715689657，传真：64516088，邮箱：zhangwenxuan@163.com。

张文宣妻子的中文名字：吴丽丽，37岁，出生日期：1976年5月18日，健康状况良好，硕士学历，毕业于北京师范大学，现在一培训机构任教。

张文宣有一个儿子，中文名字：张智，14岁，出生日期：1999年11月20日，健康状况很好，现在北京一中学读初一。

在国泰君安证券公司购入宝钢集团发行的5年期企业债现值5万元；在博时基金公司购入博时精选股票基金10万元。

项目四

客户的理财目标与风险属性界定

任务1 设计客户调查问卷

➢ **实训目标**

学会设计客户调查问卷，通过调查了解客户的理财情况、风险偏好等内容，为以后理财规划打下基础。

➢ **实训预备**

一、掌握调查问卷的组成部分

调查问卷又称调查表或询问表，它是社会调查的一种重要工具，用以记载和反映调查内容和调查项目的表式。

一份正式的调查问卷一般包括以下三个组成部分：

第一部分：前言。主要说明调查的主题、调查的目的、调查的意义，以及向被调查者表示感谢。

第二部分：正文。这是调查问卷的主体部分，一般设计若干问题要求被调查者回答。

第三部分：附录。这一部分可以将被调查者的有关情况加以登记，为进一步的统计分析收集资料。

二、了解调查问卷的功能

1. 能正确反映调查目的、具体问题，突出重点，能使被调查者乐意合作、协助达到调查目的。

2. 能正确记录和反映被调查者回答的事实，提供正确的情报。

3. 统一的问卷还便于资料的统计和整理。

问卷的设计是市场调查的重要一环。要得到对你有益的信息，需要提问确切的问题。最好通过提问来确定一个问题的价值：你将如何使用调查结果？这样做可使你避免把时间浪费在无用或不恰当的问题上。要设计一份完美的问卷，不能闭门造车，而应事先做一些访问，拟订一个初稿，经过事前实验性调查，再修改成正式问卷。

三、熟悉调查问卷设计的原则

问卷设计时应注意如下原则：

1. 问卷上所列问题应该都是必要的，可要可不要的问题不要列入。

2. 所问问题是被调查者所了解的。所问问题不应是被调查者不了解或难以答复的问题。使人感到困惑的问题会让你得到的是“我不知道”的答案。在“是”或“否”的答案后应有一个“为什么?”回答问题所用时间最多不超过半小时。

3. 在询问问题时不要转弯抹角。如果想知道顾客为什么选择你的店铺买东西，就不要问:“你为什么不去张三的店铺购买?”你这时得到的答案是他们为什么不喜欢张三的店铺，但你想了解的是他们为什么喜欢你的店铺。根据顾客对张三店铺的看法来了解顾客为什么喜欢你的店铺可能会导致错误的推测。

4. 注意询问语句的措辞和语气。在语句的措辞和语气方面，一般应注意以下几点:

（1）问题要提得清楚、明确、具体。

（2）要明确问题的界限与范围，问句的字义（词义）要清楚，否则容易误解，影响调查结果。

（3）避免用引导性问题或带有暗示性的问题。诱导人们按某种方式回答问题使你得到的是你自己提供的答案。

（4）避免提问使人尴尬的问题。

（5）对调查的目的要有真实的说明，不要说假话。

（6）需要理解他们所说的一切。利用问卷做面对面访问时，要注意给回答问题的人足够的时间，让人们讲完他们要讲的话。为了保证答案的准确性，将答案向调查对象重念一遍。

（7）不要对任何答案作出负面反应。如果答案使你不高兴，不要显露出来。如果别人回答，从未听说过你的产品，那说明他们一定没听说过。这正是你为什么要做调查的原因。

四、了解调查问卷提问的方式

调查问卷提问的方式可以分为以下两种形式:

1. 封闭式提问，也就是在每个问题后面给出若干选择答案，被调查者只能在这些被选答案中选择自己的答案。

2. 开放式提问，就是允许被调查者用自己的话来回答问题。由于采取这种方式提问会得到各种不同的答案，不利于资料统计分析，因此在调查问卷中不宜过多。

五、熟悉调查问卷的设计要求

在设计调查问卷时，设计者应该注意遵循以下基本要求:

1. 问卷不宜过长，问题不能过多，一般控制在20分钟左右回答完毕。

2. 能够得到被调查者的密切合作，充分考虑被调查者的身份背景，不要提出对方不感兴趣的问题。

3. 要有利于使被调查者作出真实的选择，因此答案切忌模棱两可，使对方难以选择。

4. 不能使用专业术语，也不能将两个问题合并为一个，以至于得不到明确的答案。

5. 问题的排列顺序要合理，一般先提出概括性的问题，逐步启发被调查者，做到循序渐进。

6. 将比较难回答的问题和涉及被调查者个人隐私的问题放在最后。

7. 提问不能有任何暗示，措辞要恰当。

8. 为了有利于数据统计和处理，调查问卷最好能直接被计算机读入，以节省时间，提高统计的准确性。

六、熟悉调查问卷设计需要注意的事项

1. 问卷必须紧密与调查主题相关，违背了这一点，再漂亮或精美的问卷都是无益的。而所谓问卷体现调查主题其实质是在问卷设计之初要找出与“调查主题相关的要素”。

例如，调查某化妆品的用户消费感受——这里并没有一个现成的选择要素的法则。但从问题出发，特别是结合一定的行业经验与商业知识，要素是能够被寻找出来的：一是使用者(可认定为购买者)，包括她（他）的基本情况（自然状况：性别、年龄、皮肤性质等)；使用化妆品的情况（是否使用过该化妆品、周期、使用化妆品的日常习惯等)。二是购买力和购买欲。包括她（他）的社会状况（收入水平、受教育程度、职业等)；化妆品消费特点(品牌、包装、价位、产品外观等)；使用该化妆品的效果（评价、问题应具有一定的多样性但又限制在某个范围内，如价格、使用效果、心理满足等)；三是产品本身，包括对包装与商标的评价、广告等促销手段的影响力、与市场上同类产品的横向比较等。应该说，具有了这样几个要素对于调查主题的结果是有直接帮助的。被访问者也相对容易了解调查员的意图，从而予以配合。

2. 问题的设置是否具有普遍意义。这是问卷设计的一个基本要求，但我们仍然能够在问卷中发现这类带有一定常识性的错误。这一错误不仅不利于调查成果的整理分析，而且会使调查委托方轻视调查者的水平。如搞一个“居民广告接受度”的调查：

问题：你通常选择哪一种广告媒体?

答案：a. 报纸；b. 电视；c. 杂志；d. 广播；e. 其他

而如果答案是另一种形式：

a. 报纸；b. 车票；c. 电视；d. 墙幕广告；e. 气球；f. 大巴士；g. 广告衫；……

如果我们的统计指标没有那么细（或根本没必要)，那我们就犯了一个“特殊性”的错误，从而导致某些问题的回答实际上是对调查无助的。

在一般性的问卷技巧中，需要注意的是：不能犯问题内容上的错误。如：

问题：你拥有哪一种信用卡?

答案：a. 长城卡；b. 牡丹卡；c. 龙卡；d. 维萨卡；e. 金穗卡。

答案中，“d”的设置是错误的，应该避免。

3. 问卷的设计要有整体感。这种整体感即是问题与问题之间要具有逻辑性，独立的问题本身也不能出现逻辑上的谬误，从而使问卷成为一个相对完善的小系统。如：

问题和答案：

(1) 你通常每日读几份报纸?

a. 不读报；b. 1 份；c. 2 份；d. 3 份以上。

(2) 你通常用多长时间读报?

a. 10 分钟以内；b. 半小时左右；c. 1 小时；d. 1 小时以上。

(3) 你经常读的是下面哪类（或几类）报纸?

a. ×市晚报；b. ×省日报；c. 人民日报；d. 参考消息；e. 中央广播电视报；f. 足球……

在以上的几个问题中，由于问题设置紧密相关，因而能够获得比较完整的信息。调查对

象也会感到问题集中、提问有章法。相反，假如问题是发散的、带有意识流痕迹的，问卷就会给人以随意性而不是严谨性的感觉。那么，将市场调查作为经营决策的一个科学过程的企业就会对调查失去信心！

因此，逻辑性的要求即是与问卷的条理性、程序性分不开的。在一个综合性的问卷中，调查者将差异较大的问卷分块设置，从而保证了每个“分块”的问题都密切相关。

4. 所问问题要清晰明确、便于回答。如上文问题中“10 分钟”、“半小时”、“1 小时”等设计即是十分明确的。统计后会告诉我们：用时极短（浏览）的概率为多少；用时一般（粗阅）的概率为多少；用时较长（详阅）的概率为多少。反之，答案若设置为“10～60 分”，或“1 小时以内”等，则不仅不明确、难以说明问题，而且令被访问者也很难作答。

再则，问卷中常有“是”或“否”一类的是非式命题。如：

问题：您的婚姻状况如何？

答案：Ⅰ. 已婚；Ⅱ. 未婚。

显而易见，此题还有第三种答案（离婚/丧偶/分居）。如按照以上方式设置则不可避免地会发生选择上的困难和有效信息的流失，其症结即在于问卷违背了“明确性”的原则。

5. 问题要设置在中性位置，不参与提示或主观臆断，完全将被访问者的独立性与客观性摆在问卷操作的限制条件的位置上。如：

问题：你认为这种化妆品对你的吸引力在哪里？

答案：a. 色泽；b. 气味；c. 使用效果；d. 包装；e. 价格；……

这种设置是客观的。若换一种答案设置：

a. 迷人的色泽；b. 芳香的气味；c. 满意的效果；d. 精美的包装……

这样一种设置则具有了诱导和提示性，从而在不自觉中掩盖了事物的真实性。

6. 便于整理、分析。成功的问卷设计除了考虑到紧密结合调查主题与方便信息收集外，还要考虑到调查结果的容易得出和调查结果的说服力。这就需要考虑到问卷在调查后的整理与分析工作。

学习理财问卷调查表范例

金融投资理财调查问卷

为深入了解个人投资者对金融知识的掌握与熟悉情况，探究当前经济环境下投资者的理财行为习惯与投资偏好，本团队特别制作金融投资理财调查问卷如下：

1. 您的性别：

□ 男　　□ 女

2. 您的年龄段（周岁）：

□ 15～20　　□ 21～25　　□ 26～30　　□ 31～40

□ 41～50　　□ 51～60　　□ 60 以上

3. 您的职业：

□ 公司职员　　□ 事业单位　　□ 创业主

□ 待业或离休　　□ 高端人士　　□ 其他

4. 您的月收入：

□ 5 000 元以下　□ 5 000～10 000 元

□ 10 000～10 万元　□ 10 万元以上

5. 您对理财情况的了解程度：

□ 不了解也不感兴趣　□ 不了解但是有兴趣想了解

□ 有一定的了解　□ 精通而且有投资

6. 您一般会使用或想了解哪种投资理财产品：

□ 银行各类存款　□ 投资基金、股票、债券

□ 信托产品　□ 黄金外汇

□ 房地产　□ 金融衍生品

□ 其他

7. 对于个人理财，您准备采取什么方式：

□ 自己操作　□ 委托机构操作　□ 两者结合

8. 您会将您收入中的多大比例购买理财产品：

□ 10% 以下　□ 10%～20%　□ 20%～50%　□ 50% 以上

9. 您参与投资理财的目的：

□ 将回报作为生活来源

□ 将回报作为消费资金（如结婚、买房）

□ 为家庭或者个人提供一份未来的生活保障

10. 如果您尚未选择购买理财产品，原因是：

□ 对理财产品缺乏了解

□ 金融机构推出的理财产品缺乏吸引力

□ 金融机构推出的产品可信度低

□ 受于资金面的问题

□ 其他

11. 当面临选择银行、基金、保险、证券、黄金等投资机构的理财产品时，您考虑的是：

□ 对其的了解程度　□ 金融机构的信誉

□ 产品的收益及安全性　□ 周围人的选择

□ 其他

12. 如果您有一定的可支配资金，您会选择哪类风险型的投资理财产品：

□ 年收益正负 3% 以内的产品

□ 年收益正负 3% 至正负 5% 的产品

□ 年收益正负 5% 至正负 10% 的产品

□ 年收益正负 10% 至正负 20% 的产品

□ 年收益正负 20% 以内的产品

13. 对于选择具体的理财产品，您会考虑的是：

□ 产品的信誉　□ 投资该产品所需的资金

□ 收益性以及安全性 □ 产品的服务
□ 文化附加值 □ 其他

14. 您对以下哪些增值服务比较感兴趣：
□ 提供个性化专业理财咨询服务 □ 定期举办专业的知识讲座
□ 定期举办交流活动 □ 定期赠送精美图书
□ 其他

15. 投资理财产品，您最多可承担的损失是多少：
□ 超过 50% □ 25% ~50% □ 5% ~25%
□ 不超过 5%

16. 您对理财产品的投资期限是：
□ 1 年以内 □ 1 ~3 年 □ 3 ~7 年 □ 7 年以上

17. 投资有风险，在金融危机下，市场大幅波动，投资产品可能会大幅下跌，您的承受的极限是：
□ 跌幅超过 50% □ 25% ~50% □ 5% ~25%
□ 不超过 5% □ 难以承受任何风险

18. 您主要是通过哪种途径掌握金融知识：
□ 购买理财书籍 □ 会议讲座 □ 与亲人朋友交流
□ 通过电视、网络、媒体等报道 □ 其他

请准确填写您本人的姓名______联系电话____________，以方便通知您是否幸运获奖。预祝好运，欢迎您继续关注我们的活动。感谢您的参与！

投资风险偏好测试表

投资风险测试表能够帮助投资者准确地对自我风险承受能力、投资理念、投资性格等进行专业的自我认知测试，是投资者进行投资理财之前比较重要的准备工作。

下面这些题是本理财团队针对客户对风险偏好、风险承受能力以及投资理念等进行设计的，具有很强的投资借鉴和针对性。

1. 你购买一项投资，在 1 个月后跌去了 15% 的总价值，假设该投资的其他基本面要素没有改变，你会怎么办？

A. 坐等投资回到原有的价值。3 分

B. 卖掉它，以免日后它不断跌价，让你寝食难安，夜不能寐。1 分

C. 买入更多，因为以当初价格购买时认为是个好决定，现在看上去机会应该更好。4 分

2. 你购买一项投资，在 1 个月后暴涨了 40%，假设你找不到其他更好的基本面消息，你会怎么办？

A. 卖掉它。1 分

B. 继续持有，期待未来可能更多的收益。3 分

C. 买入更多，也许它能长得更高。4 分

3. 你愿意做下列哪些事情?

A. 投资于今后6个月不大上升的激进型增长基金。1分

B. 投资于货币市场，但会目睹今后的投资收益翻倍。3分

C. 投资于保稳型的保险投资，需要的时间很长。2分

4. 你是否会感觉良好，如果:

A. 你的股票价值翻了一倍。2分

B. 你投资于基金，避免了因为市场下跌而造成你的一半资金的损失。1分

C. 你投资于货币市场，冒30%风险使资金增长了70%。4分

5. 下列哪件事情会让你最开心?

A. 你从报纸竞赛中赢了100 000元。2分

B. 你从一个亲戚那里继承了100 000元。1分

C. 你高兴的从投资中赚到了100 000元。4分

6. 你现在住的公寓马上要改成酒店式的公寓，你可以用80 000元买下现在的住处，或者把这个买房的权力以20 000元卖掉，你改造过的住处的市场价格为120 000元，你知道如果买下它，可能要花至少6个月才能卖掉，而每个月的养房费用为1 200元，并且为买下它，你必须向银行按揭支付头期，若你不想在这里住了，你会怎么办?

A. 就拿20 000元，卖掉这个买房权力。1分

B. 先买下房子，再卖掉。2分

C. 买下房子然后出租给别人求长远的收益回报。4分

7. 你一无所有，但却继承到你叔叔价值100 000元的房子，已付清所有费用，尽管房子在一个时尚社区，并且预计的房价要高于通货膨胀率，但是现在房子很旧，正在出租，并且每月有1 000元的收入，但如果你把房子重新装修后，租金能达到1 500元，装修费可以用房子来抵押以获得贷款，你会怎么办?

A. 卖掉房子。1分

B. 保持现有的租约。2分

C. 装修它，再租出去。3分

8. 你为一家私营的呈上升的小型电子企业工作，公司现在通过向员工出售股票招募资金，管理层计划将公司上市，但至少4年以后，如果你购买股票，你的股票只能在公司上市公开交易后才能卖出，同时，股票不分红，公司一旦上市，股票会以你购买的价格的10～20倍价格交易，你会做多少投资?

A. 1股也不买。1分

B. 1个月的薪水。2分

C. 3个月的薪水。4分

D. 最大化的购买。6分

9. 你的老邻居是一位经验丰富的石油地质学家，他正在组织包括他自己在内的一区投资者，为开发一个油井而集资，如果石油井成功了，那么它会带来50～100倍的投资收益，如果失败了，所有的投资一文不值，你的邻居估计成功的概率为20%，你会投资:

A. 0元。1分

B. 1个月的薪水。3分

C. 半年的薪水。6 分

D. 3 年的薪水。9 分

10. 你获知几家房地产开发商正在积极关注某个地区一片未开发的土地，你现在有个机会来购买这块土地部分的期权，期权的价格是你 2 个月的薪水，你估计收益会相当于 10 个月的薪水，你会怎么办？

A. 购买这个期权。3 分

B. 随便它，你觉得跟你没有关系。1 分

C. 和别人一起投资，分担风险。2 分

11. 你在一个电视竞赛中有下列选择，你会怎么办？

A. 1 000 元现钞。1 分

B. 50% 的机会获得 4 000 元。3 分

C. 20% 的机会获得 10 000 元。5 分

D. 5% 的机会获得 100 000 元。9 分

12. 假设通货膨胀率目前很高，硬通资产（如稀有金属，收藏品和房地产）预计会随着通货膨胀同步上涨，你目前的所有投资是长期债券。你会怎么办？

A. 继续持有债券。1 分

B. 卖掉债券，把一半的钱投进基金，另一半投入硬通资产。2 分

C. 卖掉债券，所有的钱全部投入硬通资产。3 分

D. 卖掉债券，并借来一部分加在一起投入硬通资产。4 分

13. 你在一项博彩游戏中，已经输了 500 元，为了赢回 500 元，你准备翻本的钱是？

A. 100 元。1 分

B. 250 元。2 分

C. 500 元。6 分

D. 500 元以上。8 分

得分参考：

21 分以下，风险规避者，选择基金、保险类的投资。参考对象为：南方基金公司，诚信人寿保险公司。

21 ~ 32 分，风险中立者，选择债券，股票，并可以小量资金的投入外汇黄金市场，有条件的可以考虑收藏品之类的投资风险相对中立的方向。B 投资团队可以给予技术指导。

32 分以上，风险爱好者，可以选择外汇、黄金、期货、期权、白银等作为投资对象。参考对象：广州昊汇投资策划公司。

➢ 实务操作

1. 设计一套有关个人理财的问卷调查表（金融投资理财调查问卷或投资风险偏好测试表），问卷的问题至少 12 个以上，通过问卷调查的形式完成至少各 10 份问卷调查。

2. 对搜集的问卷调查进行统计与分析，最终总结问卷结果，将完成的问卷调查表附在报告后面。

3. 全班学生分成若干小组，以小组形式进行，在实训课堂上每个小组推荐至少 1 名同学在班级进行问卷调查总结报告的说明。

任务 2　客户设定理财目标与假设条件

➢ 实训目标

了解客户的理财目标，对客户的理财目标可行性进行分析，并协助客户制定更优化的理财目标。

➢ 实训预备

一、熟悉制定理财目标的原则

个人理财是在了解个人的财务、生活状况以及风险偏好的基础上，明确个人特定的理财目标，并在此基础上进行理财规划。这里所说的个人理财目标是指建立一个财务安全健康的生活体系，实现人生各阶段的目标和理想，最终实现财务的自由。它的任务是在你的“出发地”（现状）与“目的地”（未来的理想和目标）之间选择一条到达“目的地”的最佳方式，为自己及家人建立一个安心、富足、健康的生活体系，实现人生各阶段的目标和理想，最终达到财务自由的境界。制定一个好的目标，理财就成功了一半。在理财规划的目标中主要包含三个层面的内容：

首先是安排好当前的生活，将目前的资产和产生的现金流做合理的安排和配置，为家庭安排适当的保障，从而使自己和家人能够有一个安心健康的生活方式。

其次是为未来的人生目标和理想在财务上做好安排，未雨绸缪。如孩子未来的大学教育费用、自己的养老问题等都需要尽早做好安排。

再次是通过理财规划最终建立一个终生的现金流渠道，足以保障自己和家人过上无忧无虑的生活，不用再为金钱而工作，这就是所谓的财务自由的境界。

理财目标的合适与否可以从明确性、目标履行期限、优先级别、内部一致性四个方面进行分析检验。

1. 明确性。理财目标范围通常是从大到小，可以非常概括或者非常明确。例如，“财政独立”或“建立财政上的安全感”是来自个人的价值观和信仰的概括性目标，所以很难以货币去量化。因此需要从这些概括性目标转移到更明确的目标，如“购买寿险”或“为养老储蓄 100 万元”，以达到目的。甚至理财目标可以明确到体现在月预算或年预算中。这些明确的目标涉及娱乐、食品、保险、住房、服装、交通等各项花费和储蓄。

2. 目标履行期限。理财目标可以根据履行期限来分类。一些目标是非常短期的或几乎是即期的，如用足够的钱支付日常的基本开支或给家庭提供一定水平的保险保障。而有另一些短期目标是期望在 1 年内达到的，如计划在 6 个月内买一套音响组合或在 1 年内支付所有的信用卡债务。长期目标是指履行期限在 10 年期以上的目标，如计划送孩子到海外读书，购买理想的房子，为养老进行储蓄等，这些目标通常需要大量的财富资源。当然，也有需要在几年内达到的中期目标，如为旅行准备一定数量的钱或支付未清的汽车贷款等。

3. 优先级别。给目标设置优先级别是必需的，因为个人可能无法达成最初设定的所有目标。随着时间的推移，一些目标显示出不能达到的迹象时，应该立刻调整它们。如做出抉择，是要送孩子去国外读书还是要提早 10 年退休。

4. 内部一致性。各个分项目标之间不是独立存在而是互相关联的。如果有许多“奢侈”

的短期目标，那么退休后达到某种生活水准的长期目标就可能达不到；为了梦想的房子而储蓄首付款，这样一个中期的计划会对每月的现金流加以限制。因此必须综合考虑个人分目标的要求，然后合理进行财务安排。

二、理财目标

个人理财是一个系统工程，它是针对个人整个一生而不是某个阶段的财务规划，因此，为了达到个人理财目标而进行的理财内容涵盖面非常广，具体可以概括为以下几个方面：现金规划、储蓄规划、信贷规划、投资规划、居住规划、教育规划、保险规划、纳税规划、退休规划、遗产规划。

三、将理财目标录入智盛金融理财规划系统

1. 按要求输入用户名和密码，登录智盛金融理财规划系统，如图4－1所示。

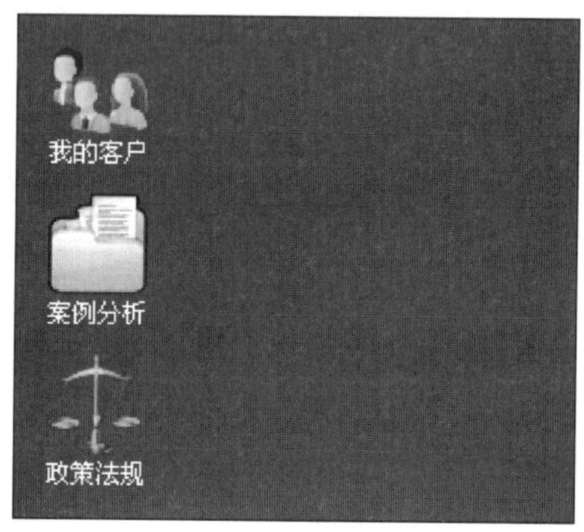

图4－1　登录理财规划系统

2. 单击“我的客户”选项，在工作区中出现我的所有客户的基本信息，如图4－2所示。

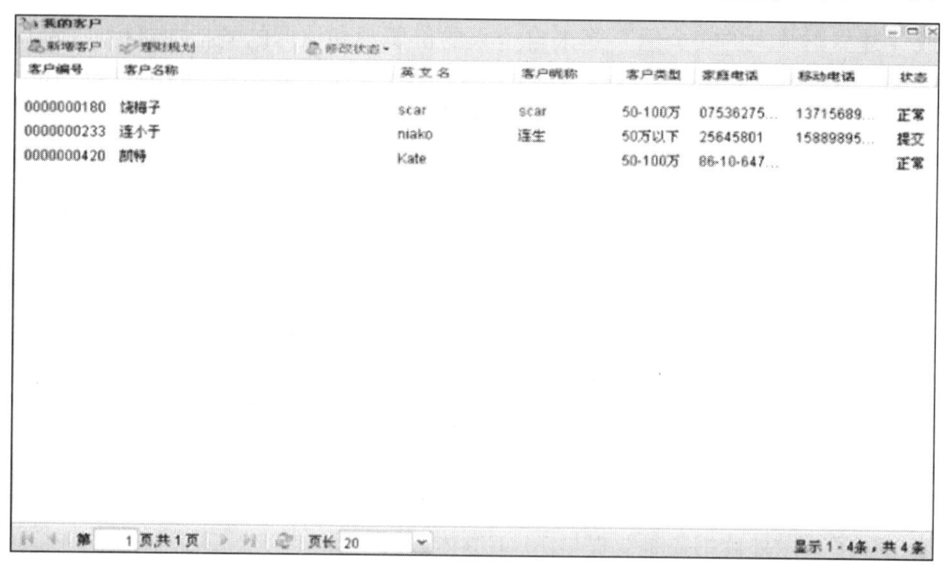

图4－2　客户基本信息

3. 双击客户名称，单击左侧客户“基本资料”下拉菜单中的“人生大事”，单击上方工具栏“新增/修改/删除”选项进行相应操作，如新增人生规划大事项目，如图 4－3 所示。

图 4－3　人生大事选项

4. 根据实际情况填写客户信息，单击“保存”键即可。如填写客户“李智贤”的信息，出现图 4－4 的界面。

图 4－4　填写、保存客户信息

5. 单击左侧客户基本资料下拉菜单中的“假设条件”，根据预测情况填写信息，包括工作收入年增长率、理财收入年增长率、其他收入年增长率、生活费用年增长率、理财支出年增长率、其他支出年增长率、退休后支出调整系数、退休后资产增长率调整系数、教育费用年增长率、银行按揭贷款年利率、公积金贷款年利率、退休后投资年收益率、金融性资产年增长率、投资实物资产增长率，最后单击“保存”键即可。如填写客户“李智贤”的假设条件，出现图 4－5 的界面。

图 4－5 根据预测情况填写信息

➢ **实务操作**

在实训课堂的规定时间内，每位学生必须把模拟客户的理财目标录入智盛金融理财规划系统，并谈谈自己的理财目标。

客户资料：

客户中文名字：张文宣，42 岁，出生日期：1971 年 9 月 16 日，健康状况良好，已婚，硕士学历，毕业于北京传媒大学，现在光线传媒任部门经理。张文宣妻子的中文名字：吴丽丽，37 岁，出生日期：1976 年 5 月 18 日，健康状况良好，硕士学历，毕业于北京师范大学，现在一培训机构任教。张文宣有一个儿子，中文名字：张智，14 岁，出生日期：1999 年 11 月 20 日，健康状况很好，现在北京一中学读初一。

人生大事：张文宣一家人计划 2020 年去美国自助旅游 10 天，预计费用 10 万元。张文宣夫妇计划为张智准备大学教育费用 5 万元、研究生教育费用 3 万元。

假设条件：工作收入年增长率 3%、理财收入年增长率 5%、其他收入年增长率 2%、生活费用年增长率 4%、理财支出年增长率 3%、其他支出年增长率 2%、退休后支出调整系数 0.6、退休后资产增长率调整系数 0.5、教育费用年增长率 3%、银行按揭贷款年利率 7%、公积金贷款年利率 5%、退休后投资年收益率 5%、金融性资产年增长率 5%、投资实物资产增长率 0%。

项目五

编制并分析客户家庭财务报表

任务1　编制客户家庭资产负债表

➢ **实训目标**

了解家庭资产负债表的内容和格式，并根据客户的基本资料，运用智盛金融理财规划系统填制客户家庭资产负债表。

➢ **实训预备**

一、熟悉家庭资产和家庭负债的内容

1. 家庭资产。家庭资产是指全部家庭成员拥有的所有资产，包括金融资产、自用资产、奢侈资产。

（1）金融资产（生息资产）。金融资产（生息资产）是那些能够带来收益或是在退休后将要消费的资产，主要包括手中的现金、金融机构的存款、退休储蓄计划、养老金的现金价值、股票、债券、基金、期权、期货、贵金属投资、直接的商业投资等。金融资产是在个人（家庭）理财规划中最重要的，因为它们是财务目标的来源。除了保险和居住的房产外，大多数的个人理财就是针对这些资产的。也可以把直接的商业投资单独列为一类，即经营资产。

（2）自用资产。自用资产是个人（家庭）生活所必需使用的资产，如房子、汽车、家具、家电、运动器材、衣服等。个人（家庭）的理财目标之一是为家庭进行适度的个人使用资产的积累。尽管它们不会产生增值收入，但它们可以提供个人（家庭）消费。

（3）奢侈资产。奢侈资产也是个人使用的，但它们不是家庭生活所必需的。这一类资产取决于具体家庭认为哪些资产不是生活所必需的高档消费品，主要包括珠宝、度假的房产或别墅、有价值的收藏品等。奢侈资产与个人使用资产的主要区别在于变卖时奢侈资产的价值高。

2. 家庭负债。家庭负债包括全部家庭成员欠非家庭成员的所有债务，可以分为流动负债和长期负债两大类。

（1）流动负债。家庭的流动负债是指一个月内到期的负债，主要包括信用卡、电话费、电费、水票、煤气费、煤气、修理费用、租金、房产税、所得税、保险金、当期应支付的长期贷款等。

（2）长期负债。家庭的长期负债指一个月以后到期或多年内需每月支付的负债，其中

最为典型的是住房抵押贷款、汽车贷款、教育贷款等。

资产负债信息采集如表5－1。

表5－1　　资产负债信息采集

<table>
<tr><th colspan="3">资　产</th><th>市　值</th><th colspan="2">负　债</th><th>金　额</th></tr>
<tr><td rowspan="24">生息资产</td><td rowspan="15">金融性资产</td><td>现金活期存款</td><td></td><td rowspan="10">消费负债</td><td rowspan="3">信用卡未还款额</td><td rowspan="3"></td></tr>
<tr><td>定期存款</td><td></td></tr>
<tr><td>债券</td><td></td></tr>
<tr><td>基金</td><td></td><td rowspan="3"></td><td rowspan="3"></td></tr>
<tr><td>股票</td><td></td></tr>
<tr><td>社保账户</td><td></td></tr>
<tr><td>保单的现金价值</td><td></td><td rowspan="4">其他消费贷款</td><td rowspan="4"></td></tr>
<tr><td>应收借款</td><td></td></tr>
<tr><td>预交款</td><td></td></tr>
<tr><td>信托</td><td></td></tr>
<tr><td>券商理财产品</td><td></td><td rowspan="10">投资负债</td><td rowspan="2">自营贷款余额</td><td rowspan="2"></td></tr>
<tr><td>纸黄金</td><td></td></tr>
<tr><td>银行理财产品</td><td></td><td rowspan="2">应付货款</td><td rowspan="2"></td></tr>
<tr><td>海外外币资产</td><td></td></tr>
<tr><td>其他</td><td></td><td rowspan="2">房地投资贷款</td><td rowspan="2"></td></tr>
<tr><td rowspan="3">企业股权</td><td>控股企业股权</td><td></td></tr>
<tr><td>参股企业股权</td><td></td><td rowspan="4">其他投资贷款</td><td rowspan="4"></td></tr>
<tr><td>其他</td><td></td></tr>
<tr><td rowspan="6">实物型资产</td><td>投资性房产</td><td></td></tr>
<tr><td>贵金属投资</td><td></td></tr>
<tr><td>自营存货</td><td></td><td rowspan="8">自用负债</td><td rowspan="2">自用房贷款</td><td rowspan="2"></td></tr>
<tr><td>收藏品</td><td></td></tr>
<tr><td>珠宝首饰</td><td></td><td rowspan="3">自用车贷款</td><td rowspan="3"></td></tr>
<tr><td>其他</td><td></td></tr>
<tr><td rowspan="4">自用资产</td><td rowspan="4"></td><td>自用房产</td><td></td></tr>
<tr><td>自用汽车</td><td></td><td rowspan="3">其他自用贷款</td><td rowspan="3"></td></tr>
<tr><td>家居资产</td><td></td></tr>
<tr><td>其他</td><td></td></tr>
</table>

资料来源：智盛金融理财系统操作说明书。

二、家庭资产和负债的计量方法

家庭资产和负债的计量方法有成本法、收益法、市价法等，主要考虑家庭资产和负债的变现能力，所以使用市价法比较合适。

1. 成本法。资产成本即购买或取得建造该项资产所需花费的代价。该项花费同取得建造该项资产直接或间接相关的部分，都可以称之为该项资产的成本。根据资产计价时期的不同，成本法有历史成本法和重置成本法两种。

历史成本法是按取得时的实际成本计价，以此方法计量的资产价值是资产过去的价值。如以历史成本法为家庭小轿车计价，则小轿车的购置价格、相关的税费、牌照费、车辆购置税及其他附加费用即为该小轿车的价值。

重置成本法是指在计量资产时，按被计量资产的现时完全重置成本减去应扣损耗或贬值来确定被计量资产价格的一种方法。此方法综合考虑了资产的现时价格变化和使用过程中的损耗，因此比历史成本法计价更为合理。

2. 收益法。收益法即预期该项资产将来可能为家庭带来的收益额的大小为据，计量该项资产的价值。但这种计量方法的缺陷有三：（1）没有原始凭据可资证明作为记账的依据；（2）只是将来可能实现的收益，而非真实或已经现实地获取的收益，预计性内容不应落实在账面上；（3）未来收益具有相当的不确定性。未来这笔收益可能得到实现，也可能得不到实现，现以预计值计价入账，不符合谨慎性原则的要求。

3. 市价法（市场价值法）。市价法即以该项资产的现行市价为据，重新调整账面已登载的资产的价值，保证账实相符。对现行市价与账面成本价的差额，即资产随着时间推移而发生的增值或减值，则应调整账面记录。同时将该项差额作为家庭的生活用费或视为投资收益（或调减家庭的生活用费），视该项资产的性质为投资型还是消费型而定。

三、运用智盛金融理财规划系统编制客户家庭财务报表

1. 登录智盛金融理财规划系统，如图 5－1 所示。

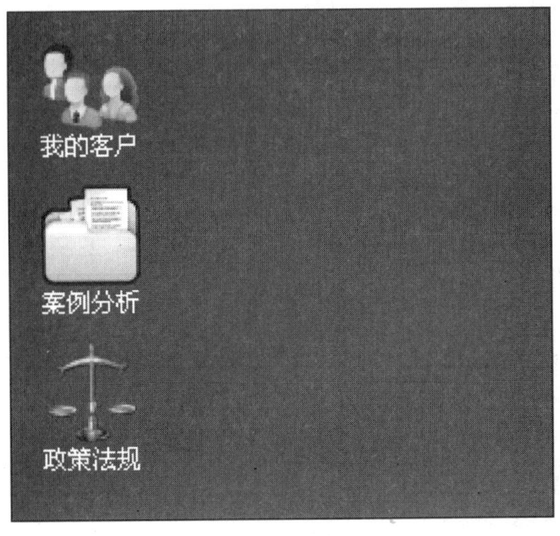

图 5－1　登录理财规划系统

2. 用鼠标单击“我的客户”图标，打开我的客户，出现如图 5－2 的界面。

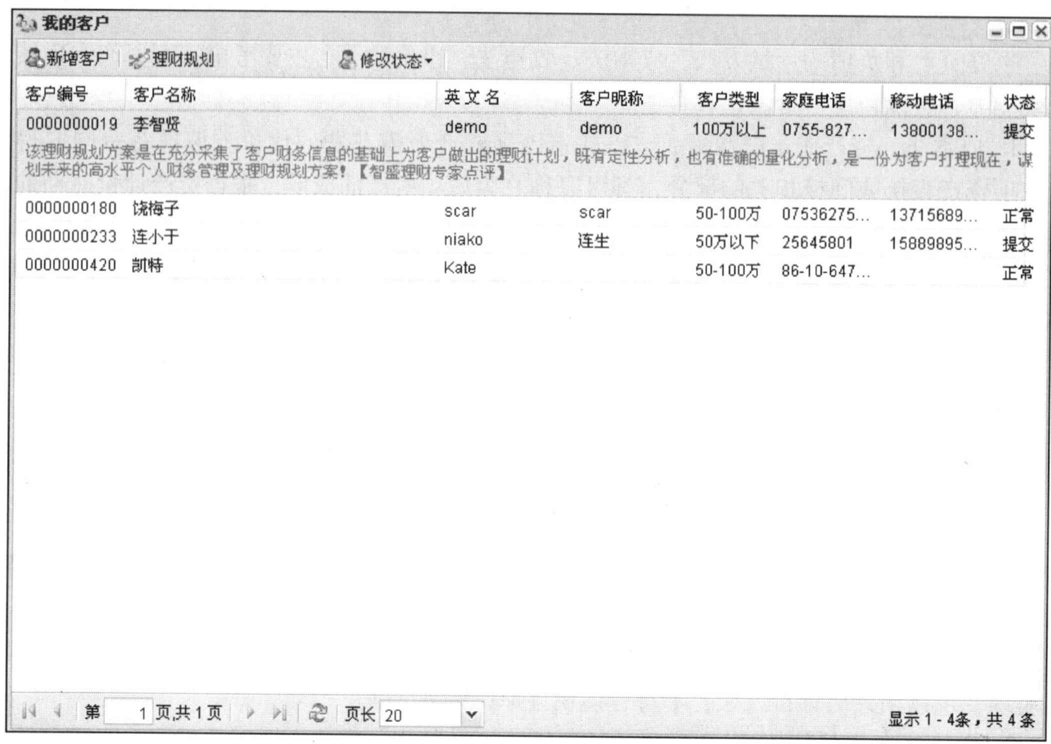

图 5－2　客户信息

3. 双击客户资料，如双击图 5－2 中“李智贤”的资料，出现如图 5－3 的界面。

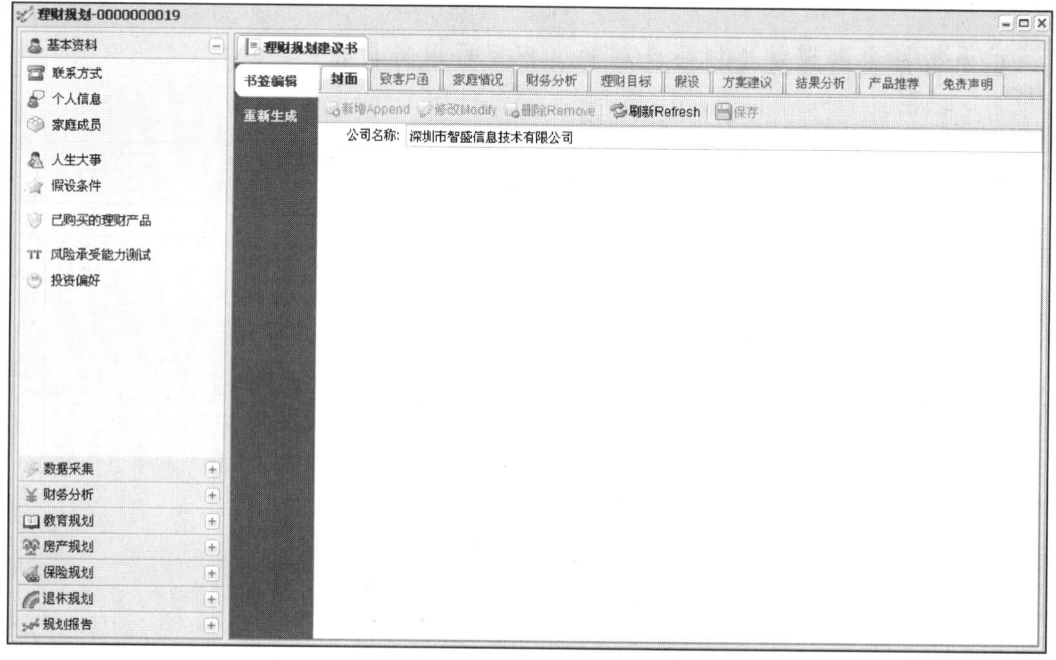

图 5－3　具体客户信息

4. 单击左侧菜单中“数据采集”选项，出现如图 5-4 的界面。

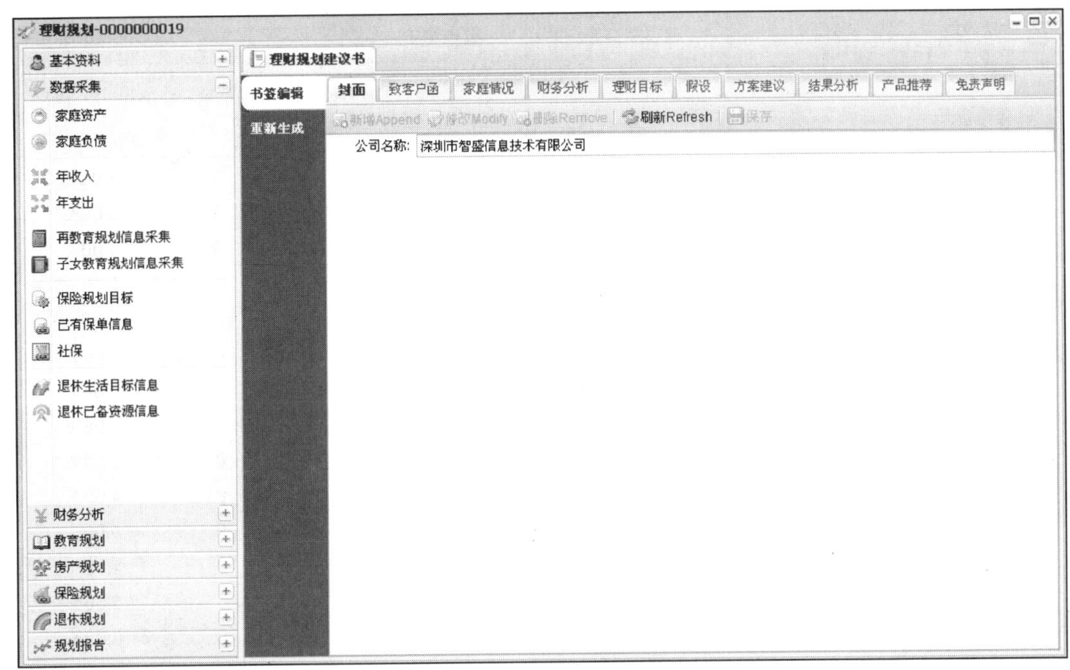

图 5-4　客户数据采集信息

5. 单击“数据采集”中的“家庭资产”选项，系统默认显示客户资产表格，表格抬头主要显示“资产类别”、“资产现值”、“年增长率”。“资产类别”包括了“个人使用资产”、“实物投资资产”、“金融资产”和“企业股权”，可以新增/修改“资产类别”的内容；“年增长率”显示的是系统默认数据，可以新增/修改资产“年增长率”的数据；新增/修改完成以后，单击上方工具栏中的“保存”键，即可保存工作成果，显示如图 5-5 的界面。

资产类别	资产现值	年增长率
个人使用资产/自用资产	0	0.00%
1.自用住宅	0	0.00%
2.汽车	0	-7.00%
3.家具、家电和其他家居用品	0	-7.00%
4.运动器材	0	-7.00%
5.衣物	0	-7.00%
6.其他个人使用资产/自用资产	0	0.00%
实物投资资产	0	4.00%
7.珠宝首饰	0	4.00%
8.投资性房产	0	4.00%
9.有价值的收藏品	0	4.00%
10.其他实物投资资产	0	4.00%
金融资产/生息资产	0	5.00%
11.现金	0	0.00%
12.活期存款	0	1.00%
13.定期存款	0	2.79%
14.债券	0	4.00%
15.股票	0	10.00%
16.金融信托/基金产品	0	5.00%
17.金融衍生产品	0	5.00%
18.管理性/商业性投资	0	5.00%
19.不动产投资	0	5.00%
20.贵金属/宝石	0	5.00%
21.人寿保险退保金额	0	2.79%
22.养老金或寿险保单现金价值	0	2.79%
23.其他	0	4.00%
企业股权	0	6.00%
24.控股企业股权	0	6.00%
25.参股企业股权	0	6.00%

图 5－5　客户资产信息表

6. 按照客户家庭资产状况填写表格，如录入“李智贤”的资产情况，如图 5－6 所示。

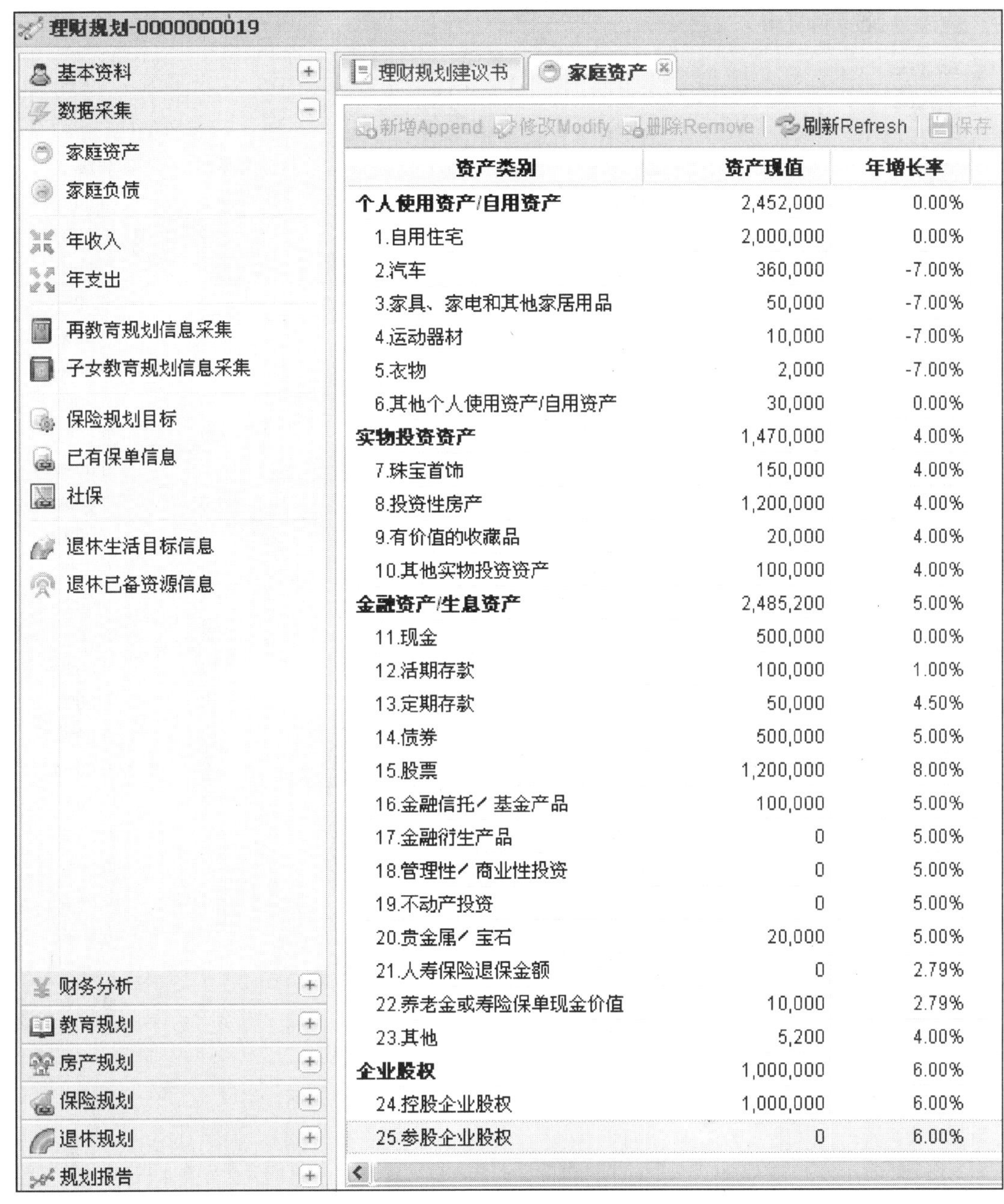

资产类别	资产现值	年增长率
个人使用资产/自用资产	2,452,000	0.00%
1.自用住宅	2,000,000	0.00%
2.汽车	360,000	-7.00%
3.家具、家电和其他家居用品	50,000	-7.00%
4.运动器材	10,000	-7.00%
5.衣物	2,000	-7.00%
6.其他个人使用资产/自用资产	30,000	0.00%
实物投资资产	1,470,000	4.00%
7.珠宝首饰	150,000	4.00%
8.投资性房产	1,200,000	4.00%
9.有价值的收藏品	20,000	4.00%
10.其他实物投资资产	100,000	4.00%
金融资产/生息资产	2,485,200	5.00%
11.现金	500,000	0.00%
12.活期存款	100,000	1.00%
13.定期存款	50,000	4.50%
14.债券	500,000	5.00%
15.股票	1,200,000	8.00%
16.金融信托/基金产品	100,000	5.00%
17.金融衍生产品	0	5.00%
18.管理性/商业性投资	0	5.00%
19.不动产投资	0	5.00%
20.贵金属/宝石	20,000	5.00%
21.人寿保险退保金额	0	2.79%
22.养老金或寿险保单现金价值	10,000	2.79%
23.其他	5,200	4.00%
企业股权	1,000,000	6.00%
24.控股企业股权	1,000,000	6.00%
25.参股企业股权	0	6.00%

图 5－6　录入客户资产信息

7. 录入完成以后，单击上方工具栏中的“保存”键，即可保存工作成果。

8. 单击“数据采集”中的“家庭负债”选项，系统默认显示客户负债表格，表格抬头主要显示“项目”、“负债总额”、“年利率”。“项目”包括“流动负债”、“长期负债”、“企业负债”，可以新增/修改“项目”的内容；“年利率”显示的是系统默认数据，可以新增/修改“年利率”的数据；新增/修改完成以后，单击上方工具栏中的“保存”键，即可保存工作成果，显示如图 5－7 的界面。

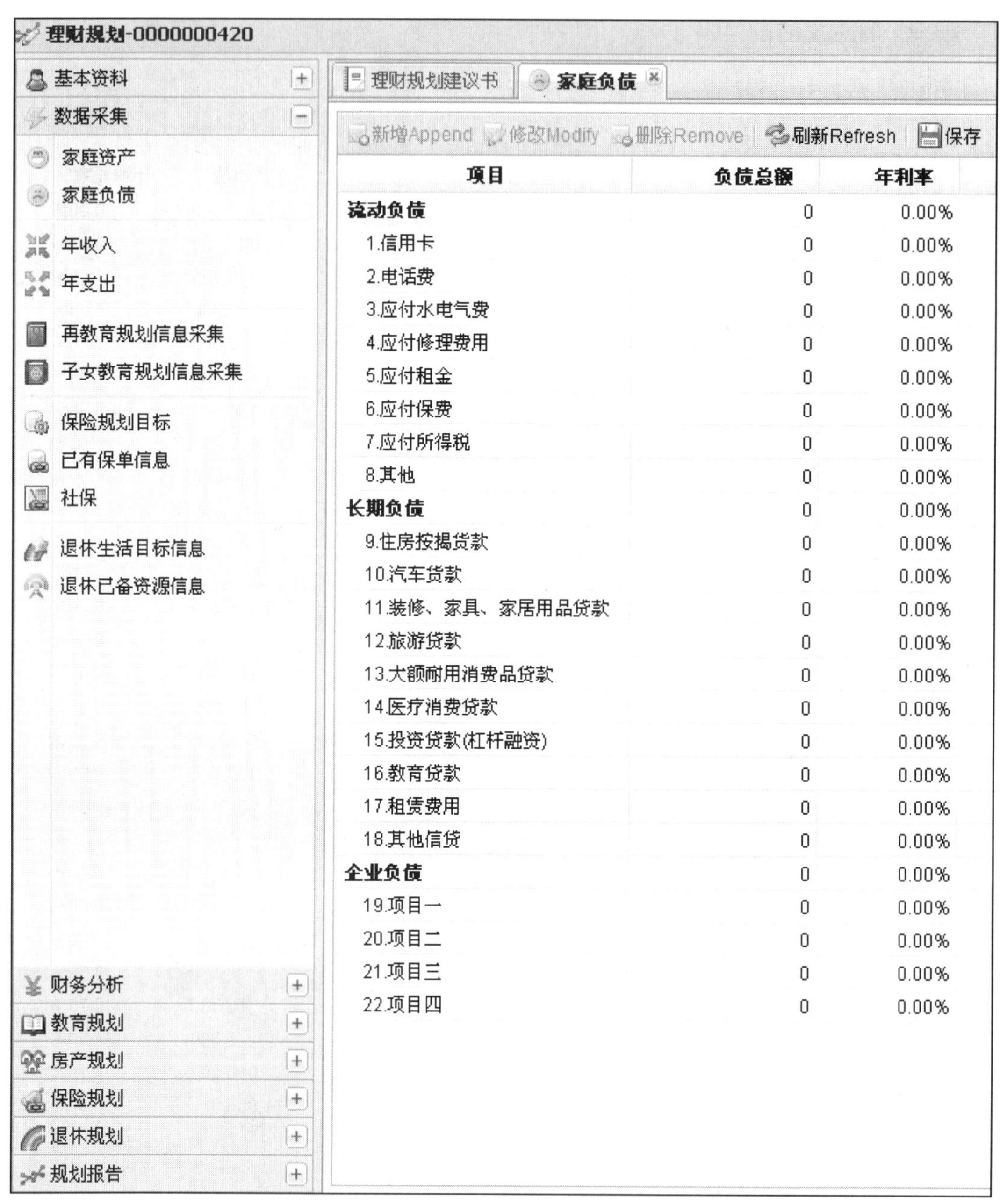

项目	负债总额	年利率
流动负债	0	0.00%
1.信用卡	0	0.00%
2.电话费	0	0.00%
3.应付水电气费	0	0.00%
4.应付修理费用	0	0.00%
5.应付租金	0	0.00%
6.应付保费	0	0.00%
7.应付所得税	0	0.00%
8.其他	0	0.00%
长期负债	0	0.00%
9.住房按揭贷款	0	0.00%
10.汽车贷款	0	0.00%
11.装修、家具、家居用品贷款	0	0.00%
12.旅游贷款	0	0.00%
13.大额耐用消费品贷款	0	0.00%
14.医疗消费贷款	0	0.00%
15.投资贷款(杠杆融资)	0	0.00%
16.教育贷款	0	0.00%
17.租赁费用	0	0.00%
18.其他信贷	0	0.00%
企业负债	0	0.00%
19.项目一	0	0.00%
20.项目二	0	0.00%
21.项目三	0	0.00%
22.项目四	0	0.00%

图 5 -7　家庭负债表

9. 按照客户家庭负债状况填写表格，如录入“李智贤”的负债情况，如图 5 -8 所示。

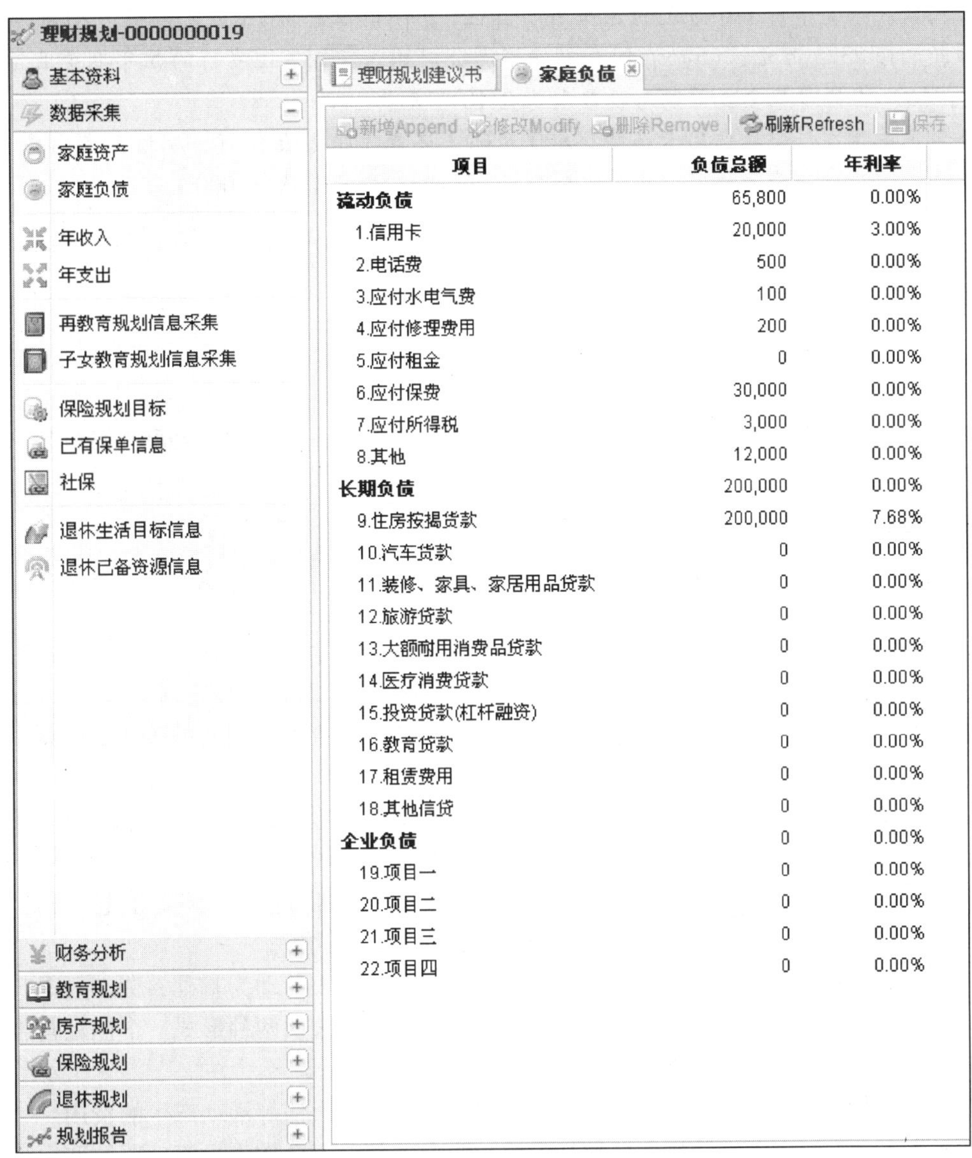

项目	负债总额	年利率
流动负债	65,800	0.00%
1.信用卡	20,000	3.00%
2.电话费	500	0.00%
3.应付水电气费	100	0.00%
4.应付修理费用	200	0.00%
5.应付租金	0	0.00%
6.应付保费	30,000	0.00%
7.应付所得税	3,000	0.00%
8.其他	12,000	0.00%
长期负债	200,000	0.00%
9.住房按揭贷款	200,000	7.68%
10.汽车贷款	0	0.00%
11.装修、家具、家居用品贷款	0	0.00%
12.旅游贷款	0	0.00%
13.大额耐用消费品贷款	0	0.00%
14.医疗消费贷款	0	0.00%
15.投资贷款(杠杆融资)	0	0.00%
16.教育贷款	0	0.00%
17.租赁费用	0	0.00%
18.其他信贷	0	0.00%
企业负债	0	0.00%
19.项目一	0	0.00%
20.项目二	0	0.00%
21.项目三	0	0.00%
22.项目四	0	0.00%

图 5－8　填写家庭负债

10. 录入完成以后，单击上方工具栏中的“保存”键，即可保存工作成果。

> **实务操作**

根据所给客户资料，运用智盛金融理财规划系统填制家庭资产负债表。

客户资料：

张先生42岁，张太太37岁，儿子14岁正在读初中，张先生月薪税后8 000元，年终奖金有2万元，张太太月薪税后5 000元。夫妻俩共有资产：（1）有一辆价值7万元的车子，一年支出1万元左右；（2）目前有活期储蓄存款4万元，定期存款12万元；（3）耐用消费品贷款5.5万元，每月还款5 000元，12个月还清；（4）两套住房：一套市价80万元的住房用于出租，4年前以总价65万元购买，20年按揭购买，每月租金收入2 000元，正好抵每月按揭款。一套市价100万元的住房用于自住，9年前以总价78万元购买，20年按揭购买，贷款余额23.5万元；（5）在国泰君安证券公司购入宝钢集团发行的5年期企业债现值5万元；（6）在博时基金公司购入股票型基金10万元。

今年张先生在饭馆刷信用卡消费2 800元还未还款，张太太在商场刷信用卡消费8 000元还未还款，应付话费300元，应付水电气费200元，应付保费30 000元。

任务2　编制客户家庭收支表

➢ **实训目标**

了解家庭收支表的内容和格式，并根据客户的基本资料，运用智盛金融理财规划系统填制客户家庭收支表。

➢ **实训预备**

一、了解家庭收支表的相关内容

家庭总收入：指调查户中生活在一起的所有家庭成员在调查期得到的工资性收入、经营净收入、财产性收入、转移性收入的总和，不包括出售财物和借贷收入。收入的统计标准以实际发生的数额为准，无论收入是补发还是预发，只要是调查期得到的都应如实计算，原则上不作分摊。

工资性收入：指就业人员通过各种途径得到的全部劳动报酬，包括所从事主要职业的工资以及从事第二职业、其他兼职和零星劳动得到的其他劳动收入。

财产性收入：指家庭成员拥有某项财产而取得的收入，如股息、红利、利息、租金等。

劳务收入：指家庭成员通过劳动取得的收入，如稿费收入等。

个体经营收入：个体经营是生产资料归个人所有，以个人劳动为基础，劳动所得归劳动者个人所有的一种经营形式。个体经营有个体工商户和个人合伙两种形式。个体经营收入是家庭成员通过个体经营取得的收入。

日常开支：指家庭成员衣、食、住、行、娱乐、医药、通信等活动产生的费用。

投资性支出：指家庭成员除去日常开支后，剩余的部分资金作为投资，以便取得高的收益。投资方向有股票、债券、基金、稀有品等。

保障性支出：指家庭成员为了预防未来可能发生的风险，保障以后的正常生活，预留资金或投向保障性保险等发生的费用。收入支出信息的采集如表5－2所示。

表5－2　　收入支出信息采集

收入（税后）		金额	支出		金额
工作支出	年工资收入（先生）		生活支出	年饮食支出	
				年房租支出	
	年工资收入（太太）			年子女养育支出	
				年衣物支出	

续表

<table>
<tr><th colspan="2">收入（税后）</th><th>金额</th><th colspan="3">支出</th><th>金额</th></tr>
<tr><td rowspan="12">工作支出</td><td rowspan="2">年自雇收入（先生）</td><td rowspan="2"></td><td rowspan="9">生活支出</td><td colspan="2">年交通费支出</td><td></td></tr>
<tr><td colspan="2">年医疗支出</td><td></td></tr>
<tr><td rowspan="2">年自雇收入（太太）</td><td rowspan="2"></td><td colspan="2">年护理支出</td><td></td></tr>
<tr><td colspan="2">年休闲和娱乐</td><td></td></tr>
<tr><td rowspan="2">其他年工作收入（先生）</td><td rowspan="2"></td><td colspan="2">年个人爱好支出</td><td></td></tr>
<tr><td colspan="2">年家居维护支出（含房产、汽车等）</td><td></td></tr>
<tr><td rowspan="2">其他年工作收入（太太）</td><td rowspan="2"></td><td colspan="2">年赠与支出</td><td></td></tr>
<tr><td colspan="2">年赡养支出</td><td></td></tr>
<tr><td rowspan="2">年利息所得（存款）</td><td rowspan="2"></td><td colspan="2">其他年生活支出</td><td></td></tr>
<tr><td rowspan="10">理财支出</td><td colspan="2">投资实物支出</td><td></td></tr>
<tr><td rowspan="2">年股息、债息、基金分红</td><td rowspan="2"></td><td colspan="2">定期定额投资支出</td><td></td></tr>
<tr><td rowspan="2">年还贷本息</td><td>其中本金</td><td></td></tr>
<tr><td rowspan="7">理财收入</td><td rowspan="2">年投资收益变现</td><td rowspan="2"></td><td>其中利息</td><td></td></tr>
<tr><td rowspan="2">年保费支出</td><td>年储蓄性保费支出</td><td></td></tr>
<tr><td rowspan="2">年租金收入</td><td rowspan="2"></td><td>年保障性保费支出</td><td></td></tr>
<tr><td colspan="2">年其他理财支出</td><td></td></tr>
<tr><td>年红利收入</td><td></td><td></td><td></td><td></td></tr>
<tr><td>其他年理财收入</td><td></td><td></td><td></td><td></td></tr>
<tr><td>其他年支出</td><td></td><td></td><td></td><td></td></tr>
<tr><td colspan="2"></td><td></td><td colspan="3">其他年支出</td><td></td></tr>
</table>

资料来源：智盛金融理财系统操作说明书。

二、运用智盛金融理财规划系统编制客户家庭财务报表

1. 登录智盛金融理财规划系统，如图5－9所示。

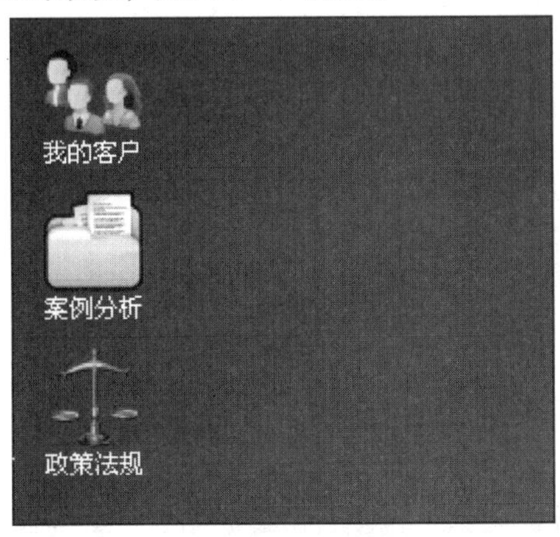

图5－9　登录理财规划系统

2. 用鼠标单击“我的客户”图标，打开我的客户，出现如图 5-10 的界面。

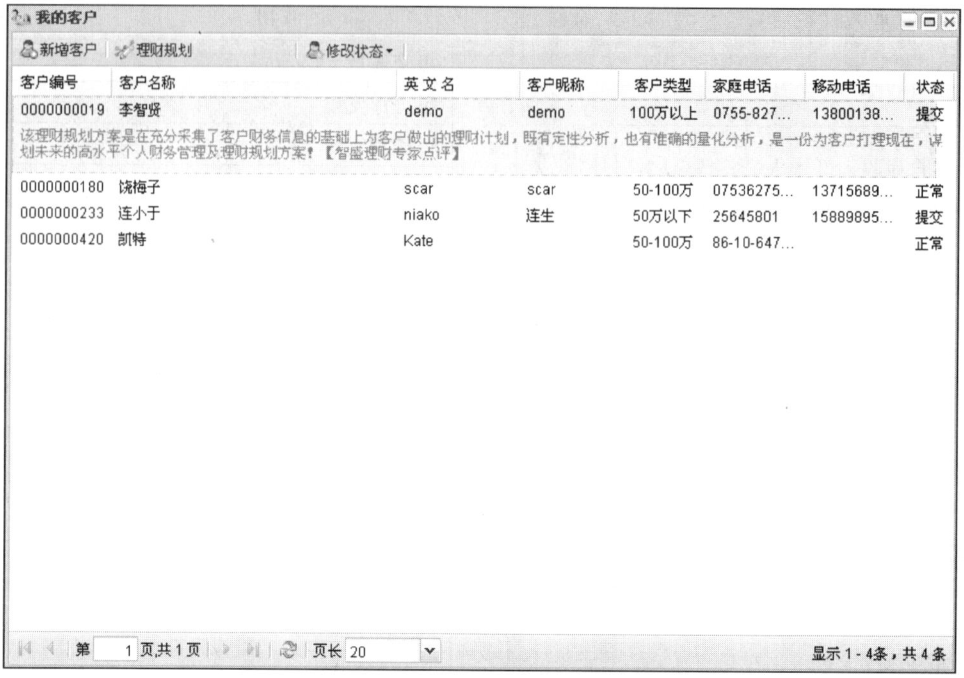

我的客户

新增客户 理财规划 修改状态

客户编号	客户名称	英文名	客户昵称	客户类型	家庭电话	移动电话	状态
0000000019	李智贤	demo	demo	100万以上	0755-827…	13800138…	提交
该理财规划方案是在充分采集了客户财务信息的基础上为客户做出的理财计划，既有定性分析，也有准确的量化分析，是一份为客户打理现在，谋划未来的高水平个人财务管理及理财规划方案！【智盛理财专家点评】							
0000000180	饶梅子	scar	scar	50-100万	07536275…	13715689…	正常
0000000233	连小于	niako	连生	50万以下	25645801	15889895…	提交
0000000420	凯特	Kate		50-100万	86-10-647…		正常

第 1 页共1页 页长 20 显示 1-4条，共 4 条

图 5-10 客户信息

3. 双击客户资料，如双击上图中“李智贤”的资料，出现如图 5-11 的界面。

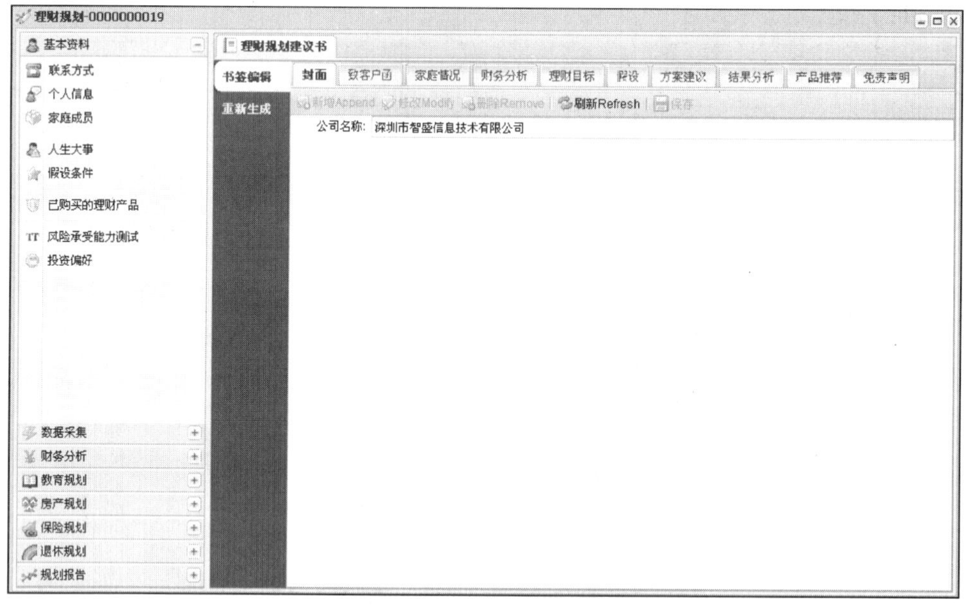

图 5-11 具体客户信息

4. 单击左侧菜单中“数据采集”选项，出现如图 5-12 的界面。

5. 单击“数据采集”中的“年收入”选项，系统默认显示客户年收入表格，表格抬头

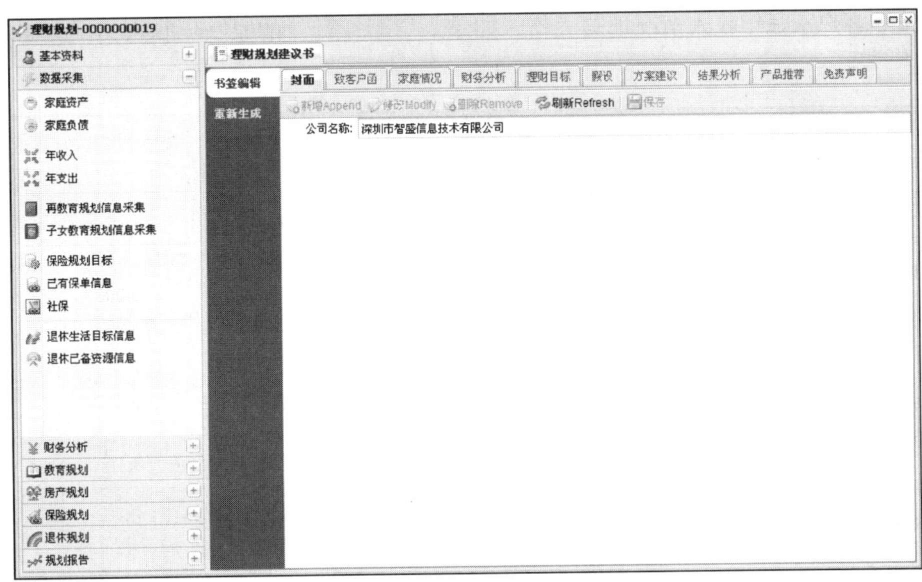

图 5－12　客户数据采集信息

主要显示“年收入项目”、“本人”、“配偶”、“合计”，“年收入项目”主要包括“工作收入”、“理财收入”、“其他收入”。可以新增/修改“年收入项目”的内容，新增/修改完成以后，单击上方工具栏中的“保存”键，即可保存工作成果，显示如图 5－13 的界面。

目前年收入	本人	配偶	合计
工作收入	0	0	0
1.工资、薪金所得	0	0	0
2.劳务报酬所得	0	0	0
3.稿酬所得	0	0	0
4.个人从事个体工商业生产经营所得	0	0	0
5.对企事业单位的承包、承租经营所得	0	0	0
6.特许权使用费所得	0	0	0
7.其他工作收入	0	0	0
理财收入	0	0	0
8.利息、股息、分红所得	0	0	0
9.财产转让所得	0	0	0
10.财产租赁所得	0	0	0
11.投资收益变现	0	0	0
12.其他理财收入	0	0	0
其他收入	0	0	0

图 5－13　数据采集表

6. 按照客户家庭年收入情况填写表格，如录入“李智贤”的家庭年收入情况，如图5－14所示。

图5－14 填写数据采集信息

7. 录入完成以后，单击上方工具栏中的“保存”键，即可保存工作成果。

8. 单击“数据采集”中的“年支出”选项，系统默认显示客户年支出表格，表格抬头主要显示“年支出项目”、“本人”、“配偶”、“合计”，“年支出项目”主要包括“消费支出”、“理财支出”、“其他支出”。可以新增/修改“年支出项目”的内容，新增/修改完成以后，单击上方工具栏中的“保存”键，即可保存工作成果，显示如图5－15的界面。

9. 按照客户家庭年支出情况填写表格，如录入“李智贤”的家庭年支出情况，如图5－16所示。

10. 录入完成以后，单击上方工具栏中的“保存”键，即可保存工作成果。

图 5-15　年支出表

图 5-16　填写年支出

> **实务操作**

根据所给客户资料，运用智盛金融理财规划系统填制家庭收支表。

客户资料：

张先生42岁，张太太37岁，儿子14岁正在读初中，张先生月薪税后8 000元，年终奖金有2万元，张太太月薪税后5 000元。夫妻俩共有资产：（1）有一辆价值7万元的车子，一年支出1.2万元左右；（2）目前有活期储蓄存款4万元，定期存款12万元；（3）耐用消费品贷款5.5万元，每月还款5 000元，12个月还清；（4）两套住房：一套市价80万元的住房用于出租，4年前以总价65万元购买，20年按揭购买，每月租金收入2 000元，正好抵每月按揭款。一套市价100万元的住房用于自住，9年前以总价78万元购买，20年按揭购买，贷款余额23.5万元；（5）在国泰君安证券公司购入宝钢集团发行的5年期企业债现值5万元；（6）在博时基金公司购入股票型基金10万元。

今年张先生在饭馆刷信用卡消费2 800元还未还款，张太太在商场刷信用卡消费8 000元还未还款，应付话费300元，应付水电气费200元，应付保费30 000元。

张先生的家庭固定开支：养车费每月1 000元，还耐用消费品贷款每月5 000元（1年还清），房贷每月2 000元左右。

张先生的家庭可变开支：张先生一家每月基本生活费用1 000元，衣物开支800元，交通、通信费开支600元，水电煤开支300元，根据张先生一家的健康状况，每月医药费支出300元，人情世故费用支出平均每月500元。

张先生的家庭灵活性开支：娱乐、旅游、美容健身、文化教育等项开支。这部分属于非必要性开支，一般控制在每月1 000元左右。

任务3　分析客户家庭财务状况

> **实训目标**

深入了解家庭的财产内容，及时合理地计量，有利于正确了解个人（家庭）的资产状况，对正确设定理财目标、选择合适的投资组合、合理安排收入支出比例及资产的保值增值途径有十分重要的意义。通过本次实训，要求熟练掌握家庭资产计量及报表编制的方法。

> **实训预备**

一、熟悉家庭资产负债表财务比率

1. 家庭资产结构分析。

（1）金融资产权数＝金融资产/总资产。金融资产市值的波动一般较大，因此若家庭的金融资产权数较大，则总资产的起伏将比较大。但是，金融资产的获利能力远大于自用资产，是未来收益的保障。

一个家庭金融资产一般是由一系列风险收益情况各异的金融资产组合构成的，可以通过分析其中各类风险资产的比重来考察该家庭的财务风险状况。

（2）自用资产权数＝自用资产/总资产。自用资产是以提供使用价值为主要目的，一般家庭未购房前此比例较低。在购房后贷款未缴清前，多数家庭均将积蓄用来偿还贷款，以至于无法累积金融资产，因此此时自用资产权数一般在七八成以上。

（3）奢侈资产权数＝奢侈资产/总资产。中高收入家庭往往会持有较多的奢侈资产，此权数的大小可以在一定程度上反映家庭的收入状况。

2. 财务结构分析。

（1）负债比率＝总负债/总资产。一般来说，负债比率越高，财务负担越大，收入不稳定时无法还本付息的风险也越大。但是由于总负债由自用资产负债、投资负债和消费负债三大部分组成，因此需要考虑总负债中各种负债组合的比重以及市场形势，才能最终较为准确地判断家庭的财务风险。

（2）融资比率＝投资负债/金融资产市值。投资负债额可以是以存单、保单、有价证券等投资工具质押获得的贷款，也可以是个人自用资产抵押获得的贷款，但是用途必须是投资金融资产，以期在投资报酬率高于融资利息率的情况下，加速资产的成长，获得财务杠杆效应。融资比率过高则会造成家庭的财务风险过大，因此必须时刻关注该比率，尽可能及早清偿投资负债，以减少利息支出。

家庭投资净资产越高，则家庭资产的成长潜力越大。投资净资产＝金融资产－投资负债，其增加的主要原因来自金融资产的增加和贷款的减少。

（3）自用资产贷款乘数＝自用资产贷款额/个人使用资产市价值。自用住宅在自用资产中占据最大的比例，若无其他自用资产，则该比率＝房贷额/自用住宅的市值。随着房贷余额的减少，此比率会逐步减小，但在房地产市值大幅度下降的情况下，该比率也可能反向走高。

（4）消费负债资产比＝消费负债额/总资产。在理财上应该尽量避免消费负债，若需要借款时，在没有自用资产负债或投资负债的前提下，该比率等于总负债比率，此时消费负债的合理额度不宜超过总资产的一半。

二、熟悉家庭收支表财务比率

1. 家庭支出比率分析。支出比率＝总支出/总收入＝消费率＋财务负担率；消费率＝消费支出/总收入；财务负担率＝理财支出/总收入。

家庭消费支出安排的基本原则是“量入为出”，尤其是在初期资本积累阶段，必须控制消费支出的比重，增加金融资产的累积，以期为以后的理财活动积聚足够的资金。随着家庭收入的增加，消费率指标也会逐步减小，即符合经济学中所说的边际消费率递减规律。

理财支出指利息支出与保障型寿险、产险的保费支出及为了投资所支付的交易成本或顾问费用。若投资亏损通常视为负的理财收入，为总收入的减项，不视为理财支出。通常，财务负担率以利息支出占总收入的20%、保障型保费支出占总收入的10%为合理上限，因此合计不应超过总收入的30%。

2. 家庭财务弹性分析。自由储蓄额＝总储蓄额－已经安排的本金还款或投资；自由储蓄率＝自由储蓄额/总收入。

已经安排的本金还款或投资包括房贷定期摊还的本金额、应缴储蓄性保费、定期定额投资额等提前安排的固定资金使用额。因此，自由储蓄额即总储蓄额扣除了这些固定资金使用额后可以自由动用的部分。自由储蓄率越高，则家庭的财务弹性越大，通常以10%作为自由储蓄率的下限。

3. 收支平衡点收入。收支平衡点收入＝固定支出负担/工作收入净结余比率；工作收入

净结余比率 = 工作收入净结余/工作收入。

其中，固定支出负担包括每月的固定生活费用、房贷支出等近期每月固定支出；工作收入净结余指工作收入扣除所得税、社保缴费以及交通、通信、饮食、娱乐等日常开支后的净节余。

个人（家庭）获得收入是有阶段性的，因此应储蓄一部分的收入作为未来退休生活的准备。分析收支平衡点的主要目的是要计算出现在以及退休后的生活水准，掌握需要创造多少收入才能量入为出。当提升收入难以达到时，则必须考虑降低固定费用支出来提高工作收入净结余比率，以确保有足够的积蓄维持未来的退休生活。

三、熟悉家庭财务比率评价标准

1. 资产负债率 = 总负债/总资产 ×100%，小于 50%。

家庭的负债比率较低，说明家庭债务较轻，按照国际惯例，50% 以下的负债比率即为合理。

2. 清偿比例 = 净资产/总资产 ×100 %，大于 50%。

清偿比率较高，说明家庭有很好的偿债能力，同时也说明，如有需要，该家庭还可以承受一定的负债。

3. 净资产偿付比例 = 净资产/总资产 ×100 %，大于 1。

您的家庭无负债压力，同时也说明您没有充分利用起自己的信用额度。

4. 流动性比率 = 金融性资产/每月支出，3 ~8。

一般来说，流动资产可以满足 3 个月的开支即可认为其流动性较好，此流动性比例为 3 即可。流动资产可运用月数 16 个月，紧急预备金充裕，无负债，没有还款付息的压力，但应适当缩减流动性资金比重，以提高投资带来的收益。

5. 净资产投资率 = 投资资产总额（生息资产）/净资产 ×100%，大于 50%。

投资性资产包括所有可产生利息、租金、资本利得等理财收入的金融性资产与房地产，合适比例应该为 50% 以上，而此数据明显偏低反映出您的资产中用于增加财富的部分太少。

6. 平均每 1 元收益率 = 投资资产总额 × 投资回报率/投资总资产 ×100%，大于 3.5%。

如果每 1 元收益率过低，说明用于投资的资金带来的收益率过低，应加大资金的投资比例，以拉动家庭收益。

7. 消费比率 = 消费支出/总收入 ×100%，20% ~55%。

从储蓄比例可以看出，您的家庭在满足当年支出以外，还可将 46.10% 的收入用于增加储蓄或者投资。

8. 净资产成长率 = 净储蓄/净资产 =（毛储蓄 + 理财收入 - 理财支出）/净资产。

您家庭的净资产成长率太低，一方面，因为您的投资资产所占净资产比例过低；另一方面，您以银行存款为主的投资回报率也较低，这将使得家庭财富的增长过慢。并且家庭收入主要来自工薪收入，无法达到财务自由（日常固定开支主要依赖理财收入）。

9. 储蓄率 =（收支结余/总收入）×100%，大于 40%。

家庭目前结余比率为 54%，即每年的税后收入有 54% 能节省下来，一方面说明家庭控制支出的能力较强；另一方面说明家庭累计净资产能力较强。这部分结余资金也是理财的重点规划对象。

综合分析，目前，如家庭的投资工具仅为股票，一方面，风险过于集中；另一方面，由于缺乏投资经验和系统性风险等原因，在资本市场中不但没有获得理想收益，反而出现了巨额亏损。针对这一问题，需要通过进行合理的投资资产配置予以解决。

同时，保险是家庭理财计划中必不可少的家庭风险管理工具，是一切理财规划的“基石”，保障力度远远不够。家庭的最主要经济支柱，需要有保险保障；同时伴随年龄的增加，养老与疾病的费用问题也应考虑通过购买合适的商业保险予以解决。对此，在之后的理财规划方案中会对家庭保险进行详细的规划。

四、运用智盛金融理财规划系统分析客户家庭财务报表

1. 登录智盛金融理财规划系统，如图 5－17 所示。

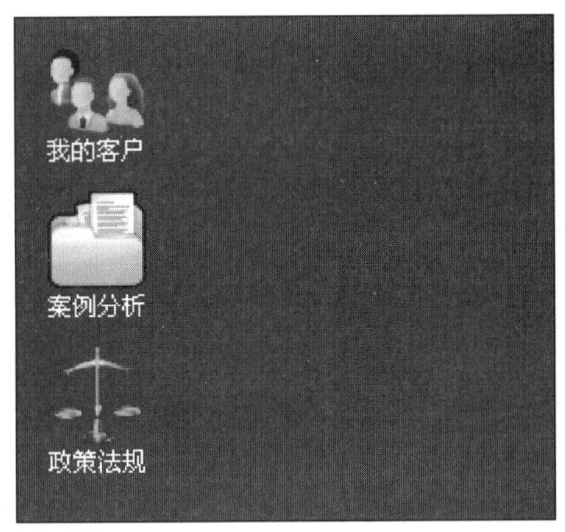

图 5－17　登录理财规划系统

2. 用鼠标单击“我的客户”图标，打开我的客户，出现如图 5－18 的界面。

我的客户

新增客户　理财规划　修改状态

客户编号	客户名称	英文名	客户昵称	客户类型	家庭电话	移动电话	状态
0000000019	李智贤	demo	demo	100万以上	0755-827...	13800138...	提交
该理财规划方案是在充分采集了客户财务信息的基础上为客户做出的理财计划，既有定性分析，也有准确的量化分析，是一份为客户打理现在，谋划未来的高水平个人财务管理及理财规划方案！【智盛理财专家点评】							
0000000180	饶梅子	scar	scar	50-100万	07536275...	13715689...	正常
0000000233	连小于	niako	连生	50万以下	25645801	15889895...	提交
0000000420	凯特	Kate		50-100万	86-10-647...		正常

第 1 页共 1 页　页长 20　显示 1 - 4条，共 4 条

图 5－18　客户信息

3. 双击客户资料，如双击图 5－18 中“李智贤”的资料，出现如图 5－19 的界面。

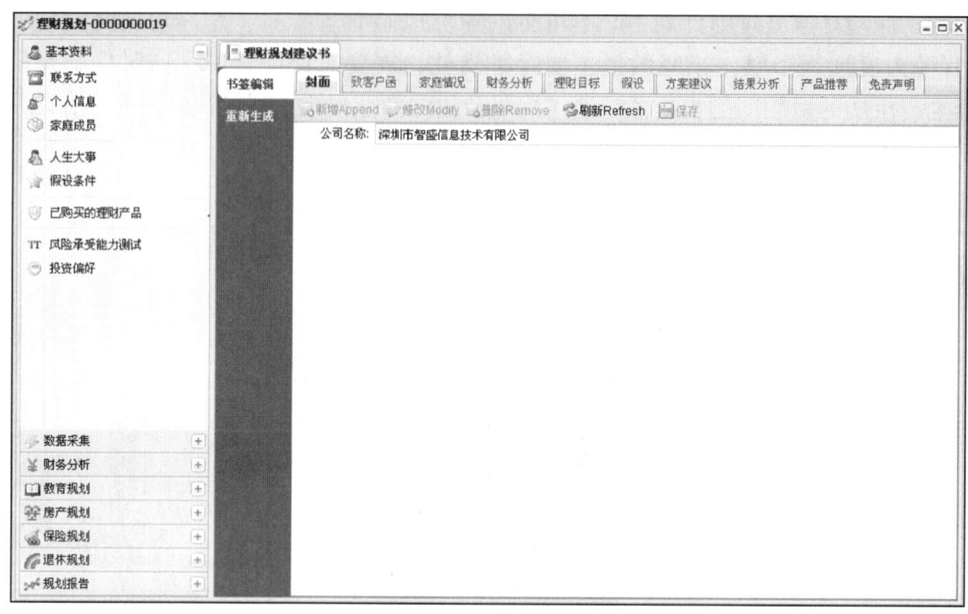

图 5－19　具体客户信息

4. 单击左侧菜单中“财务分析”选项，出现如图 5－20 的界面。

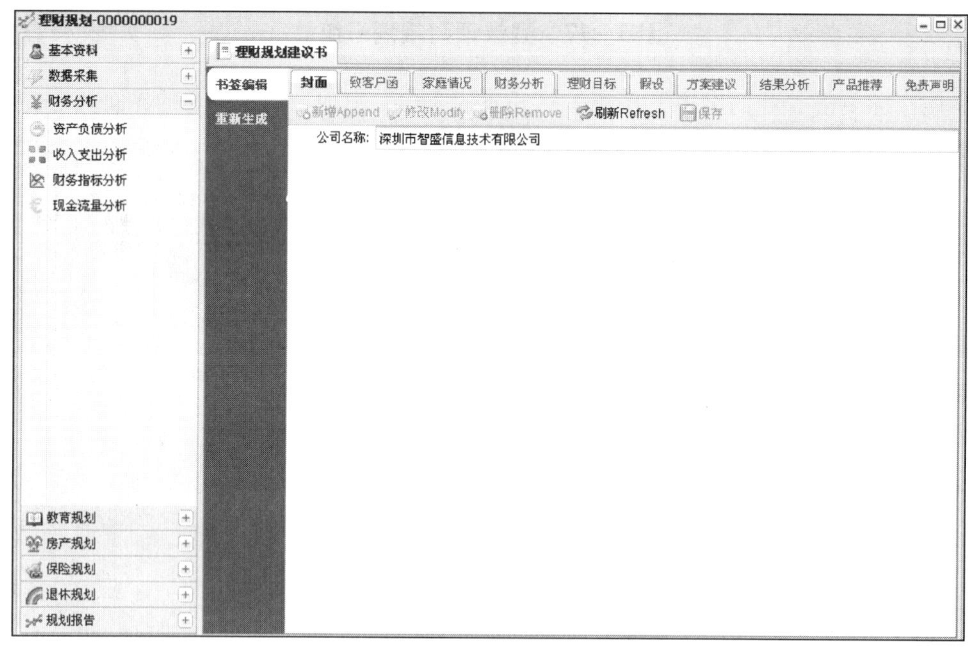

图 5－20　财务分析项目

5. 单击“财务分析”中的“资产负债分析”选项，系统会根据已经录入的客户财务信息自动进行分析，并显示分析结果，如利用系统自动分析客户“李智贤”的资产负债情况，分析结果有“资产负债结构分析图”、“资产构成图”、“负债构成图”、“资产和负债项目比率”，出现如图 5－21 的界面。

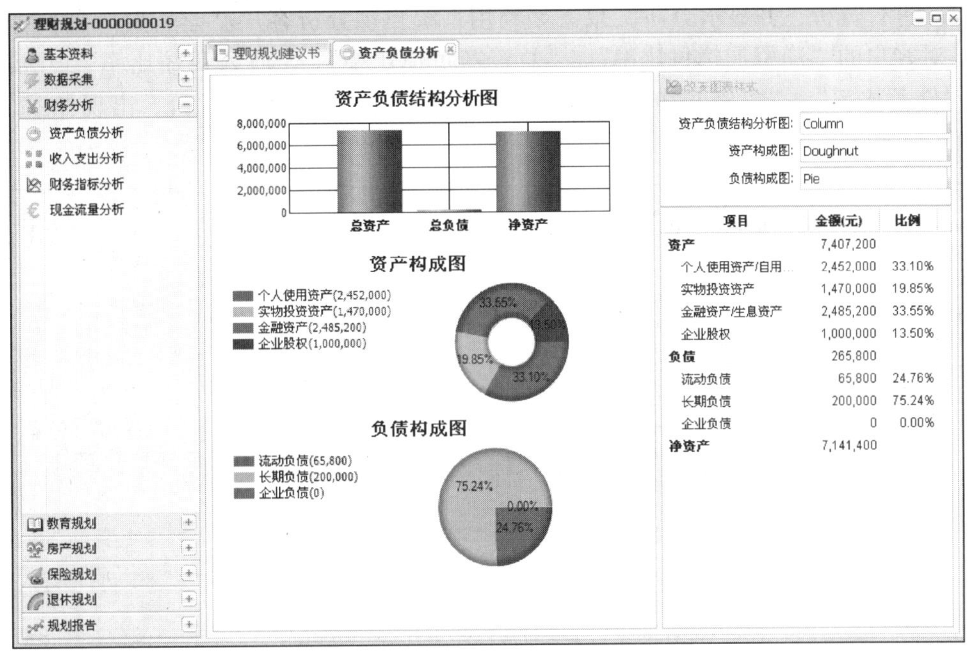

图 5－21　客户资产负债结构分析

6. 单击“财务分析”中的“收入支出分析”选项，系统会根据已经录入的客户财务信息自动进行分析，并显示分析结果，如利用系统自动分析客户“李智贤”的收入支出情况，分析结果有“收入支出结构分析图”、“收入构成图”、“支出构成图”、“收入和支出项目比率”，出现如图 5－22 的界面。

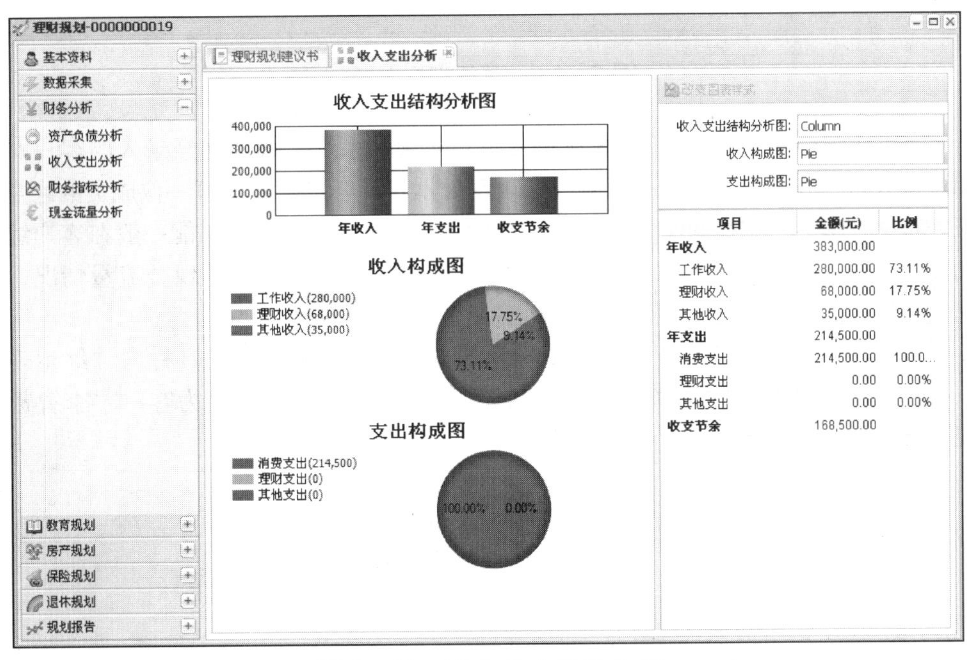

图 5－22　客户收支结构分析

7. 单击“财务分析”中的“财务指标分析”选项，系统会根据已经录入的客户财务信息自动进行分析，并显示分析结果，如利用系统自动分析客户“李智贤”的财务指标情况，对客户的“净资产偿付比率”、“总资产负债比率”、“收入负债比率”、“流动比率”、“储蓄比率”、“投资与净资产比率”做出比较详细的分析和评价，出现如图 5 - 23 的界面。

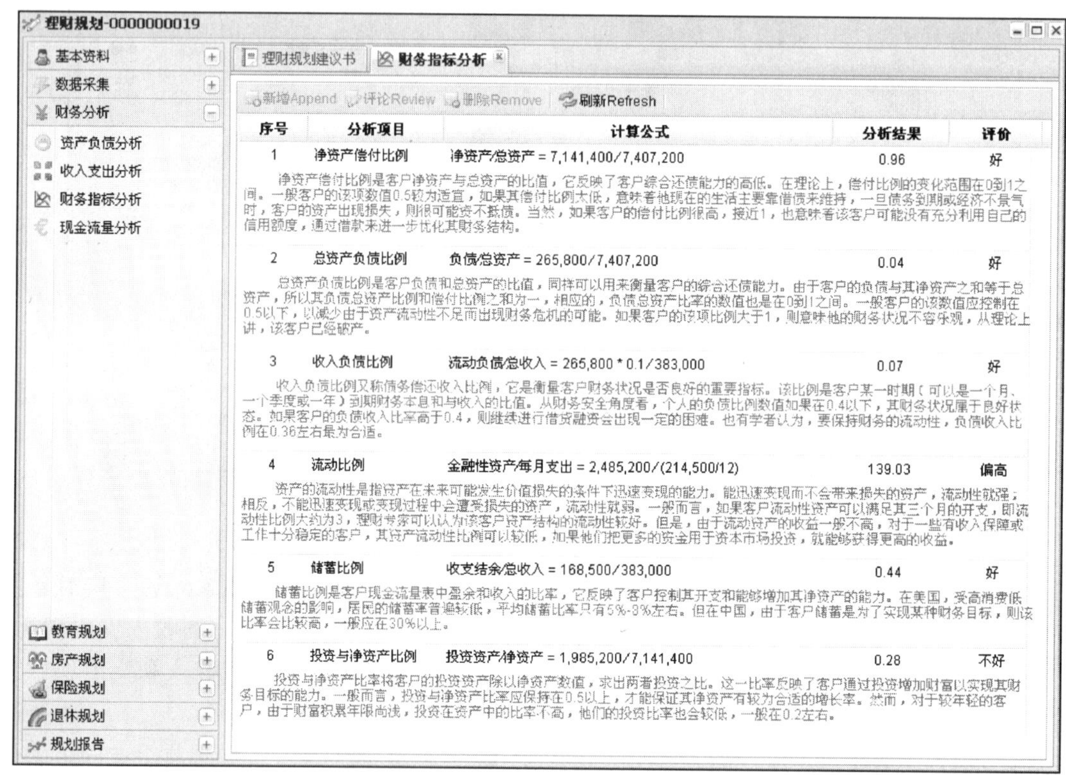

图 5 - 23　财务指标分析

8. 单击“财务分析”中的“现金流量分析”选项，系统会根据已经录入的客户财务信息自动进行分析，并显示分析结果。系统会自动显示目标客户家庭的每一位成员的终身现金流量表，包括“收入”、“支出”、“资产”、“负债”的资金情况，该功能一般在客户综合理财规划完成以后再使用。如利用系统自动分析客户“李智贤”的家庭现金流量情况，出现如图 5 - 24 的界面。

9. 单击“财务分析”中的“现金流量分析”选项，再单击上方工具栏内“终生现金流量图”，系统会自动把客户家庭终身现金流制成图表。如利用系统自动为客户“李智贤”的家庭现金流量制表，出现如图 5 - 25 的界面。

理财规划-0000000019

基本资料
数据采集
财务分析
- 资产负债分析
- 收入支出分析
- 财务指标分析
- 现金流量分析

教育规划
房产规划
保险规划
退休规划
规划报告

理财规划建议书 | 现金流量分析

终生现金流表 | 终生现金流图

	家庭成员年龄					收入				支出				
年份	李智贤	刘玲	李进	李敏	人生大事	工作收入	理财收入	其他收入	总收入	消费支出	理财	其他	总支出	收支节余
2013	42	40	18	16	教育(100000) 教育(500000)	280,000	68,000	35,000	383,000	214,500			214,500	168,500
2014	43	41	19	17		288,400	71,400	35,700	395,500	223,080			223,080	172,420
2015	44	42	20	18		297,052	74,970	36,414	408,436	232,003			232,003	176,433
2016	45	43	21	19		305,963	78,719	37,142	421,824	241,283			241,283	180,541
2017	46	44	22	20		315,142	82,655	37,885	435,682	250,934			250,934	184,748
2018	47	45	23	21		324,596	86,788	38,643	450,027	260,971			260,971	189,056
2019	48	46	24	22		334,334	91,127	39,416	464,877	271,410			271,410	193,467
2020	49	47	25	23	旅游(80000)	344,364	95,683	40,204	480,251	282,266			282,266	197,985
2021	50	48	26	24		354,695	100,467	41,008	496,170	293,557			293,557	202,613
2022	51	49	27	25		365,336	105,490	41,828	512,654	305,299			305,299	207,355
2023	52	50	28	26		376,296	110,765	42,665	529,726	317,511			317,511	212,215
2024	53	51	29	27		387,585	116,303	43,518	547,406	330,211			330,211	217,195
2025	54	52	30	28		399,212	122,118	44,388	565,718	343,419			343,419	222,299
2026	55	53	31	29		411,189	128,224	45,276	584,689	357,156			357,156	227,533
2027	56	54	32	30		423,525	134,635	46,182	604,342	371,442			371,442	232,900
2028	57	55	33	31		358,333	141,367	47,106	546,806	386,300			386,300	160,506
2029	58	56	34	32		369,083	148,435	48,048	565,566	401,752			401,752	163,814
2030	59	57	35	33		380,155	155,857	49,009	585,021	417,822			417,822	167,199
2031	60	58	36	34			163,650	49,989	213,639	260,721			260,721	-47,082
2032	61	59	37	35			171,833	50,989	222,822	271,150			271,150	-48,328
2033	62	60	38	36			180,425	52,009	232,434	281,996			281,996	-49,562
2034	63	61	39	37			189,446	53,049	242,495	293,276			293,276	-50,781
2035	64	62	40	38			198,918	54,110	253,028	305,007			305,007	-51,979
2036	65	63	41	39			208,864	55,192	264,056	317,207			317,207	-53,151
2037	66	64	42	40			219,307	56,296	275,603	329,895			329,895	-54,292
2038	67	65	43	41			230,272	57,422	287,694	343,091			343,091	-55,397
2039	68	66	44	42			241,786	58,570	300,356	356,815			356,815	-56,459

资产					负债				
自用资产	实物资产	金融资产	企业股权	总资产	流动负债	长期负债	企业负债	总负债	净资产
2,452,000	1,470,000	2,485,200	1,000,000	7,407,200	65,800	200,000	200,000	465,800	6,941,400
2,422,460	1,528,800	2,781,880	1,060,000	7,793,140	66,400	215,360	215,360	497,120	7,296,020
2,394,988	1,589,952	3,097,407	1,123,600	8,205,947	67,018	231,900	231,900	530,818	7,675,129
2,369,440	1,653,550	3,432,819	1,191,016	8,646,825	67,655	249,710	249,710	567,075	8,079,750
2,345,679	1,719,691	3,789,208	1,262,477	9,117,055	68,311	268,888	268,888	606,087	8,510,968
2,323,581	1,788,478	4,167,725	1,338,226	9,618,010	68,986	289,539	289,539	648,064	8,969,946
2,303,031	1,860,017	4,569,578	1,418,520	10,151,...	69,682	311,776	311,776	693,234	9,457,912
2,283,919	1,934,417	4,996,042	1,503,631	10,718,...	70,398	335,720	335,720	741,838	9,976,171
2,266,145	2,011,795	5,448,457	1,593,849	11,320,...	71,136	361,503	361,503	794,142	10,526,104
2,249,615	2,092,266	5,928,235	1,689,480	11,959,...	71,896	389,266	389,266	850,428	11,109,168
2,234,243	2,175,957	6,436,862	1,790,849	12,637,...	72,679	419,162	419,162	911,003	11,726,908
2,219,946	2,262,995	6,975,901	1,898,300	13,357,...	73,485	451,354	451,354	976,193	12,380,949
2,206,650	2,353,516	7,546,995	2,012,198	14,119,...	74,316	486,018	486,018	1,046,352	13,073,007
2,194,284	2,447,657	8,151,878	2,132,930	14,926,...	75,171	523,344	523,344	1,121,859	13,804,890
2,182,784	2,545,563	8,792,372	2,260,906	15,781,...	76,052	563,537	563,537	1,203,126	14,578,499
2,172,089	2,647,385	9,392,496	2,396,560	16,608,...	76,960	606,817	606,817	1,290,594	15,317,936
2,162,142	2,753,281	10,025,935	2,540,354	17,481,...	77,895	653,421	653,421	1,384,737	16,096,975
2,152,892	2,863,412	10,694,431	2,692,775	18,403,...	78,858	703,604	703,604	1,486,066	16,917,444
2,144,289	2,977,948	11,182,070	2,854,342	19,158,...	79,850	757,641	757,641	1,595,132	17,563,517
2,136,288	3,097,066	11,692,846	3,025,603	19,951,...	80,872	815,828	815,828	1,712,528	18,239,275
2,128,848	3,220,948	12,227,926	3,207,139	20,784,...	81,924	878,484	878,484	1,838,892	18,945,969
2,121,928	3,349,786	12,788,541	3,399,567	21,659,...	83,008	945,952	945,952	1,974,912	19,684,910
2,115,494	3,483,778	13,375,989	3,603,541	22,578,...	84,124	1,018,601	1,018,601	2,121,326	20,457,476
2,109,510	3,623,130	13,991,637	3,819,753	23,544,...	85,274	1,096,830	1,096,830	2,278,934	21,265,096
2,103,945	3,768,055	14,636,927	4,048,938	24,557,...	86,458	1,181,067	1,181,067	2,448,592	22,109,273
2,098,768	3,918,778	15,313,376	4,291,874	25,622,...	87,678	1,271,773	1,271,773	2,631,224	22,991,572
2,093,955	4,075,529	16,022,586	4,549,386	26,741,...	88,934	1,369,445	1,369,445	2,827,824	23,913,632

图 5－24　现金流量分析

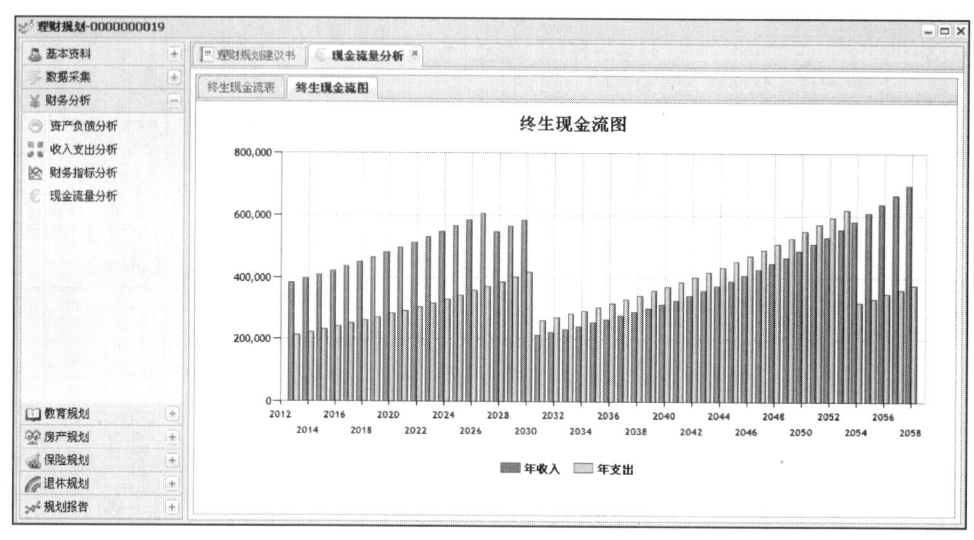

图 5－25　终生流量

➢ 实务操作

1. 全班每位学生运用智盛金融理财规划系统分析模拟客户家庭财务情况。

2. 全班学生分成若干小组，在实训课堂上每个小组推荐至少 1 名同学进行模拟客户的家庭财务分析说明。

客户资料：

张先生 42 岁，张太太 37 岁，儿子 14 岁正在读初中，张先生月薪税后 8 000 元，年终奖金有 2 万元，张太太月薪税后 5 000 元。夫妻俩共有资产：（1）有一辆价值 7 万元的车子，一年支出 1.2 万元左右；（2）目前有活期储蓄存款 4 万元，定期存款 12 万元；（3）耐用消费品贷款 5.5 万元，每月还款 5 000 元，12 个月还清；（4）两套住房：一套市价 80 万元的住房用于出租，4 年前以总价 65 万元购买，20 年按揭购买，每月租金收入 2 000 元，正好抵每月按揭款。一套市价 100 万元的住房用于自住，9 年前以总价 78 万元购买，20 年按揭购买，贷款余额 23.5 万元；（5）在国泰君安证券公司购入宝钢集团发行的 5 年期企业债现值 5 万元；（6）在博时基金公司购入股票型基金 10 万元。

今年张先生在饭馆刷信用卡消费 2 800 元还未还款，张太太在商场刷信用卡消费 8 000 元还未还款，应付话费 300 元，应付水电气费 200 元，应付保费 30 000 元。

张先生的家庭固定开支：养车费每月 1 000 元，还耐用消费品贷款每月 5 000 元（1 年还清），房贷每月 2 000 元左右。

张先生的家庭可变开支：张先生一家每月基本生活费用 1 000 元，衣物开支 800 元，交通、通讯费开支 600 元，水电煤开支 300 元，根据张先生一家的健康状况，每月医药费支出 300 元，人情世故费用支出平均每月 500 元。

张先生的家庭灵活性开支：娱乐、旅游、美容健身、文化教育等项开支。这部分属于非必要性开支，一般控制在每月 1 000 元左右。

项目六

教育规划

任务1　录入教育需求

➢ **实训目标**

了解客户的教育规划目标，并把信息录入金融理财规划系统。

➢ **实训预备**

了解客户的教育规划目标并录入系统

1. 登录智盛金融理财规划系统，如图6－1所示。

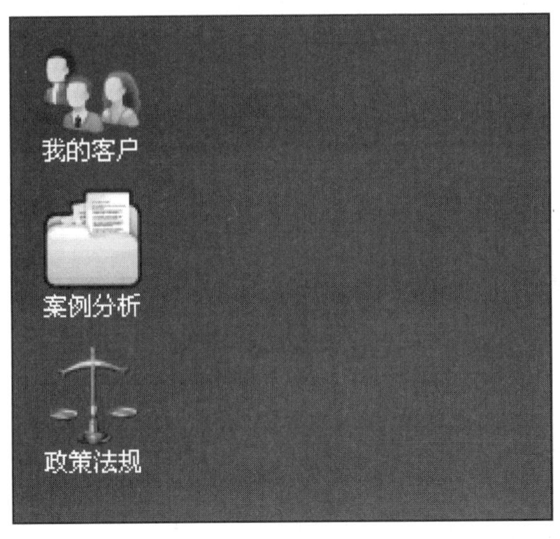

图6－1　登录理财规划系统

2. 用鼠标单击“我的客户”图标，打开我的客户，出现如图6－2的界面。
3. 双击客户资料，如双击图6－2中“李智贤”的资料，出现如图6－3的界面。
4. 单击左侧菜单中“数据采集”选项，出现如图6－4的界面。
5. 单击左侧“数据采集”中“再教育规划信息采集”选项，出现如图6－5的界面。

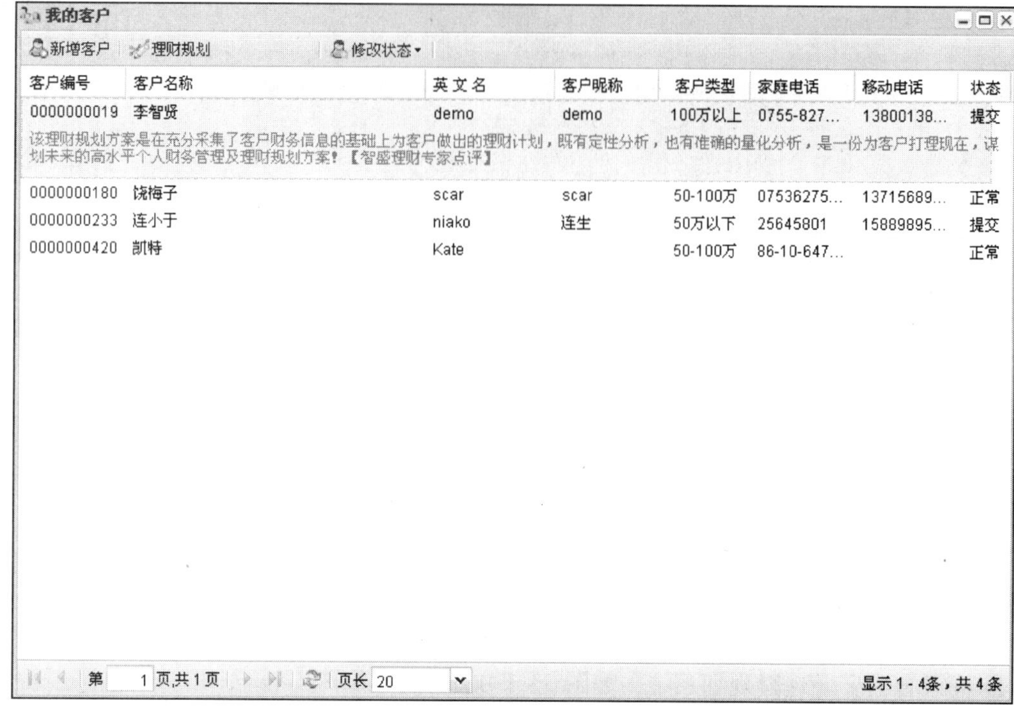

图 6－2 客户信息

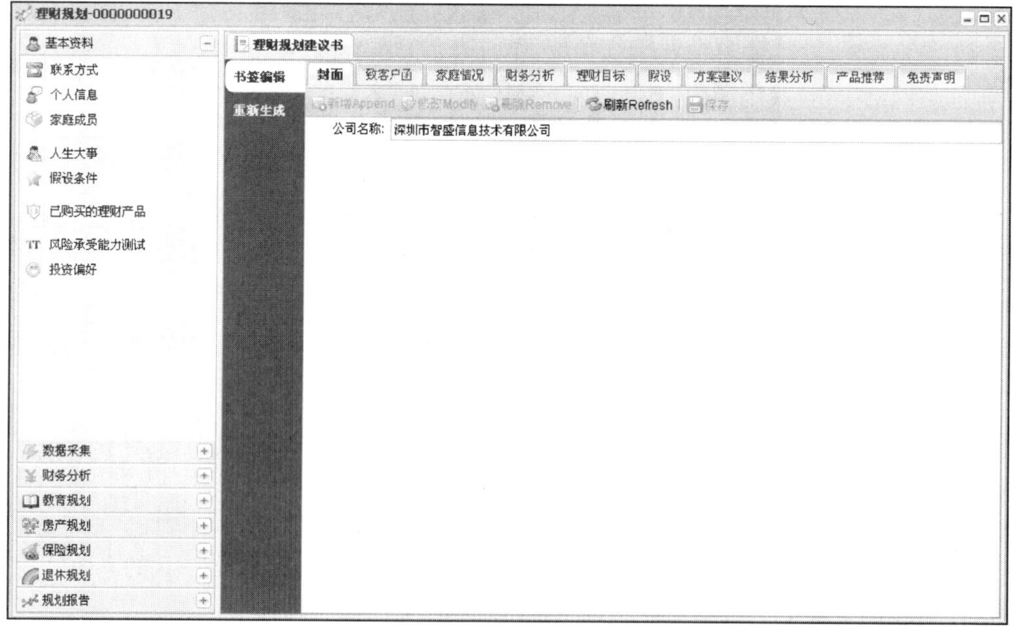

图 6－3 具体客户信息

图 6－4　数据采集信息

图 6－5　再教育规划信息

6. 单击上方工具栏中“新增/修改/删除”选项，可以进行相应操作。如单击“新增”选项，如图 6－6 所示。

图 6－6　再教育规划信息采集

7. 以客户“李智贤”为例，输入其再教育规划信息以后，出现如图 6－7 的界面。

图 6－7　显示再教育规划信息

8. 单击左侧“数据采集”中“子女教育规划信息采集”选项，出现如图 6－8 的界面。

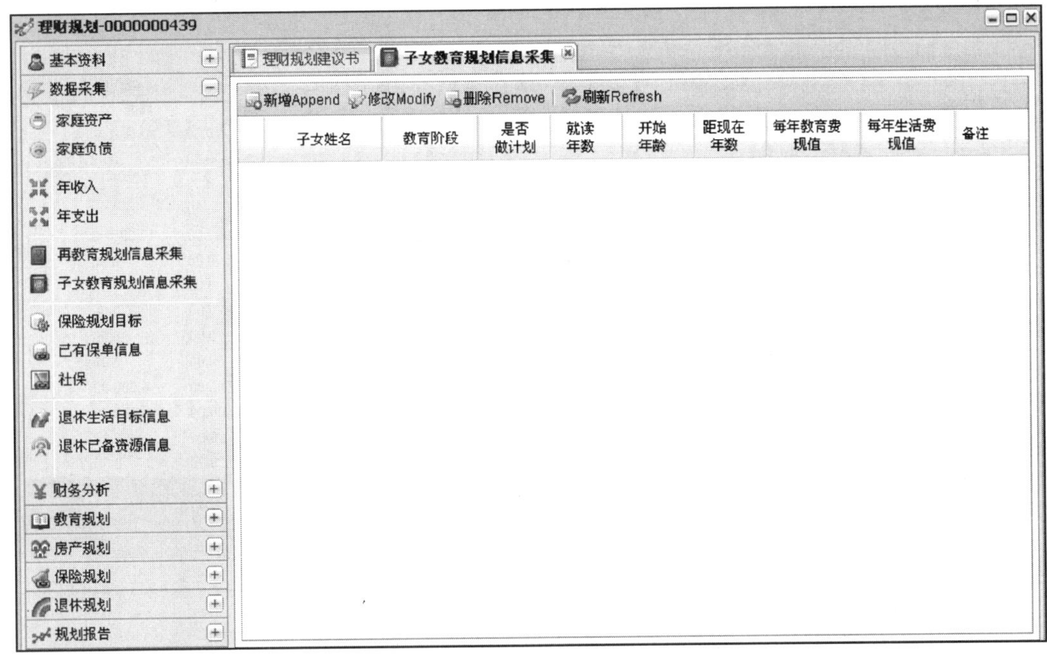

图 6－8　子女教育规划信息

9. 单击上方工具栏中“新增/修改/删除”选项，可以进行相应操作。如单击“新增”选项，如图 6－9 所示。

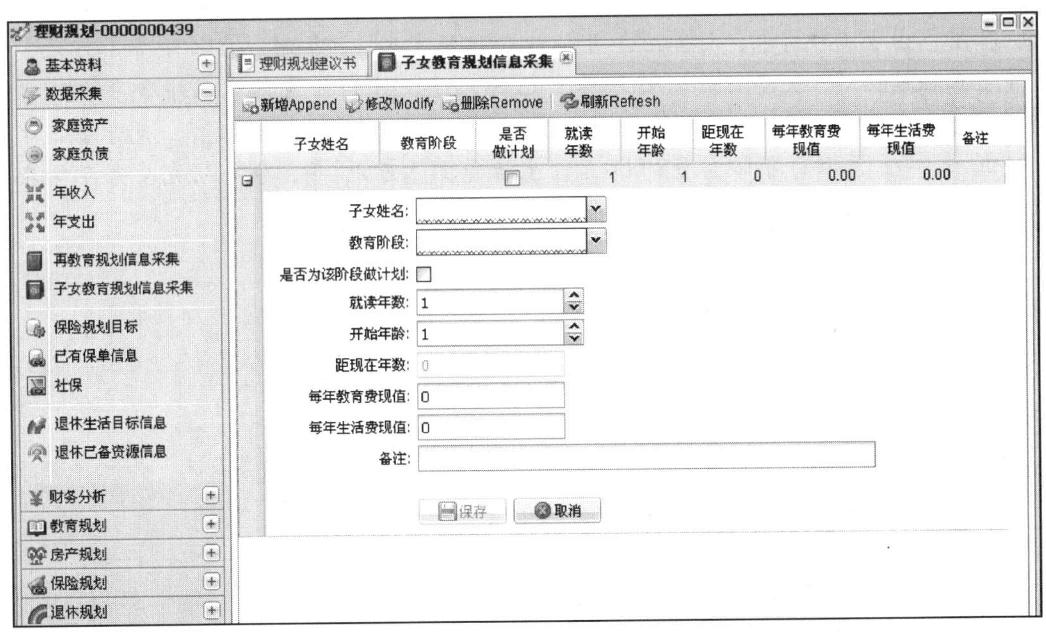

图 6－9　子女教育规划信息采集

10. 以客户“李智贤”为例，输入其子女教育规划信息以后，出现如图 6－10 的界面。

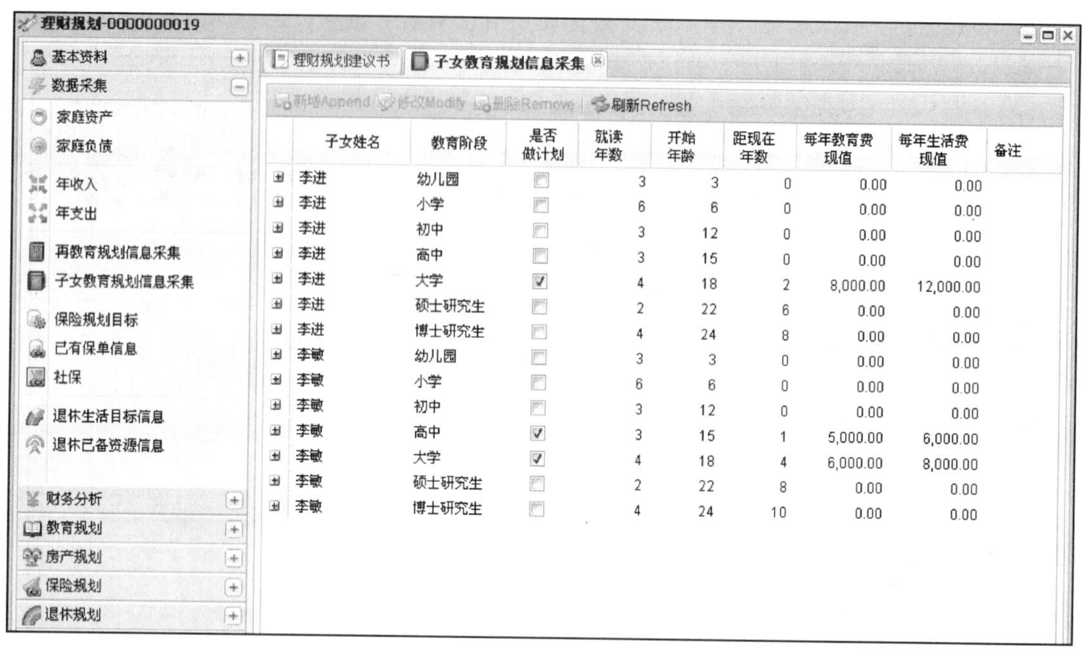

子女姓名	教育阶段	是否做计划	就读年数	开始年龄	距现在年数	每年教育费现值	每年生活费现值	备注
李进	幼儿园	□	3	3	0	0.00	0.00	
李进	小学	□	6	6	0	0.00	0.00	
李进	初中	□	3	12	0	0.00	0.00	
李进	高中	□	3	15	0	0.00	0.00	
李进	大学	√	4	18	2	8,000.00	12,000.00	
李进	硕士研究生	□	2	22	6	0.00	0.00	
李进	博士研究生	□	4	24	8	0.00	0.00	
李敏	幼儿园	□	3	3	0	0.00	0.00	
李敏	小学	□	6	6	0	0.00	0.00	
李敏	初中	□	3	12	0	0.00	0.00	
李敏	高中	√	3	15	1	5,000.00	6,000.00	
李敏	大学	√	4	18	4	6,000.00	8,000.00	
李敏	硕士研究生	□	2	22	8	0.00	0.00	
李敏	博士研究生	□	4	24	10	0.00	0.00	

图 6－10　显示子女教育规划信息

> **➢ 实务操作**

全班每位学生按照要求把模拟客户的教育需求录入智盛金融理财规划系统。

客户资料：

张先生 42 岁，由于工作需求，打算明年开始读 MBA，2 年制，每年学费 3 万元；张太太 37 岁，由于工作需求，打算后年开始读在职研究生，3 年制，每年学费 1 万元；儿子 14 岁正在读初二，夫妻打算好好培养自己的儿子，计划让他读完高中 3 年之后，读 4 年本科、3 年硕士研究生、4 年博士研究生。初中和高中属于义务教育，免学费，生活费 3 000 元/年；本科每年学杂费8 000元，生活费 1.2 万元/年；硕士研究生每年学杂费 1 万元，生活费 1.2 万元/年。

任务 2　教育规划软件操作

➢ 实训目标

了解客户的教育规划目标，运用金融理财规划系统分析客户的财务状况，为客户选择合适的投资组合理财产品。

➢ 实训预备

运用智盛金融理财软件进行教育规划

1. 登录智盛金融理财规划系统，如图 6－11 所示。

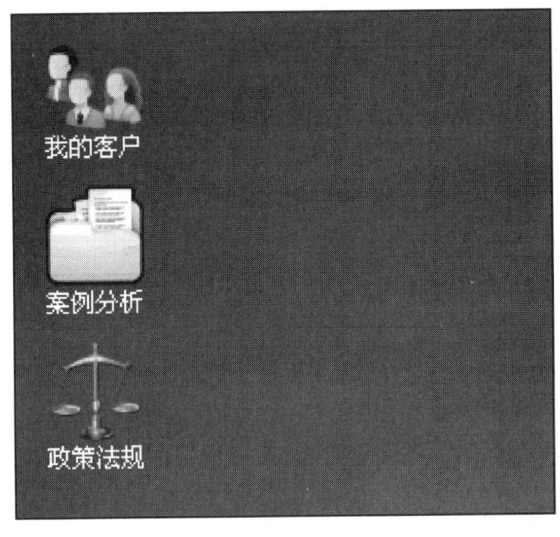

图 6－11　登录理财规划系统

2. 用鼠标单击“我的客户”图标，打开我的客户，出现如图 6－12 的界面。

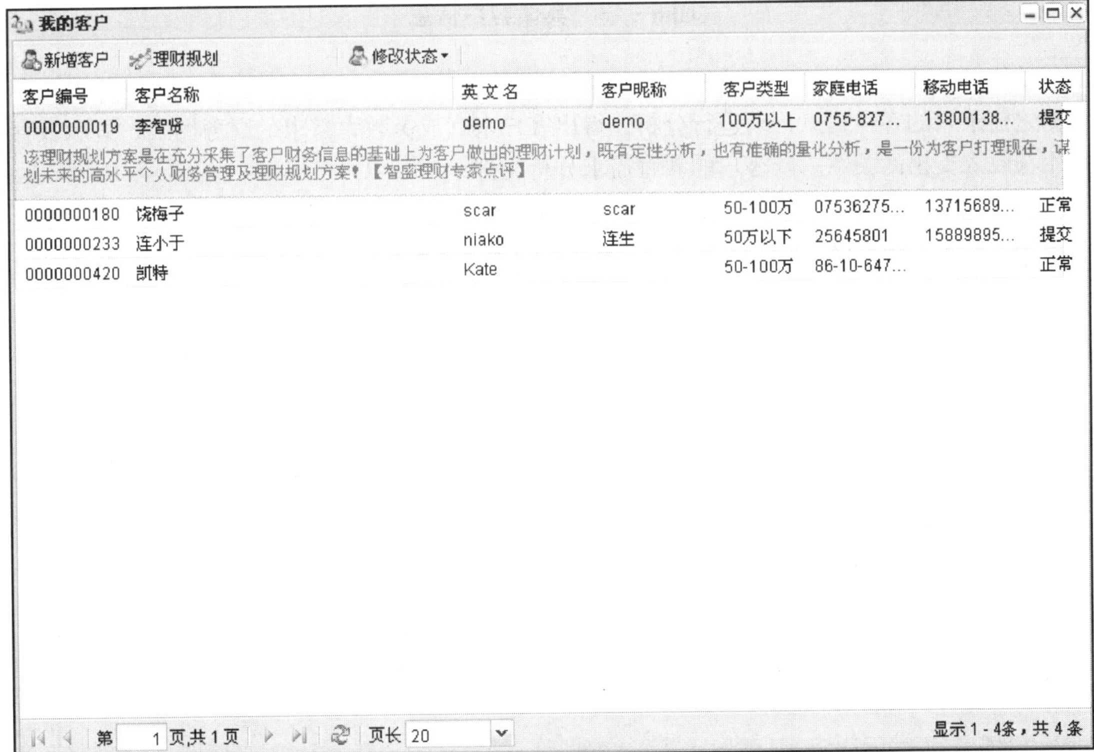

图 6－12　客户信息

3. 双击客户资料，如双击图 6－12 中“李智贤”的资料，出现如图 6－13 的界面。

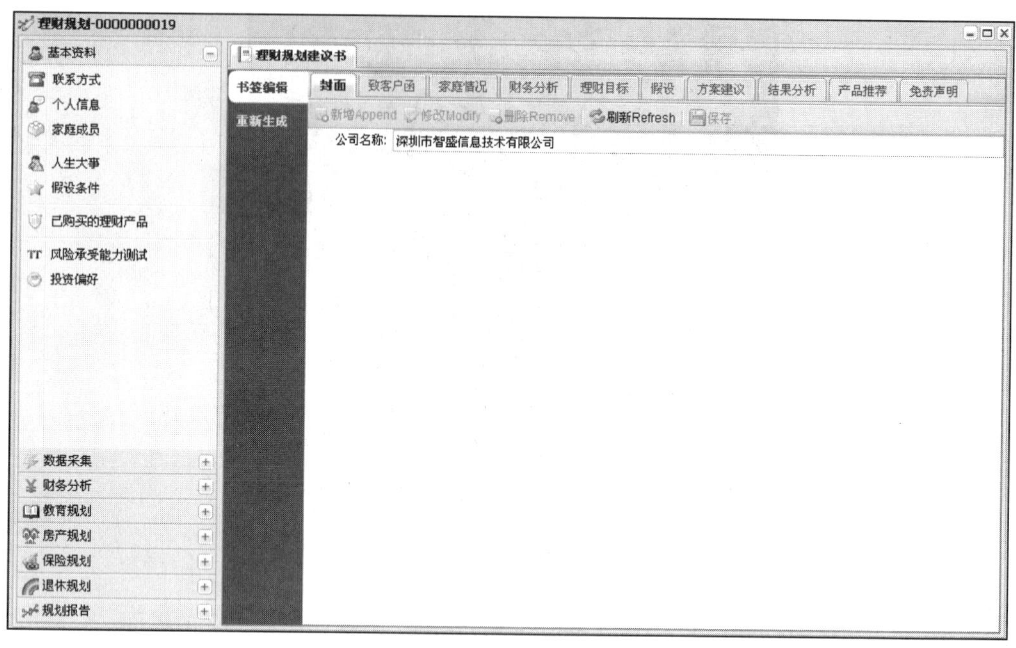

图 6－13　具体客户信息

4. 单击左侧菜单“教育规划”中的“教育需求分析”选项，智盛金融理财规划系统会根据之前录入的客户信息自动进行分析，得出客户家庭成员教育需求的财务图表，显示教育费用与收入支出的关系。以客户的教育需求分析为例：

（1）“李智贤”的教育需求分析结果如图 6－14（a）所示。

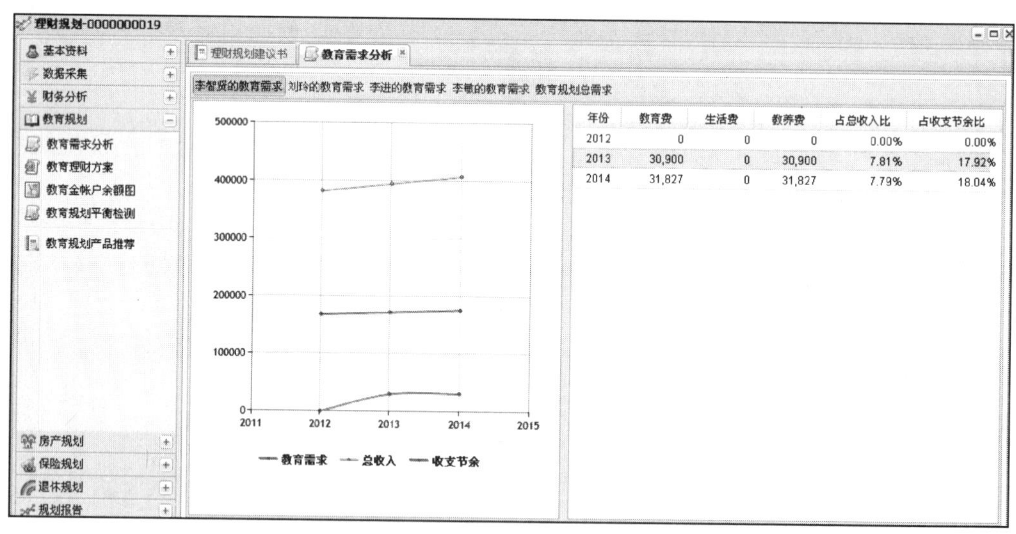

图 6－14（a）　李智贤教育需求分析

（2）“李进”的教育需求分析结果如图 6－14（b）所示。

（3）“李敏”的教育需求分析结果如图 6－14（c）所示。

（4）“李智贤”的家庭教育总需求分析结果如图 6－14（d）所示。

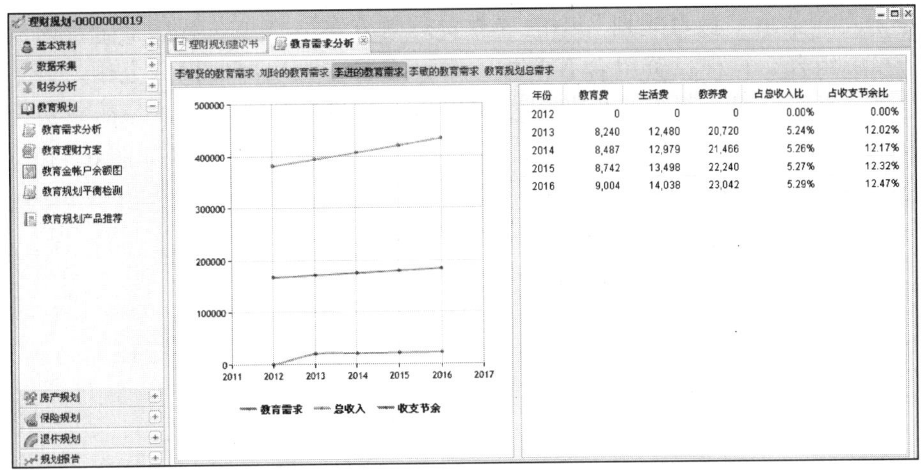

年份	教育费	生活费	教养费	占总收入比	占收支节余比
2012	0	0	0	0.00%	0.00%
2013	8,240	12,480	20,720	5.24%	12.02%
2014	8,487	12,979	21,466	5.26%	12.17%
2015	8,742	13,498	22,240	5.27%	12.32%
2016	9,004	14,038	23,042	5.29%	12.47%

图 6－14（b）　李进的教育需求分析

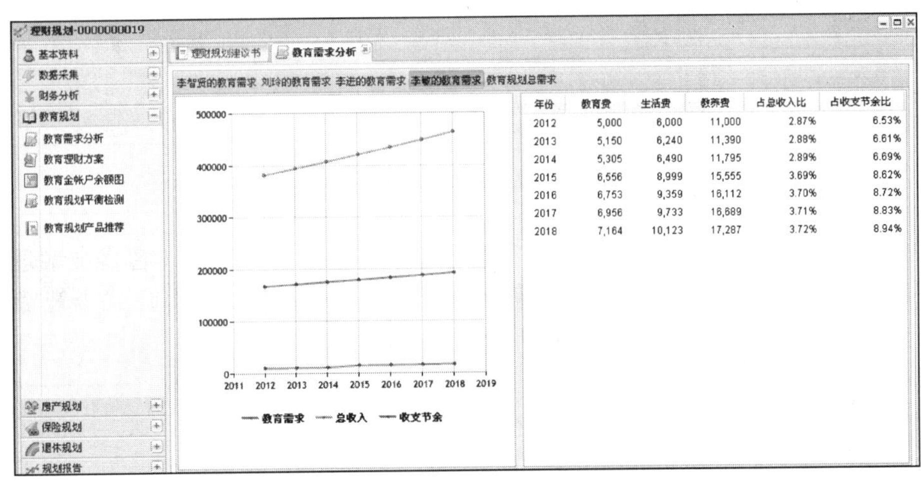

年份	教育费	生活费	教养费	占总收入比	占收支节余比
2012	5,000	6,000	11,000	2.87%	6.53%
2013	5,150	6,240	11,390	2.88%	6.61%
2014	5,305	6,490	11,795	2.89%	6.69%
2015	6,556	8,999	15,555	3.69%	8.62%
2016	6,753	9,359	16,112	3.70%	8.72%
2017	6,956	9,733	16,689	3.71%	8.83%
2018	7,164	10,123	17,287	3.72%	8.94%

图 6－14（c）　李敏的教育需求分析

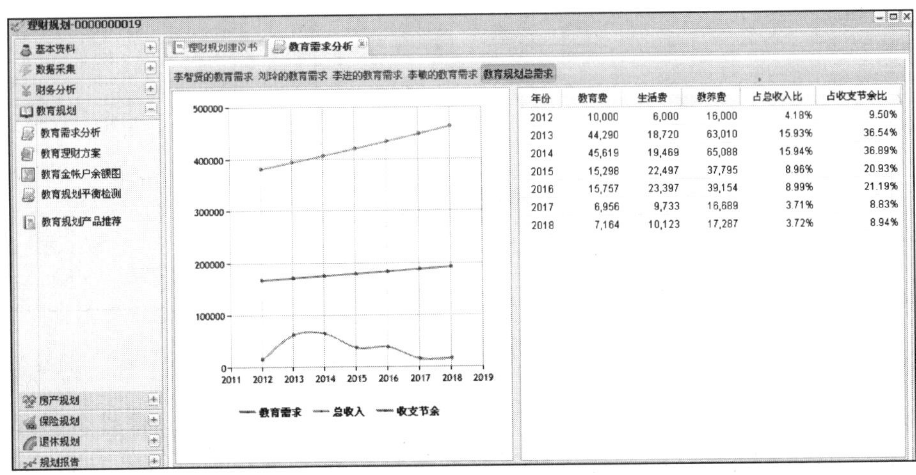

年份	教育费	生活费	教养费	占总收入比	占收支节余比
2012	10,000	6,000	16,000	4.18%	9.50%
2013	44,290	18,720	63,010	15.93%	36.54%
2014	45,619	19,469	65,088	15.94%	36.89%
2015	15,298	22,497	37,795	8.96%	20.93%
2016	15,757	23,397	39,154	8.99%	21.19%
2017	6,956	9,733	16,689	3.71%	8.83%
2018	7,164	10,123	17,287	3.72%	8.94%

图 6－14（d）　李智贤的家庭教育总需求分析

5. 单击左侧菜单“教育规划”中的“教育理财方案”选项，智盛金融理财规划系统会有若干投资组合，每种投资组合有两种方案：方案一为一次性投资金额，方案二为每月定期定额，系统会根据录入客户期望投资年收益率自动计算出方案一的投资金额和方案二的定期定额金额。以客户“李智贤”的教育理财方案为例，结果如图 6－15 所示。

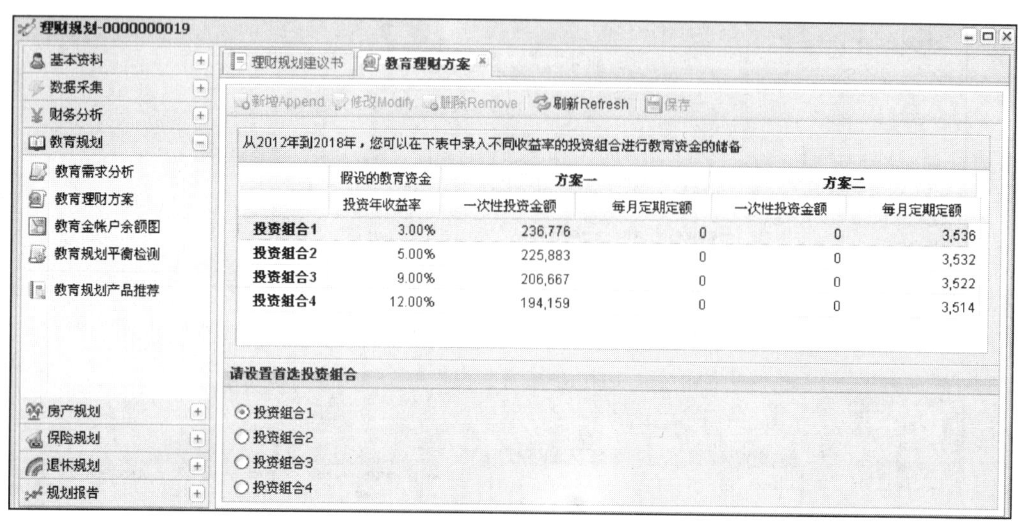

图 6－15 教育理财方案

6. 单击左侧菜单“教育规划”中的“教育金账户余额图”选项，智盛金融理财规划系统会根据之前录入信息自动生成客户家庭教育金账户余额图，以客户“李智贤”的教育金账户余额图为例，结果如图 6－16 所示。

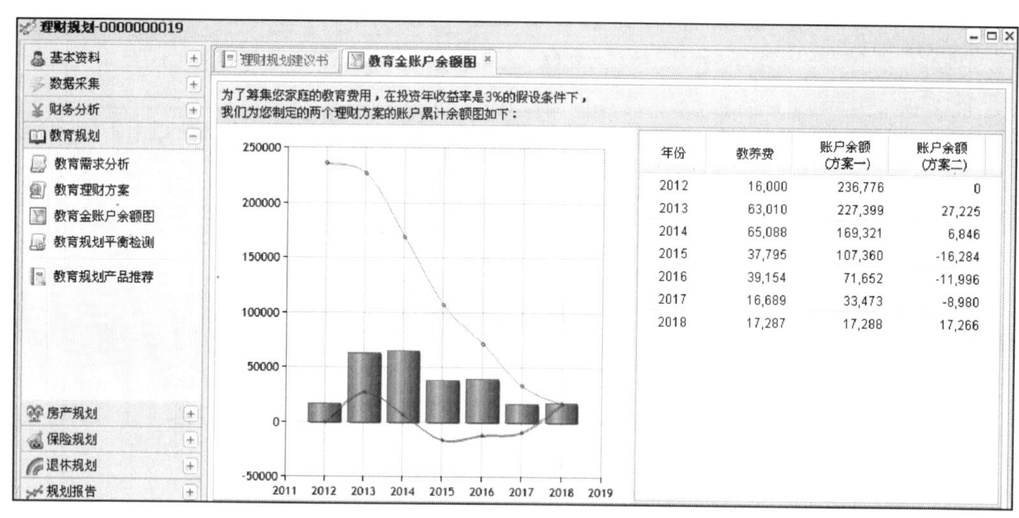

图 6－16 教育金余额

7. 单击左侧菜单“教育规划”中的“教育规划平衡检测”选项，智盛金融理财规划系统会根据之前录入信息自动进行客户家庭的教育规划平衡检测，得出方案的可行性。以客户“李智贤”的教育规划平衡检测为例，结果如图 6－17 所示。

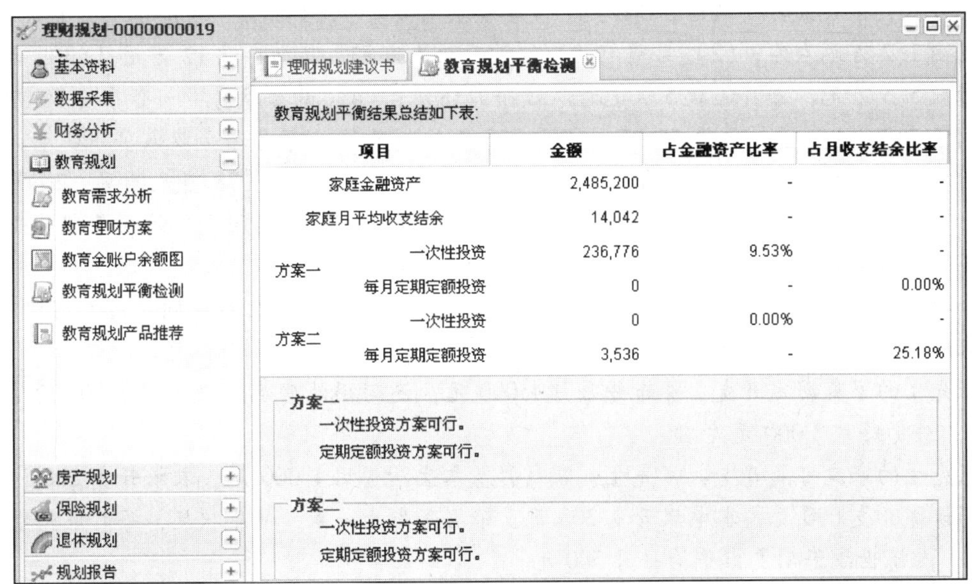

图 6－17　教育规划平衡检测

8. 单击左侧菜单“教育规划”中的“教育规划产品推荐”选项，然后把推荐的教育规划产品录入智盛金融理财规划系统，包括“一次性投资”和“定期定额投资”，单击“新增/修改/删除”即可进行相应操作。以客户“李智贤”的教育规划产品推荐为例，如图 6－18 所示。

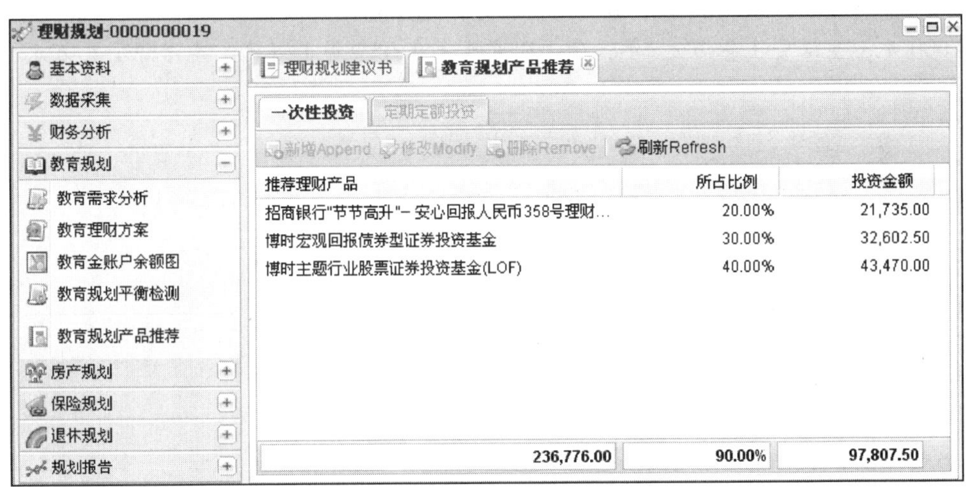

图 6－18　教育规划产品推荐

➢ 实务操作

1. 全班学生分为若干小组，每个小组运用智盛金融理财规划系统按照要求为模拟客户进行教育规划软件操作。

2. 实训课堂上，每个小组推荐 1 名学生代表进行教育规划的说明。

客户资料：

张先生 42 岁，张太太 37 岁，儿子 14 岁正在读初中，张先生月薪税后 8 000 元，年终奖金有2万元，张太太月薪税后5 000元。夫妻俩共有资产：（1）有一辆价值7万元的车子，一年支出1.2万元左右；（2）目前有活期储蓄存款4万元，定期存款12万元；（3）耐用消费品贷款5.5万元，每月还款5 000元，12个月还清；（4）两套住房：一套市价80万元的住房用于出租，4年前以总价65万元购买，20年按揭购买，每月租金收入2 000元，正好抵每月按揭款。一套市价100万元的住房用于自住，9年前以总价78万元购买，20年按揭购买，贷款余额23.5万元；（5）在国泰君安证券公司购入宝钢集团发行的5年期企业债现值5万元；（6）在博时基金公司购入股票型基金10万元。

今年张先生在饭馆刷信用卡消费2 800元还未还款，张太太在商场刷信用卡消费8 000元还未还款，应付话费300元，应付水电气费200元，应付保费30 000元。

张先生的家庭固定开支：养车费每月1 000元，还耐用消费品贷款每月5 000元（1年还清），房贷每月2 000元左右。

张先生的家庭可变开支：张先生一家每月基本生活费用1 000元，衣物开支800元，交通、通讯费开支600元，水电煤开支300元，根据张先生一家的健康状况，每月医药费支出300元，人情世故费用支出平均每月500元。

张先生的家庭灵活性开支：娱乐、旅游、美容健身、文化教育等项开支。这部分属于非必要性开支，一般控制在每月1 000元左右。

张先生由于工作需求，打算明年开始读MBA，2年制，每年学费3万元；张太太由于工作需求，打算后年开始读在职研究生，3年制，每年学费1万元；儿子14岁正在读初二，夫妻打算好好培养自己的儿子，计划让他读完高中3年之后，读4年本科、3年硕士研究生、4年博士研究生。初中和高中属于义务教育，免学费，生活费3 000元/年；本科每年学杂费8 000元，生活费1.2万元/年；硕士研究生每年学杂费1万元，生活费1.2万元/年。

项目七

银行理财规划

任务1　选择合适的银行理财产品

➢ 实训目标

了解商业银行推出理财产品的主要特点，分析客户的财务状况和实际需求，为客户选择合适的银行理财产品。

➢ 实训预备

一、运用智盛金融理财软件分析客户家庭财务状况，如图7－1、图7－2和图7－3所示

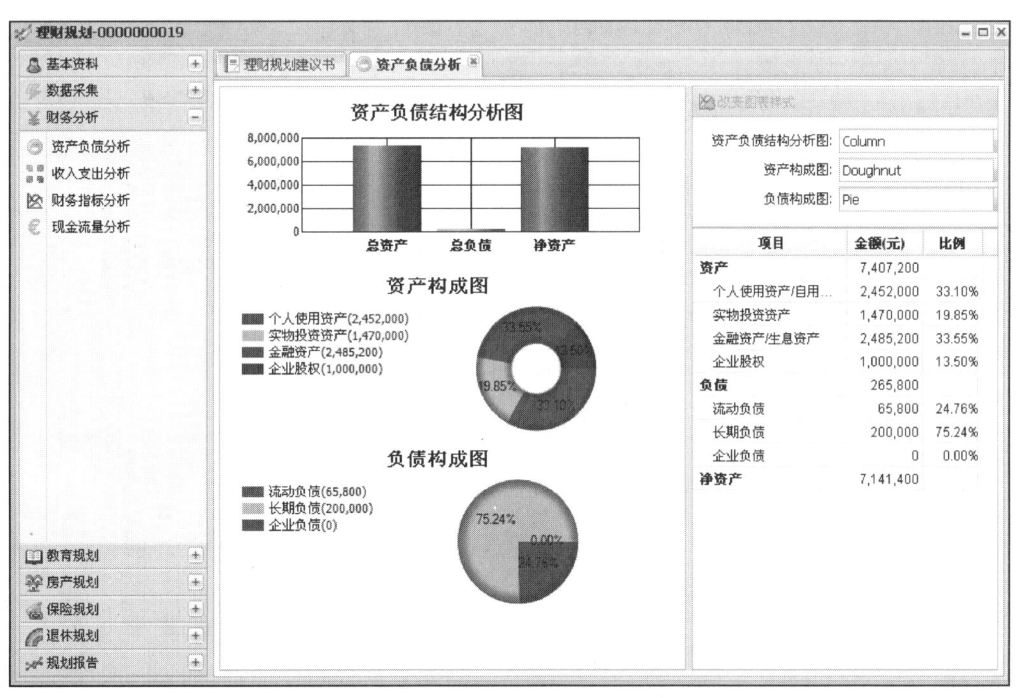

图7－1　资产负债分析

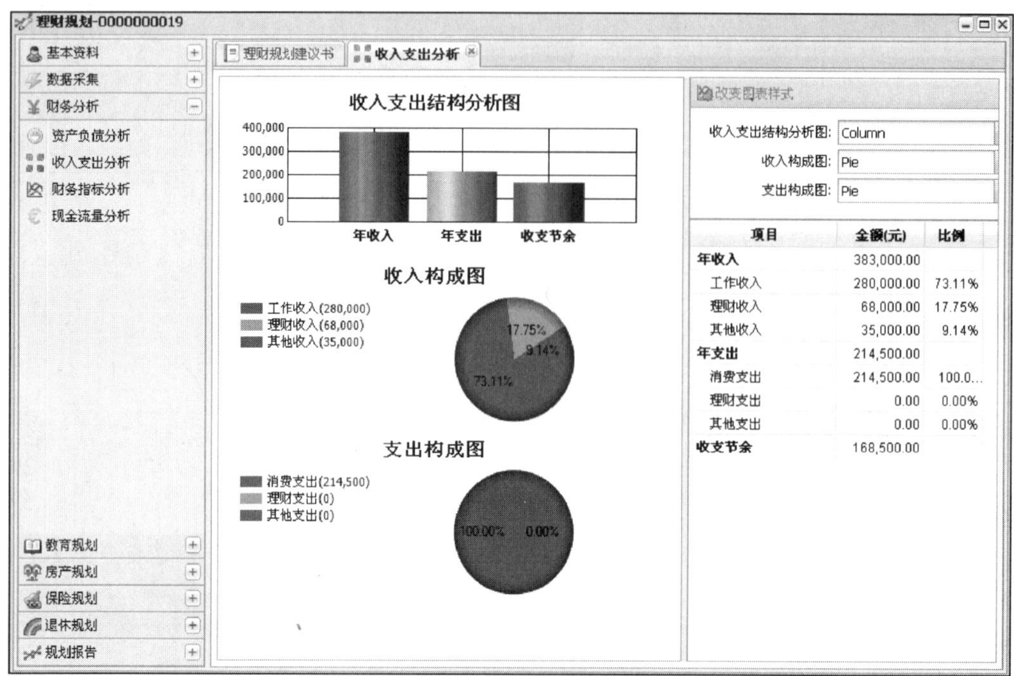

图 7-2 收入支出分析

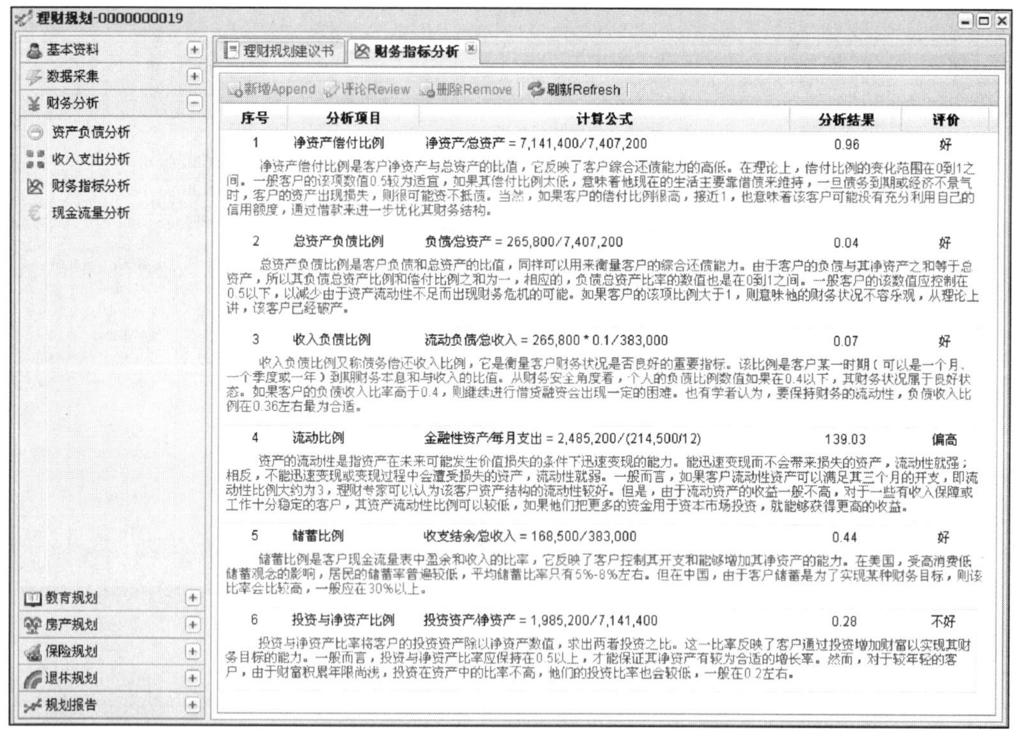

图 7-3 财务指标分析

二、研读银行理财说明书

一般来说，理财产品说明书分为两个部分。

第一部分是风险提示。按照银监会的规定风险提示会出现在最明显的位置，一般为产品说明书首页上方，会揭示产品的风险。在风险揭示中，要重点关注理财产品到期后本金及收益是否能够保证，以及保证的比例或金额。

第二部分是产品概述。在产品概述中会包括产品的名称、编码、产品风险等级描述、产品投资期限、投资及收益币种、产品类型、认购募集期、产品规模、投资方向、产品起息日、到期日、到期兑付日、购买起点金额、理财产品的相关费用、收益支付频率、收益计算方法、提前终止说明、理财产品展期、理财产品投资期限延长的说明、产品到期最好情况、最差情况、备注（包括一些名词解释等）等内容。

在以上产品要素中重点关注的是产品的风险等级描述，用来检测是否和您的风险承受能力相匹配。

1. 产品投资期限：用来匹配您的资金流动性以及预计的投资时间。

2. 投资收益币种：大部分理财产品投资收益币种为人民币，也有部分理财产品投资币种为外币，如美元、欧元、澳币等，用外币作为投资币种的理财产品，是不能用人民币进行购买的，如果需要购买，只能先换汇再进行购买。进行换汇购买的投资者一定要考虑汇率风险。

3. 购买起点金额：一般来说，理财产品的购买起点金额为 5 万元，风险等级较高的产品认购起点为 10 万元。对于同一款产品来说，认购起点金额不同，所对应的收益也不同。一般产品的认购对应收益的分级为 5 万元、20 万元、50 万元、100 万元。

4. 产品类型：一般情况下，理财产品说明书中会按产品收益类型来标注，如保本保收益、保本浮动收益或非保本浮动收益。

保本保收益产品风险较低，到期后投资者可以 100% 拿到本金以及预期收益率，但是这类产品一般会比同期限同投资方向的理财产品收益率低。

保本浮动收益产品的风险在于到期后，投资者获得的收益部分具有不确定性，产品到期后会拿到的收益率可以分为三种情况：零收益，预期收益率或零收益至预期收益率水平中间的收益。目前市场上还出现一些保证最低收益率的产品，即产品到期后最差情况下投资者可以获得最低收益率，其他情况发生得到的收益要好于获得最低收益率。

非保本浮动收益产品风险比较高，产品到期后本金以及收益部分都不保证，投资者可能要承受本金或者收益亏损的风险。目前市场上出现了部分保本的理财产品，如 90% 保本，这类产品到期后最差的表现为投资者只能获得初始投资额 90% 的本金。

5. 认购募集期：也就是理财产品发行的时间。在这段时间中，投资者的本金一般是按活期利息计算。一般来说，如果已经购买了理财产品，在认购募集期内是不能撤单的。对于资金投资期限不确定的投资者，首先，要特别关注认购募集期是否能够撤单这个条件的描述。其次，由于理财产品有一定的发行规模，所以，如果在募集期内提前到达募集额度，产品就会终止发行。市场上会出现一种情况，投资方向稳健、预期收益率较高的理财产品经常会遭到秒杀，产品刚发行 1 ~ 2 天可能会售罄，所以，投资者要权衡资金情况。但也不排除一些客户经理为了销售产品，用募集期接近尾声或者产品快售罄为名来催促消费者赶紧购买。如果遇到此种情况，消费者可以询问理财产品的募集规模、已售规模以及每日的募集规模来判断产品的销售进程。不用在时间紧迫氛围下轻率购买理财产品。

6. 产品规模：产品规模的关注有助于解决以上的问题。如果产品的募集规模很大，募集期限很长，没有必要早早的用资金购买理财产品，在募集期享受活期利息。

7. 投资方向：投资方向是阅读产品说明书的重点。它也可以作为衡量理财产品风险的一个指标。如果投资方向中出现高风险资产，如股票、基金、大宗商品、汇率等，此款产品的收益不确定性会比较大。如果产品投资于国债、央行票据、金融债、银行拆借，产品到期获得预期收益率的几率相对较高。

8. 风险等级：一般将理财产品风险评级分为 5 级，其中第 1 级风险水平最低，预期收益受风险影响最小，适合无投资经验、风险承受能力低的稳健型投资者。而第 5 级风险水平最高，产品不保证本金，但预期收益较高，适合有投资经验、风险承受力较高的进取型投资者。

产品的收益情况实际上是基于投资环境和投资方向而言的。一般在统一投资期和投资环境下，可以遵循“风险与回报成正比”的常识，根据“投资方向”和“风险等级”综合选择适合自己的理财产品。

9. 到期兑付日：这项内容投资者需要注意，可以在第一时间了解资金到账情况、产品收益情况，同时也为未来的投资做好时间准备。

10. 收益计算方法：理财产品到期后，投资者应该核对一下金额。部分银行会将产品到期实际收益率在官方网站上公布，投资者可以根据账户的金额，以及初始投资本金根据收益计算方法来核算产品到期的实际收益率。因为不是所有的理财产品到期后就一定获得预期的收益率。银行不会对银行理财产品做担保。

投资者应全面了解产品涉及的认购费、管理费、托管费、赎回费等的计算方法、实际收取人和收取时间，结合费用、可能收益和服务的综合情况，判断成本的高低，而不是简单以某项费用衡量产品的成本。

11. 理财产品最好情况：从中可以得知理财产品如果达到较高收益率需要达到的条件。

12. 理财产品最差表现：从中可以得知如果产品表现最差时，投资者要承受的损失，以及发生最差表现的条件。

由于资本市场的变化，理财产品到期时的实际回报往往会低于预期，甚至出现负收益。因此，投资者可以选择自己比较了解的投资市场，并通过对相关理财产品“预期收益率”的分析，自行判断其可靠性，不可将理财当成存款看待。而产品中提及的预期最高收益率不代表实际收益率。

13. 理财产品的提前赎回一般分两种：一是投资者与银行均无提前终止权，因此不能提前赎回；二是客户可以提前赎回，这种赎回权利还进一步细分为随时支持赎回和只可以在某一规定时间的赎回。

提前赎回都需要支付相关的费用，同时不再享受到期保本或保证收益的条款。如果这笔费用的成本过高，甚至超出了此段投资期的投资收益，投资者要慎重考虑。如果真是有资金流动的迫切需求，可以咨询该产品有无质押贷款等增值业务。

14. 理财产品的提前终止：一些理财合同中设计有“在特殊情况下，本行有权单方面提前终止理财产品运营”的条款，会让投资者的理财产品莫名“被终止”。假设一款半年期的银行信托理财产品，预期年化收益率为5%。那么20万元的投资，本来在到期时就可获得5 000元的回报，但是如果理财产品在3个月时提前终止，那么投资者的实际回报，就只有预期的50%，也就是2 500元。

银行的提前终止权相当于投资者卖给银行一个期权。因为关系到投资者放弃了根据市场状况调整资金投向的权利，因此投资者在卖出期权后，享受到比无银行提前终止权的同类产品高的收益率，高出的部分实际上就相当于期权费。有极少数理财产品设计了投资者的提前终止权，但是这仅相当于银行向投资者出售了一个期权。

15. 如果是信托类产品还需要注意说明书上明示的担保物、质押物、抵押物以及比例。如果是证券结构化信托产品（理财资金投资于信托计划，通过信托计划投资与股票及打新股）需要了解产品的止损线和警戒线。

三、选择合适的银行理财产品

流动资金不能给客户带来收益，所以该比率不宜过高，维持在3左右比较合理，由于模拟客户的流动比率为139.03，偏高，建议客户用多余的流动资金来投资理财产品，以取得合理的收益。

投资与净资产比率反映了模拟客户的投资金额占净资产的比重，维持在0.5以上比较合理，投资与净资产比率为0.28，不好，建议客户提高投资金额和比率。

鉴于模拟客户的风险偏好为“进取型”，平常喜欢投资基金、股票等风险较高的金融工具，期望收益率为5%以上，现予以推荐中国工商银行工银财富理财产品，产品说明书如表7－1所示。

表7－1　　中国工商银行工银财富——信托投资理财产品说明书

2008年第2期

风险提示：理财产品有风险，投资决策须谨慎。本理财产品为非保本浮动收益型产品，面临多种风险，可能使客户的投资本金遭受损失，请认真阅读本说明书第五部分风险揭示内容，基于自身的判断进行投资决策。工商银行对产品本金和收益的偿还不承担责任。

产品概述

产品名称	中国工商银行工银财富——信托投资型理财产品
	代码：CFXT0801
目标客户	经我行风险评估，评定为保守型、稳健型、平衡型、成长型、进取型的个人客户
期限	12个月
投资及收益币种	人民币
产品类型	固定期限非保本浮动收益型理财产品
计划发行量	4.4亿元
募集期	2008年5月26日~2008年5月29日

续表

产品成立	如果该产品募集期结束前认购规模达到计划发行量，银行有权结束募集并提前成立，产品提前成立时银行将发布公告；产品最终规模以银行实际募集规模为准
起始日	2008年5月30日
到期日	2009年5月30日
产品到期资金到账日	到期日后3个工作日内
理财资产托管人	中国工商银行北京分行
理财资产托管费率（年）	0.02%
销售手续费率（年）	0.4%
收益率测算	目前市场上同期限信托项目投资平均预期年化收益率约7%，本次投资项目通过设立信托计划投资信托项目须支付信托报酬、信托计划税费、信托计划托管费等费用合计约为0.5%，扣除我行理财销售及托管费用后，产品到期后客户预期可获得预期年化收益率约为6%
认购/申购起点	20万元，追加金额以1 000元整数倍增加
提前终止权	银行和客户均无提前终止权
工作日	国家法定工作日
其他规定	到期日至到账日之间，客户资金不计利息
本金及预期收益计算方法	期末收益=投资本金×预期年收益率

资料来源：http：//www.icbc.com.cn/icbc/

（一）投资对象

本期产品主要投资于国有四大商业银行和全国性股份制商业银行（以下简称后续保障银行）以分拆期限联合贷款、项目贷款和备用贷款做后续保障的信托融资项目，并搭配部分国有商业银行、大型全国性股份制商业银行和国家开发银行提供不可撤销连带责任保证担保的优质企业信托项目、债券、回购、货币市场基金、债券基金等流动性管理工具。

（二）投资团队

中国工商银行是国内最大的国有控股商业银行，拥有专业化的银行理财投资管理团队和丰富的金融市场投资经验，拥有银行间市场所有类型的交易资格。

中国工商银行秉承稳健经营的传统，发挥自身的卓越优势，以理财客户为中心，在多层次宽领域的金融市场体系内为理财客户甄选优质投资项目，利用对多类型子市场资产进行动态投资管理的模式，及时把握投资机遇，提高理财客户的投资收益。

（三）理财收益计算及分配

1. 持有到期的理财收益。理财产品到期（扣除相关费用后）的预期年化收益率有望达到6%。理财资产运作超过预期年化收益率的部分作为银行投资管理费用。

以某客户投资20万元为例，1年期产品正常运作到期后，扣除托管费和销售手续费后理财产品的年化收益率为6%，则客户最终收益为：

200 000×6%×365/365=12 000（元）

2. 持有到期理财资金支付。理财期满，工商银行在到期日后3个工作日内将客户理财资金和投资收益划转至客户指定账户。

（四）风险揭示

1. 信用风险：本期产品主要投资对象为银行分拆期限联合贷款、项目临时周转贷款、备用贷款和银行担保做保障的信托融资项目，客户可能面临信托融资项目借款人信用违约、后续保障银行未履行相关协议约定进行相关分拆期限联合贷款、项目临时周转贷款和备用贷款后续保障支持的风险，此外也可能面临担保银行没有履行连带担保责任的风险。若出现上述情况，投资本金和收益可能遭受损失。

2. 市场风险：本产品为非本金保证类理财产品，由于金融市场内在波动性，客户投资本产品将面临一定的市场风险。产品存续期间若人民银行提高相应存款利率，则客户将承担银行存款配置的机会成本。此外，如用款人无法按照约定支付收益，则客户也面临一定收益波动风险。

3. 流动性风险：本产品采用到期一次兑付的期限结构设计，在产品存续期内如果投资者产生流动性需求，可能面临理财产品持有期与资金需求日不匹配的流动性风险。

4. 其他风险：因战争、自然灾害、重大政治事件等不可抗力以及其他不可预见的意外事件可能致使理财产品面临损失的任何风险。

（五）信息公告

工商银行将在本产品到期日后3个工作日内，在中国工商银行网站（www. icbc. com. cn）和各营业网点发布相关信息公告。

（六）特别提示

本期人民币理财产品预期收益率仅供客户参考，并不作为中国工商银行向客户支付理财收益的承诺；客户所能获得的最终收益以中国工商银行的实际支付为准，且不超过本说明书约定的预期最高收益率。故投资者在投资前，请仔细阅读本产品说明书，并做出独立的投资决策。

中国工商银行将恪守勤勉尽责的原则，合理配置资产组合，为客户提供专业化的理财服务。

客户签字：　　　　　　　　　　　　　　　　　中国工商银行××分行

年　　月　　日　　　　　　　　　　　　　　　年　　月　　日

➢ 实务操作

1. 全班学生分成若干小组，每个小组运用智盛金融理财规划系统分析模拟客户家庭财务情况后，分析所给银行理财的特性，根据客户需求选择合适的银行理财产品。

2. 在实训课堂上，每个小组推荐至少 1 名同学进行选择合适的银行理财产品的说明。

客户资料：

张先生42 岁，张太太37 岁，儿子14 岁正在读初中，张先生月薪税后8 000 元，年终奖金有2 万元，张太太月薪税后5 000 元。夫妻俩共有资产：（1）有一辆价值7 万元的车子，1 年支出1.2 万元左右；（2）目前有活期储蓄存款4 万元，定期存款12 万元；（3）耐用消费品贷款5.5 万元，每月还款5 000 元，12 个月还清；（4）两套住房：一套市价80 万元的住房用于出租，4 年前以总价65 万元购买，20 年按揭购买，每月租金收入2 000 元，正好抵每月按揭款。一套市价100 万元的住房用于自住，9 年前以总价78 万元购买，20 年按揭购买，贷款余额23.5 万元；（5）在国泰君安证券公司购入宝钢集团发行的五年期企业债现值5 万元；（6）在博时基金公司购入股票型基金10 万元。

今年张先生在饭馆刷信用卡消费2 800 元还未还款，张太太在商场刷信用卡消费8 000 元还未还款，应付话费300 元，应付水电气费200 元，应付保费30 000 元。

张先生的家庭固定开支：养车费每月1 000 元，还耐用消费品贷款每月5 000 元（1 年还清），房贷每月2 000 元左右。

张先生的家庭可变开支：张先生一家每月基本生活费用1 000 元，衣物开支800 元，交通、通讯费开支600 元，水电煤开支300 元，根据张先生一家的健康状况，每月医药费支出300 元，人情世故费用支出平均每月500 元。

张先生的家庭灵活性开支：娱乐、旅游、美容健身、文化教育等项开支。这部分属于非必要性开支，一般控制在每月1 000 元左右。

张先生家庭的风险偏好为“稳健型”，认为银行定期存款利率太低，期望收益率为4%以上，请为其选择合适的银行理财产品。

理财产品一：

中国建设银行“利得盈”债券型理财产品说明书

重要须知：

● 本说明书是编号为______________的《中国建设银行股份有限公司理财产品客户协议书》不可分割之组成部分。

● 投资者应根据自身判断审慎做出投资决定，不受任何诱导、误导。在购买本理财产品前，投资者应确保自己完全明白该项投资的性质、投资所涉及的风险以及投资者的风险承受能力，并根据自身情况做出投资决策。

● 本理财产品为非保本浮动收益类理财产品，中国建设银行仅以基础资产实际处置情况为限向投资者支付理财产品本金及收益（如有），存在本金损失的可能。本理财产品的任何预期收益、预期最高收益、预计收益、测算收益或类似表述均属不具有法律约束力的用语，不代表投资者可能获得的实际收益，亦不构成中国建设银行对本理财产品的任何收益承诺。

● 请仔细阅读“风险提示”并谨慎参考本产品的内部风险评级，充分理解本产品可能存在的相关风险。

● 本产品的内部风险评级仅是中国建设银行内部测评结果，仅供投资者参考，不具有任何法律约束力。

● 投资者若对本说明书的内容有任何疑问，请咨询中国建设银行营业网点工作人员；如对该产品和服务有任何意见和建议，可通过中国建设银行营业网点工作人员、95533 客户服务电话以及互联网 www. ccb. com 进行反映，我们将按照相关流程予以受理。

风险提示：

投资本理财产品有风险，中国建行银行不承担下述风险，投资者应充分认识以下风险并自愿承担，谨慎投资。

1. 信用风险：若基础资产发行人未能及时足额兑付本息，投资者面临本金及收益的损失，甚至为零的风险。

2. 市场风险：本产品的预期收益率及实际收益率均不会随市场利率的变化而变化。

3. 流动性风险：投资者无提前终止权，可能导致投资者需要资金时不能随时变现，并可能使投资者丧失其他投资机会，或因物价指数的抬升导致收益率低于通货膨胀率，导致实际收益率为负的风险。

4. 政策风险：本产品是针对当前的相关法规和政策设计的。如国家宏观政策以及市场相关法规政策发生变化，可能影响产品的受理、投资、偿还等的正常进行。

5. 提前终止风险：投资期内若市场发生重大变动或突发性事件或其他中国建设银行认为需要提前终止本产品的情形时，中国建设银行有权提前终止本产品。投资者可能面临不能按预期期限取得预期收益的风险。

6. 信息传递风险：中国建设银行将按照本说明书有关“信息披露”的约定，进行本理财产品的信息披露。投资者应根据“信息披露”的约定及时进行查询。如果投资者未及时查询，或由于通讯故障、系统故障以及其他不可抗力等因素的影响使得投资者无法及时了解产品信息，并由此影响投资者的投资决策，因此而产生的责任和风险由投资者自行承担。另外，投资者预留在中国建设银行的有效联系方式变更的，应及时通知中国建设银行。如投资者未及时告知中国建设银行联系方式变更的，中国建设银行将可能在需要联系投资者时无法及时联系上，并可能会由此影响投资者的投资决策，由此而产生的责任和风险由投资者自行承担。

7. 产品不成立风险：如产品募集期届满，募集总金额未达到规模下限（如有约定）或市场发生剧烈波动，经中国建设银行合理判断难以按照本说明书规定向投资者提供本产品，中国建设银行有权确定产品不成立。

8. 其他风险：如自然灾害、金融市场危机、战争等不可抗力因素造成的相关风险，因技术因素而产生的风险，如电脑系统故障等可能造成本金及收益兑付延迟等。（请投资者仔细阅读本产品说明书首页的风险提示）

一、产品要素

产品要素见表 7－2。

表 7－2 **产品要素**

产品名称	利得盈债券型（全）2011 年第 27 期
产品编号	ZH012011027007D01
产品类别	非保本浮动收益型
内部风险评级	
适合客户类别	高资产净值客户
本金及收益币种	投资本金币种：人民币　兑付本金币种：人民币　兑付收益币种：人民币
发售规模	规模下限不低于 1 亿元人民币，上限不超过 50 亿元人民币
投资期限	7 天
产品募集期	2011 年 6 月 21 日
投资起始日	2011 年 6 月 22 日
投资到期日	2011 年 6 月 29 日
计息规则	募集期内按照活期存款利息计息，募集期内的利息不计入认购本金份额，投资到期日至兑付日不计算利息
产品预期最高年化收益率	4.40%
投资起始金额	10 万元
投资金额递增单位	1 万元
提前终止权	投资者无提前终止权，中国建设银行有提前终止权
附属条款	不具备质押等功能
税款	中国建设银行不负责代扣代缴投资者购买本产品的所得税款

二、投资管理

1. 基础资产构成及运作方式。中国建设银行作为理财产品受托人，代表理财产品将募集资金投资于银行间债券市场国债、政策性金融债、央行票据、商业银行次级债、企业短期融资券、中期票据、企业债券和公司债等，以及其他监管机构允许交易的金融工具。

2. 参与主体。产品发行人：中国建设银行股份有限公司；理财资产托管人：中国建设银行股份有限公司。

三、理财收益说明

1. 理财本金及收益风险。

（1）本说明书有关预期收益的表述不代表投资者到期获得的实际收益，亦不构成中国建设银行对本理财产品的任何收益承诺。

（2）本产品为非保本浮动收益型理财产品，中国建设银行不提供保本承诺。

（3）产品预期年化收益率的测算依据：根据客户风险承受程度，中国建设银行借助国内银行间债券市场、货币市场设置了相应的投资组合，通过管理该投资组合，测算出本产品预期年化收益率约为4.45%，再扣除我行固定托管费用的0.05%，产品的预期最高年化收益率为4.40%。如果产品实际获得的收益率达到产品预期最高年化收益率，则对于超出4.40%以上的部分将作为销售管理费，由产品发行人收取。

（4）风险示例：如果债券发行人按时足额支付本息，投资者将按照约定的预期最高收益率获得收益；如果债券发行人未按时足额支付本息，投资者将面临收益损失，本金部分损失，甚至本金全部损失的风险。

2. 投资者所得收益。

（1）收益计算方式：投资者收益 = 理财金额 × 产品实际获得的收益率 × 实际理财天数/365。但若产品实际获得的收益率超过4.40%的，前述公式中的“产品实际获得的收益率”按4.40%计算。

（2）计算示例：假设投资本金10万元，实际理财天数7天，产品实际获得的收益率4.40%，则投资者收益 = 100 000 × 4.40% × 7/365 ≈ 84.38元（四舍五入）。

上述示例采用假设数据计算，并不代表投资者实际可获得的理财收益。

四、费用及其收取方式

产品托管费率为0.05%；产品运行期间，理财产品的托管费用以产品名义（即产品募集资金）金额为基础计提。产品到期后，托管费用将从产品收益中直接扣除。销售管理费的收取依本产品说明书三、1.（3）的约定。

五、本金及收益兑付

1. 持有到期时理财产品的本金及收益支付：投资者本金及收益于产品到期日后的3个工作日内一次性支付（遇法定节假日顺延），在途资金不计付利息。

2. 提前终止时理财产品的本金及理财收益支付：如中国建设银行提前终止本理财产品，则在提前终止日后的3个工作日向投资者一次性支付理财产品的本金及收益。

六、理财产品的认购、申购及赎回

1. 认购。

（1）本理财产品规模：产品发行下限为1亿元人民币，上限为50亿元人民币。

（2）本理财产品募集期间，市场发生重大变动或突发性事件时，经中国建设银行合理判断难以按照约定向投资者提供本产品时，为保护投资者利益，中国建设银行有权确定本产品不成立，并将在募集期限届满后5个工作日内返还投资者已缴纳的投资款项。在产品募集期间，如募集资金总额已达到规模上限，则建行有权停止本理财产品认购或根据市场情况调整产品规模上限。

（3）发售对象：本理财产品向依据中华人民共和国有关法律法规及其他有关规定可以购买本理财产品的合格投资者发售。

2. 本理财产品的申购和赎回。本理财产品成立后不开放申购和赎回。

七、提前终止

1. 在本产品投资期间，投资者无提前终止权，如出现如下情形，中国建设银行有权但无义务提前终止本理财产品。一旦中国建设银行提前终止本理财产品，将提前两个工作日以公告形式通知投资者，并在提前终止日后3个工作日内向投资者返还理财本金及应得收益，应得收益按实际理财期限计算。

（1）如遇国家金融政策出现重大调整并影响到本理财产品的正常运作时，中国建设银行有权提前终止本理财产品。

（2）因市场发生极端重大变动或突发性事件等情形时，中国建设银行有权相应提前终止本理财产品。

2. 提前终止时收益计算示例：假设投资本金10万元，实际理财天数5天，产品实际获得的收益率为4.40%，则投资者收益 = 100 000 × 4.40% × 5/365 ≈ 60.27元（四舍五入）。

上述示例采用假设数据计算，并不代表投资者实际可获得的理财收益。

八、信息披露

1. 中国建设银行通过互联网 www.ccb.com 发布产品以下相关信息：在产品成立、终止、向投资者分配收益或发生对产品产生重大影响之情形后的3个工作日内发布产品成立、资产状况、收益情况、产品终止等信息；在每季度第一个月的15日（遇节假日顺延）后准备上个季度本理财产品的财务报表、市场表现情况及/或相关材料；如中国建设银行行使提前终止权，则需在终止日前2个工作日公布《终止通知》。请投资者注意及时在上述网站上自行查询。

2. 投资者同意中国建设银行通过上述网站进行本产品的信息披露，如因投资者未及时查询而产生的（包括但不限于因未及时获知信息而错过资金使用和再投资的机会等）全部责任和风险由投资者自行承担。

3. 中国建设银行为投资者提供理财产品相关账单信息。本产品存续期间的每月第7个工作日后，个人投资者可凭本人身份证件和《中国建设银行股份有限公司理财产品客户协议书》（代理查询者还需同时提供代理人身份证件）在购买本理财产品的原中国建设银行营业网点打印理财产品相关账单信息；机构投资者可凭交易账户对应的开户印鉴、有效机构证件和《中国建设银行股份有限公司理财产品客户协议书》在购买本理财产品的原中国建设银行营业网点打印理财产品相关账单信息。

九、特别说明

1. 投资者保证资金来源合法，系其合法拥有，其投资本产品已得到相关的授权，且不违反任何法律、法规、监管规定及公司章程的规定。

2. 投资者同意签署《中国建设银行股份有限公司理财产品客户协议书》后，中国建设银行有权在募集期届满日从约定的账户扣收投资者的投资本金。

3. 本产品说明书中所描述的收益率均为预期年化收益率。

十、内部风险评级

1. 本产品为非保本浮动收益型理财产品，内部风险评级级别为两盏警示灯，风险程度属于较低风险。

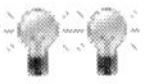

2. 本风险评级为中国建设银行内部评级结果，评级结果的含义请参见以下说明。该评级仅供参考，不具备法律效力。

3. 内部风险评级说明，见表7－3。

表7－3　内部风险评级说明

风险标识	风险水平	评级说明	适用群体
	无风险或风险极低	提供本金保护	保守型 收益型 稳健型 进取型 积极进取型
	较低风险	不提供本金保护，但投资者本金亏损和预期收益不能实现的概率较低	收益型 稳健型 进取型 积极进取型
	中等风险	不提供本金保护，投资者本金亏损的概率较低，但预期收益实现存在一定的不确定性	稳健型 进取型 积极进取型
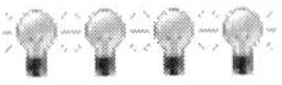	较高风险	不提供本金保护，且本金亏损概率较高，预期收益实现的不确定性较大	进取型 积极进取型
	高风险	不提供本金保护，且本金亏损概率很高，预期收益实现的不确定性很大	积极进取型

投资者声明：

投资决策完全是由投资者独立、自主、谨慎做出的。投资者已经阅读客户协议所有条款（包括背面）及本产品说明书，并特别关注了其中的风险提示部分及以加黑等形式表述的部分，充分理解并自愿承担本产品相关风险。

请手工抄录：本人已经阅读上述风险提示，充分了解并清楚知晓本产品的风险，愿意承担相关风险。

投资者抄录：____

____

投资者签字：____________________

（产品说明书需要与客户协议书一起加盖骑缝章）

中国建设银行

2011年6月21日

理财产品二：

中银结构性理财产品说明书①

（“中银进取”10005A）

特别提示：投资者本着“充分了解风险、自主选择购买”的原则自愿将其合法所有的资金用于认购中国银行股份有限公司发行的理财产品。银行销售的理财产品与存款存在明显区别，具有一定的风险。中国银行股份有限公司按照符合投资者利益和风险承受能力的原则，审慎尽责地开展结构性理财业务，本理财产品的投资收益率的表述属不具有法律约束力的用语，不代表投资者可能获得的实际收益，亦不构成中国银行股份有限公司对本理财产品的任何收益承诺，投资者所获得的最终收益以银行根据理财产品说明书支付给客户的为准。投资者在认购本产品前应认真阅读本产品说明书。

本期产品最不利情况是：如果挂钩指标在观察期内未达到产品说明书定义的获得较高收益的条件，则投资者到期拿回100%本金并按照产品说明书约定获得保底投资收益率。下面关于本产品的评级和相关描述，为中国银行股份有限公司内部资料，仅供投资者参考。

风险评级：低风险产品。

本产品到期认购资金安全，投资收益水平有一定的波动性。

流动性评级：低。

中国银行股份有限公司将不提供本产品的提前赎回报价，不能完全满足投资者的流动性需求。

适合客户类别：

经《中国银行股份有限公司个人客户风险评估问卷》评定为有投资经验及无投资经验的稳健型、平衡型、成长型、进取型客户。

1. 产品基本信息。

产品名称：中银进取10005A——人民币黄金挂钩产品。

产品简称：中银进取10005A。

产品代码：ZYJQ10005A。

产品类别：保本浮动收益型。

投资收益起算日：2010年6月8日。

到期日：2011年6月8日。

认购资金/认购资金：人民币。

返还/投资收益币种：人民币。

认购资金返还：产品到期时，中国银行股份有限公司返还投资者全额认购资金。

投资收益计算：投资收益按照认购资金、实际投资收益率和收益期以单利形式计算，实际投资收益率以观察期内投资收益率的观察结果为准。本产品从投资收益起算日至产品终止日或到期日共一个收益期。

挂钩指标：

名称：每盎司黄金价格（以美元计）。

定义：彭博社（Bloomberg）“GOLDLNPM Index”版面公布的每盎司黄金定盘价。

---

① 来自http：//www.boc.cn/

期初价格：基准日挂钩指标的价格。

期末价格：期末观察日挂钩指标的价格。

投资收益率（年率）：6.00%。

条件：如果在观察期内未发生本说明书定义的触发事件，并且挂钩指标的期末价格大于或者等于其期初价格的105%（即期初价格×105%）。其他任何情况，投资收益率（年率）为0.36%。

触发事件：如果在观察期内任一观察日挂钩指标曾经大于期初价格×140%（四舍五入精确到小数点后两位）。

基准日：2010年6月7日。

期末观察日：2011年6月1日。

观察期：基准日到期末观察日（含）。

观察日：观察期内每个工作日。

特殊价格、调整惯例：如果在基准日、期末观察日无法获得挂钩指标的价格，则以最近下一个，可以获得上述价格的工作日所公布的该挂钩指标的价格为准。

收益期：从投资收益起算日（含）至到期日（不含）。

收益计算基础：A/365。

投资收益支付和认购资金返还方式：产品到期时，一次性支付所有收益期累计投资收益和认购资金返还金额，相应的到期日即为投资收益支付日和认购资金返还日。

终止条款：

自动终止：无。

提前终止：投资者与中国银行均无权单方面主动决定提前终止。

计算行：中国银行股份有限公司。

工作日：观察日采用伦敦的银行工作日；投资收益支付日和认购资金返还日采用北京的银行工作日。

投资者资金到账日：到期日后的5个工作日内。到期日至投资者资金到账日之间，不计利息。

2. 认购。

2.1 本产品认购期为2010年5月20日~2010年6月6日。

2.2 本产品适合于有投资经验的客户及无投资经验的个人投资者，认购起点金额不得低于5万元人民币，产品认购起点金额以上按照1 000元人民币整数倍累进认购。

2.3 投资者应在中国银行股份有限公司开立活期一本通账户，该活期一本通账户是投资者认购理财产品时，中国银行股份有限公司扣划或冻结认购资金的资金账户。投资者应在资金账户中预留足够的认购资金，预留资金不足的，视为认购无效。投资者向中国银行股份有限公司申请认购理财产品并取得中国银行股份有限公司确认后，中国银行股份有限公司从投资者资金账户中扣划或冻结相应认购资金。如果投资者的资金账户发生变更的，以中国银行股份有限公司在支付投资收益或认购资金返还前收到的最后一份书面变更通知中的资金账户为准。

2.4 中国银行股份有限公司于认购日扣划或冻结投资者资金账户中的认购资金。

3. 赎回和提前终止。

3.1 本产品到期日之前，投资者不具有主动申请该产品赎回权利，投资者无权提前终止。

3.2 本产品到期日之前，中国银行股份有限公司无权单方面主动决定提前终止本产品。

3.3 本产品到期日之前，理财产品当事人协商一致或遇法律法规、监管规定出现重大变更，要求本理财产品终止，中国银行股份有限公司有权提前终止本产品。

4. 投资收益支付和认购资金返还。

4.1 中国银行股份有限公司在本产品说明书中规定了投资收益率。但该投资收益率不构成中国银行股份有限公司保证投资者在整个投资收益期内取得本产品说明书中规定的最高投资收益率的承诺。本产品到期时，中国银行股份有限公司向投资者一次性支付投资收益，该日为投资收益支付日。

4.2 投资收益率及说明。

4.2.1 投资收益率的测算依据：理财产品到期年收益率指在理财产品到期日，根据挂钩指标的表现，按照产品说明书的约定，产品投资人可以获得的相应实际投资收益年率。本理财产品持有到期的年收益率以本产品说明书第一条规定为准。

4.2.2 收益测算示例。以 ZYJQ10005A 产品为例，假设产品挂钩指标（即每盎司黄金价格）的期初价格为 1 000.00 美元/盎司。假定某投资者认购 ZYJQ10005A 产品 100 000 元人民币，可能的投资情况如下：如果挂钩指标在观察期内每个观察日从未大于 1 400 美元/盎司，并且挂钩指标的期末价格为 1 050 美元/盎司，则产品到期时该投资者拿回全额认购资金 100 000 元人民币，并获得 6 000 元人民币的投资收益（100 000 ×6% ×365/365 = 6 000）；如果挂钩指标在观察期内某个观察日，挂钩指标的收市价曾经大于 1 400 美元/盎司，或者挂钩指标的期末价格小于 1 050 美元/盎司，则产品到期时该投资者拿回全额认购资金 100 000元人民币，并获得 360 元人民币的投资收益（100 000 ×0.36% ×365/365 = 360）；注：上述示例采用假设数据计算，不代表投资者实际获得的收益。

4.3 投资者交付的认购资金为现钞的，认购资金返还、投资收益以现钞支付，投资者交付的认购资金为现汇的，认购资金返还、投资收益以现汇支付。投资收益和认购资金返还由中国银行股份有限公司直接划入投资者资金账户。

4.4 提前终止日、投资收益支付日、认购资金返还日如遇相关国家的节假日，调整方式为“延后”，即延后至节假日后的第一个工作日，不管该工作日是否落入相同或不同的日历月份。投资收益计算调整方式为“跟随调整”，即“延后”适用于当期投资收益的计算。

5. 投资方向。

本产品投资于货币市场以及掉期等金融衍生产品。

6. 理财产品的成立。

6.1 理财产品成立的条件：认购期届满，募集资金累计金额超过等值 300 万美元，理财产品在投资收益起算日成立。

6.2 如果本理财产品不满足成立的条件，中国银行股份有限公司将通过在营业网点张贴公告，或我行门户网站（www.boc.cn）对外公布，并将投资者认购资金连同按照银行同期活期存款利率计算的认购期间利息在认购期结束后 5 个工作日内退还投资者，该理财产品项下双方权利义务终止。

7. 风险提示。

7.1 本理财产品有投资风险，投资者只能获得合同明确承诺的收益，投资者应充分认识投资风险，谨慎投资。

7.2 投资者认购该产品可能面临以下风险。

7.2.1 市场风险：包括但不限于因国家法律法规以及货币政策、财政政策、产业政策、地区发展政策等国家政策的变化、宏观周期性经济运行状况变化、外汇汇率和人民币购买力等变化对市场产生一定的影响，导致理财产品投资收益的波动，在一定情况下甚至会对理财产品的成立与运行产生影响。

7.2.2 流动性风险：本理财产品不提供到期日之前的每日赎回机制，投资者在理财期限内没有提前终止权。

7.2.3 信用风险：中国银行股份有限公司发生信用风险如被依法撤销或被申请破产等，将对理财产品的投资收益产生影响。

7.3 除上述风险以外，投资者还应关注本产品的下述风险。

7.3.1 对于外币理财产品，在产品提前终止或到期日之前，人民币汇率变化将可能影响投资者以人民币币值计算的实际收益率。

7.3.2 在本产品提前终止或到期日之前，国际金融市场价格变化将可能影响投资者无法获得更好的投资收益率。

8. 信息披露。

8.1 中国银行股份有限公司在有关披露事项的报告、报表或通知制作完毕后，可视情况选择以下一种或多种方式报告给投资者：中国银行股份有限公司官方网站、中国银行股份有限公司营业网点备查、电子邮件、电话、以信函形式邮寄、手机短信等。

8.2 在发生理财产品提前终止、理财产品不成立或中国银行股份有限公司认为必要的事项时，中国银行股份有限公司将向认购该款理财产品的投资者进行相应信息披露。

8.3 投资者应及时登录中国银行股份有限公司网站浏览和阅读上述信息，或前往中国银行股份有限公司营业网点查询上述信息。如因投资者未及时查询或由于通讯故障、系统故障以及其他不可抗力等因素的影响而产生的（包括但不限于因未及时获知信息而错过资金使用和再投资机会等）全部责任和风险由投资者自行承担。

9. 特殊情况下的调整原则。

如果发生市场中断事件，则：理财产品中某一挂钩指标在基准日、期末观察日出现市场中断事件，并且该事件持续5个工作日或更长时间，则中国银行有权在该第5个工作日（不论该日是否发生市场中断事件）以合理的方式核定该挂钩指标的价格。

理财产品三：

“金葵花”——QDII 系列之招银资产管理

全球核心＋卫星双引擎增长组合

产品介绍①

产品管理人：招商银行股份有限公司

境外投资管理人：摩根富林明资产管理有限公司

---

① 来自 http：//www.cmbchina.com/

境内托管人：中信银行股份有限公司

境外托管人：布朗兄弟哈里曼银行有限公司

重要须知

本产品根据2006年8月11日中国银行业监督管理委员会《关于招商银行开办代客境外理财业务的批复》（银监复〔2006〕243号）的核准募集。

本《产品说明书》依据《商业银行开办代客境外理财业务管理暂行办法》、《商业银行个人理财业务管理暂行办法》、《中国银行业监督管理委员会办公厅关于商业银行开展代客境外理财业务有关问题的通知》、《中国银行业监督管理委员会办公厅关于商业银行开展个人理财业务风险提示的通知》、《中国银行业监督管理委员会办公厅关于调整商业银行代客境外理财业务境外投资范围的通知》以及其他有关商业银行理财业务与外汇管理的相关规定编写。

本《产品说明书》为《招商银行受托理财产品交易申请表》不可分割之组成部分。制订本《产品说明书》的目的是保护产品投资人的合法权益、明确本产品当事人的权利和义务、规范本产品的运作。

产品管理人保证《产品说明书》的内容真实、准确，产品管理人承诺依照诚实信用、勤勉尽责的原则，谨慎、有效地管理和运用本产品财产，但不保证本产品一定盈利，也不保证最低收益。

投资人投资于本产品前应认真阅读《产品说明书》，若对本《产品说明书》的内容有任何疑问，请向客户经理咨询。

本产品只根据本《产品说明书》所载的内容操作，本《产品说明书》由产品管理人负责解释。

产品风险评级为R5，如图7－4所示。

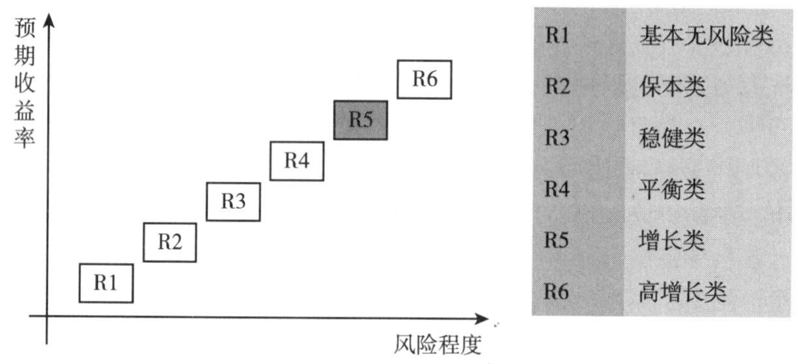

图7－4 产品风险评级

产品概要

产品运作方式和类型：开放式非保本浮动收益理财产品。

本产品以人民币认购，产品管理人将募集而来的人民币资金转换成美元投资于境外开放式基金和现金类资产，产品份额净值和相关费用均以人民币计算。

本产品通过境外投资管理人的积极管理，致力寻求在不同市场状况下提供具有竞争力的回报。

美元业绩比较基准：40%摩根士坦利世界净回报指数（MSCI world net）+15%摩根士坦利新兴市场净回报指数(MSCI emerging markets net index)+15%摩根政府债券指数——新兴市场(JP morgan government bond index emerging markets)+30%摩根士坦利综合亚太净回报指数（日本除外）（MSCI AC asia pacific ex japan net）

本产品为股票类产品，不保证本金与收益，预期的风险水平和收益水平高于债券类产品。

一、产品要素

产品要素见表7-4。

表7-4　产品要素

产品名称	招商银行“金葵花”——QDII系列之招银资产管理全球核心+卫星双引擎增长组合
产品代码	8138
投资币种	人民币
产品份额	产品份额以人民币计价
产品面值	本产品每份产品份额面值均为人民币1元
产品规模	本产品认购期募集规模上限为60亿元人民币。在产品开放期内，产品管理人可根据代客境外理财额度的调整而提高规模上限，也可根据代客境外理财额度的限制而停止接受投资者的申购。产品存续期内，产品资产净值连续20个工作日低于5亿元人民币时，产品管理人有权提前终止本理财计划
产品期限	无固定期限（如果管理人未提前终止）
清算期	认购登记日到产品成立日期间为认购清算期，产品到期日或提前终止日到理财资金返还到账日为还本清算期，认购清算期和还本清算期内不计付利息
产品认购期	2008年1月23日9点~2008年1月28日17点
产品登记日	2008年1月29日
产品成立日	2008年1月30日
产品封闭期	2008年1月30日~2008年5月9日，封闭期内不接受投资者申购和赎回
申购或赎回时间	产品开放日的上午9点~下午3点
认购费率	本产品认购费率为1.0%，在认购成功后，产品管理人在认购金额之外从投资者的账户中一次性扣除
申购费率	本产品申购费率为1.2%，在申购成功后，产品管理人在申购金额之外从投资者的账户中一次性扣除
赎回费率	赎回费率为0.25%，在赎回成功后，产品管理人将从投资者所赎回金额中直接扣除赎回费用
购买方式	投资者可通过招商银行营业网点或招商银行财富账户、个人银行专业版、大众版，办理认购、申购本产品份额，也可进行部分赎回或全额赎回本产品份额

续表

产品名称	招商银行“金葵花”—QDII 系列之招银资产管理全球核心 + 卫星双引擎增长组合
购买对象	依据中华人民共和国有关法律法规及其他有关规定可以投资代客境外理财产品的自然人投资者（法律、法规和有关规定禁止购买者除外）
产品开放日	自 2008 年 5 月 12 日起，投资者可在产品开放日申购或赎回本产品，产品开放日为除去周六、周日、所有国内法定节假日、香港法定节假日的产品管理人工作日，同时不包含 12 月 21 日 ~ 12 月 31 日之间的产品管理人工作日。若因境内外市场其他节假日调整导致对产品的申购赎回有重大影响，或者根据产品说明书定义为非交易日的产品管理人可视情况进行相应调整并予以公告

二、产品的认购

（一）认购金额

1. 认购金额限制：在产品认购期内，投资人首次认购单笔最低限额为人民币 5 万元，高于认购单笔最低限额的金额须为 1 万元的整数倍，单笔最高限额为 500 万元。

2. 在认购期内，投资人可多次认购，单一投资人在认购期内累计认购金额的上限为本产品认购期募集规模的上限。

3. 认购期内如认购金额超过产品认购期设定规模，则提前终止认购。

（二）产品的认购说明

1. 认购方式及确认。

（1）本产品采取金额认购的方式。

（2）产品管理人受理认购申请并不表示对该申请是否成功的确认，而仅代表产品管理人收到了认购申请，申请是否有效应以产品管理人的确认为准。产品管理人在产品成立日为投资人登记认购份额，投资人应在本产品成立后及时查询最终成交确认情况和认购的份额。

（3）认购撤单：在产品登记日前的认购期内允许全部或者部分撤销已递交的认购，部分撤销只适用于投资人多次认购的情况，必须对应每笔认购的金额逐笔撤销。投资人部分撤销后剩余的各笔认购金额总和不得低于人民币 5 万元。

（4）投资人在认购期内认购成功后，认购款项以人民币资金形式存入招商银行，该部分资金自认购之日起，至认购登记日止，招商银行按中国人民银行公布的人民币活期利率为认购款项计息。

2. 有关产品认购份额的计算。本产品采用金额认购方法，认购份额计算方法如下：

认购份数 = 认购金额/产品份额面值；

认购费用 = 认购金额/产品认购费率。

例如，假定某投资者投资 100 万元人民币认购本产品，则其可得到的份额及应支付的认购费用计算如下：

认购金额 = 1 000 000 元人民币。

认购份数 = 1 000 000/1 = 1 000 000 份。

认购费用 =1 000 000/1%　=10 000 元人民币（认购费用不含在认购金额之内，另行扣除）。

投资者应在认购账户中备足认购款项以备扣除认购费用，认购账户余额不足以扣除全部认购费用的，管理人有权不接受认购。即投资人投资 100 万元认购本产品，可得 100 万份产品份额。

三、产品的申购、赎回

（一）申购赎回期间

投资人办理申购或赎回的期间为产品开放日的上午 9 点 ~ 下午 3 点。

（二）申购、赎回的原则

1. “未知价原则”，即本产品 T 日的申购和赎回价格为 T 日计算的产品份额净值，该净值于 T +1 产品开放日公布。

2. 本产品采用金额申购、份额赎回的原则，即申购以金额申请，赎回以份额赎回。

3. 因不可抗力导致产品无法继续申购或赎回时，产品管理人有权拒绝或暂停接受投资人的申购或赎回的申请。

4. 申购和赎回的撤销。在申购或赎回的期间内，投资人可以对当日已提出的申购或赎回指令进行撤销。

5. 巨额赎回。单个交易日中，本产品的产品份额赎回申请若超过上一日产品总份额的 10%，则为巨额赎回。当日发生巨额赎回后，产品管理人不再接受后续的赎回申请。

（三）申购、赎回的程序

1. 申购、赎回的申请方式。投资者必须根据产品管理人所规定的手续，在产品开放日的业务办理时间提出申购、赎回的申请。

投资者在提交申购申请时，须按产品管理人规定的方式备足申购资金。投资人提交赎回申请时，必须有足够的产品份额余额。

2. 申购、赎回的确认。产品管理人应以在规定的业务办理时间段内收到申购、赎回申请的当天作为申购、赎回的申请日（T 日），在 T +1 产品开放日对该申请的有效性进行确认，并登记或扣除份额。投资人应在 T +2 产品开放日之后及时到提出申请的网点或通过招商银行财富账户、个人银行专业版、大众版进行成交查询。

3. 申购和赎回的款项支付。投资者在 T 日提出申购申请，产品管理人在 T +1 产品开放日对该申请的有效性进行确认，若申请成功，则登记份额，若申请不成功或无效，则该申请顺延至下个产品开放日并依此类推。

投资者在 T 日提出赎回申请，产品管理人在 T +1 产品开放日对该申请的有效性进行确认，若申请成功，则扣减份额，若申请不成功或无效，则交易顺延至下个产品开放日并依此类推。一般情况下，赎回款将于 T 日之后的 10 个产品开放日内到账。

（四）申购、赎回的限制

1. 产品申购的金额。投资者可于产品开放日进行申购。

如投资者首次投资该产品，申购单笔最低金额为人民币 5 万元，高于申购最低金额的部分须为 1 万元的整数倍。

如投资者已经投资该产品，则申购单笔最低金额为人民币 5 万元减去客户已持有的本产品的人民币资产净值，且该笔申购金额须为人民币 1 万元的整数倍。投资人可多次申购，申购不设上限，但不得超过本产品规定的产品规模上限（如法律法规、银行业监督管理机构另有规定的除外）。

2. 产品赎回的份额。投资人可于产品开放日进行部分赎回或全额赎回产品份额；投资人有权全额赎回产品份额。全部赎回产品份额后，投资人如需申购产品，则申购的产品金额不得低于人民币5万元；部分赎回产品份额后，投资人如需申购产品，则申购最低金额为人民币5万元减去客户已持有的本产品的人民币资产净值，且申购金额须为人民币1万元的整数倍。

投资人单笔最低赎回份额为1 000份，单笔赎回份额以投资者剩余份额为上限。

投资人可多次赎回，如赎回将导致投资人的产品余额不足1 000份时，产品管理人有权要求投资人将产品剩余份额一次性全额赎回。

（五）申购份额和赎回金额的计算

1. 申购份额的计算。本产品采用“外扣法”计算申购费用及申购份额，具体计算方法公式如下：

申购份数＝申购金额/申购当日产品份额净值。

申购费用＝申购金额×申购费率。

申购份数保留至小数点后2位（保留2位小数，2位小数点后舍位）。

例如，假定T日某投资人投资100万元人民币申购本产品，T日产品份额净值1.325元人民币，则其可得到的申购份额和应支付的申购费用计算如下：

申购份数＝100万元人民币/1.325＝754 716.98份。

申购费用＝100万元人民币×1.2%＝12 000元人民币（申购费用不含在申购金额之内，另行扣除。投资者应在认购账户中备足认购款项以备扣除认购费用，认购账户余额不足以扣除全部认购费用的，管理人有权不接受认购）。

2. 产品赎回金额的计算。产品采用“份额赎回”方式，赎回价格以赎回当日（T日）的产品份额净值为基准进行计算，计算公式如下：

赎回总金额＝赎回份额×赎回当日基金份额净值(保留2位小数,2位小数点后舍位)。

赎回费用＝赎回总金额×赎回费率。

例如，假定某投资者在T日赎回100 000份产品份额，产品在T日的份额净值为1.853元人民币，赎回总金额100 000×1.853＝185 300元人民币，赎回费＝185 300×0.25%＝463.25元人民币，投资者收到款项为＝185 300－463.25＝184 836.75元人民币。

（六）申购、赎回的注册登记

1. 投资人申购成功后，产品管理人将在T+1产品开放日为投资人登记产品份额，投资人自T+2产品开放日起有权赎回该产品份额。

2. 投资人赎回份额成功后，产品管理人在T+1产品开放日为投资人扣减登记份额，一般情况下，在T日后10个产品开放日内将赎回的人民币款项，投资人提出赎回至赎回款项到账的期间不计付利息。

四、产品的投资

（一）投资目标

本产品境外投资管理人将根据当前宏观经济环境、经济增长前景、所投资的集体投资计划表现及其他有利于组合的因素将至少70%的总资产净值投资于境外投资管理人认为符合组合指标的公募基金（以下称为“核心配置基金”），境外投资管理人并可根据不时情况需要而投资不超过30%的总资产净值于核心配置基金以外的公募基金（以下称为“卫星配置基金”）以达到在短期内为产品增值的目的。

（二）投资范围

本产品将募集而来的人民币资金转换成美元投资于开放式基金（包括股票型基金和债券型基金）和现金类资产。

1. 本产品最多可保留不超过10%的人民币资金应对日常赎回需要，其他资金均转换为美元进行投资。人民币投资范围包括但不限于存放于境内托管人的银行存款。

2. 美元投资包括股票型开放式基金、债券型基金及现金类资产，采用较为主动的资产配置策略。通过资产的核心配置（战略配置）和卫星配置（战术配置）在分散投资风险的同时积极把握环球成熟市场及新兴市场的投资机会。

（1）核心配置（战略配置）。境外投资管理人将根据当前宏观经济环境、经济增长前景、所投资基金表现及其他有利于本产品份额持有人的因素将产品管理人委托予境外投资管理人管理的资产（以下称为“组合”）的至少70%的总资产净值投资于境外投资管理人旗下的全球配置基金、新兴市场股票/债券基金和亚太区股票型基金①。现包括但不仅限于：

a）摩根富林明环球焦点基金（JP Morgan Funds-Global Focus Fund）

b）摩根富林明全方位新兴市场基金（JP Morgan Funds-Emerging Markets Equity Fund）

c）摩根富林明新兴市场债券基金（JP Morgan Funds-Emerging Markets Debt Fund）

d）亚太区股票型基金，例如，摩根富林明JF大中华基金（JPMorgan Funds-JF Greater China Fund）+JF东协基金（JF ASEAN Fund）+JF印度基金（JF India Fund）+JF澳洲基金（JF Australia Fund）+JF南韩基金（JF Korea Fund）

（2）卫星配置（战术配置）。境外投资管理人将根据市场估值和情绪，分析下一阶段（如一季度）最具投资价值的亚太区单一市场、行业或另类资产投资基金，并将之加入本产品。战术配置的资产不超过总资产的30%，以达到在短期内为本产品增值的目的。现包括（但不限于）摩根富林明环球天然资源（JP Morgan funds-global natural resources），JF马来西亚（JF malaysia），JF新加坡（JF singapore）等境外投资管理人旗下基金②。

（三）业绩比较基准

美元投资业绩比较基准为：40%摩根士坦利世界净回报指数（MSCI world net）+15%摩根士坦利新兴市场净回报指数（MSCI emerging markets net index）+15%摩根政府债券指数——新兴市场（JP morgan government bond index-emerging markets）+30%摩根士坦利综合亚太净回报指数（日本除外）（MSCI AC asia pacific ex japan net）

（四）投资限制及指引

以下投资限制及指引将适用于本产品：

---

① 此类基金限于与中国银行业监督管理委员会已签订代客境外理财业务监管合作谅解备忘录的境外监管机构所批准、登记或认可的公募基金。

② 此类基金限于与中国银行业监督管理委员会已签订代客境外理财业务监管合作谅解备忘录的境外监管机构所批准、登记或认可的公募基金。

1. 本产品只可投资于中国银监会已签订代客境外理财业务监管合作谅解备忘录的境外监管机构所批准、登记或认可的公募基金。

2. 本产品必须投资组合最少70%的总资产净值于核心配置基金。

3. 核心配置基金范围

本产品在核心配置基金的投资须符合表7－5指标的上下限范围。

4. 如境外投资管理人投资于卫星配置基金，卫星配置基金的投资则不可超过组合的总资产净值的30%。

5. 如因市场剧烈波动或申购赎回导致资金量大幅变化可能使上述投资比例短期内出现超出，这种情况不视为产品管理人或境外投资管理人违规，但产品管理人或境外投资管理人必须在合理期限内进行调整，使之符合投资指引要求。

表7－5　　核心配置基金指标

指标名称	指标	上下限范围
摩根士坦利世界净回报指数	40%	30%～50%
摩根士坦利新兴市场净回报指数	15%	5%～25%
摩根政府债券指数——新兴市场	15%	5%～25%
摩根士坦利综合亚太净回报指数（日本除外）	30%	20%～50%

6. 本产品只可为对冲而投资于掉期合约、远期合约、期货、期权及认股权证等金融市场上流通的衍生金融工具。

7. 本产品不得投资于商品类衍生产品、对冲基金。

8. 本产品不可投资于另一单位投资组合管理基金。

9. 产品不会作出任何证券借出的安排。

（五）投资事项说明

本产品选择投资的开放式基金为境外投资管理人摩根富林明发行的基金，投资人认购本产品即视为同意上述投资安排。

五、产品的净值公布

产品成立后，封闭期内2008年3月1日起每周一公布净值，开放期每个产品开放日公布产品份额净值。T日产品份额净值在T+1产品开放日计算，并在T+1产品开放日内公告，产品管理人可根据实际情况对公布净值时点进行调整，遇特殊情况，可以适当延迟计算或公告，但产品管理人必须说明原因。

六、产品资产及估值

（一）产品资产

本产品资产总值包括产品所拥有的各类基金、银行存款本息、产品的应收款项和其他投资所形成的价值总和。本产品资产净值是指产品资产总值减去负债后的价值。

本产品根据相关法律法规、规范性文件开立相关账户，与产品管理人、境外投资管理人和产品托管人自有的财产账户以及其他产品财产账户独立。

本产品财产独立于产品管理人、境外投资管理人及产品托管人的固有财产，并由产品托管人保管。产品管理人、境外投资管理人、产品托管人不得将产品财产归入其固有财产。产品管理人、境外投资管理人、产品托管人因产品财产的管理、运用或者其他情形而取得的财产和收益，归本产品所有。产品管理人、境外投资管理人、产品托管人以其自有的财产承担自身相应的法律责任，其债权人不得对产品财产行使请求冻结、扣押或其他权利。产品管理人、境外投资管理人、产品托管人因依法解散、被依法撤销或者被依法宣告破产等原因进行清算的，产品财产不属于其清算范围。非因产品财产本身承担的债务，不得对产品财产强制执行。

（二）估值

产品财产的估值目的是客观、准确地反映产品财产的价值，确定产品资产净值，并为产品份额的申购与赎回提供计价依据。本产品成立后，每个产品开放日对产品财产进行估值。产品所拥有的基金、外汇头寸、银行存款和应收、应付款项以及其他投资等资产。

1. 估值方法。

（1）产品持有的银行存款以本金列示，逐日计提利息；

（2）产品持有的基金根据当日该基金份额净值计算；

（3）外汇头寸的估值：外汇头寸按照估值时点的汇率计算；

（4）如有确凿证据表明按上述方法进行估值不能客观反映其公允价值的，产品管理人可根据具体情况与产品托管人商定后，按最能反映公允价值的方法估值；

（5）国家有最新规定的，按其规定进行估值；

（6）产品根据中国人民银行收盘汇率将外币资产转为人民币资产值。

2. 估值程序。产品日常估值由产品管理人（或其授权人）同产品托管人一同进行。产品份额净值由产品管理人（或其授权人）完成估值后，将估值结果以书面形式报给产品托管人，产品托管人按《产品说明书》规定的估值方法、时间、程序进行复核，产品托管人复核无误后签章返回给产品管理人。由于国际金融市场是连续交易的市场，产品管理人（或其授权人）和产品托管人因取价的具体时间不同可能导致双方的结果有偏差，如果偏差范围在0.5%以内，可认定产品托管人所作估值为合理的产品份额净值。产品份额净值的计算，精确到0.001元，小数点第4位四舍五入。

3. 估值错误的处理。当产品财产的估值导致产品份额净值小数点后两位内发生差错时，视为产品份额净值估值错误。产品管理人（或其授权人）和产品托管人将采取必要、适当合理的措施确保产品财产估值的准确性、及时性。当产品份额净值出现错误时，产品管理人（或其授权人）应当立即予以纠正，并采取合理的措施防止损失进一步扩大。由于本产品估值所用的价格来源中出现错误或由于其他不可抗力原因，产品管理人（或其授权人）和产品托管人虽然已经采取必要、适当、合理的措施进行检查，但是未能发现该错误的，由此造成的产品财产估值错误，产品管理人（或其授权人）和产品托管人可以免除赔偿责任。但产品管理人（或其授权人）和产品托管人应当积极采取必要的措施消除由此造成的影响。

4. 暂停估值。当产品财产的估值因不可抗力或其他情形致使产品管理人（或其授权人）、托管人无法准确评估产品财产价值时或中国银监会认定的其他情形，产品管理人（或其授权人）可暂停产品的估值直至另行通知。

5. 非交易日安排。非交易日定义：在通常情况下，如果该日为中国或香港假期或有关基金的投资市场休假，则无法获得大部分的投资的市场估值，该日定为非交易日。如果在某产品开放日由于市场假期关系，无法获得占投资组合40%以上的投资的市价估值，为公平起见会将该日宣布为“非交易日”。

本产品建立了总计为投资组合40%的“非交易日”门槛，非交易日（T日）将由产品管理人根据T-2产品开放日的投资组合分布，在T-1产品开放日公布。例如，投资组合T-2日资产分布如下：JF日本基金（JF japan fund）占35%，JF韩国基金（JF korea fund）占6%，其他占59%。如日本、韩国T日为假日，因JF日本基金及JF韩国基金总计投资为35%+6%=41%，则在T-1日宣布T日为非交易日，产品的估值及交易日顺延至下一产品开放日（T+1日）。

七、产品的收益和分配

本产品不分配收益。

八、产品的费用和税收

（一）与产品运作有关的费用

1. 产品费用的种类。

（1）产品管理人的管理费和投资管理费；

（2）产品境外投资管理人的投资管理费及表现费（如适用）；

（3）产品托管人的托管费；

（4）按照国家有关规定可以列入的其他费用，法律法规另有规定时从其规定。

2. 产品费用计提防法、计提标准和支付方式。

（1）产品管理人的管理费和投资管理费及境外投资管理人的投资管理费。

产品管理人的产品管理费和投资管理费按产品资产净值的0.8%年费率计提。

在通常情况下，产品管理费和投资管理费合计按前一日产品资产净值的0.8%年费率计提。计算方法如下：

H=E×0.8%/当年天数。其中，H为每日应计提的产品管理费；E为前一日产品资产净值。

产品管理费和投资管理费每日计提，按月支付。由产品管理人向产品托管人发送产品管理费划付指令，产品托管人复核后与次月前10个工作日从产品财产中一次性扣除。

（2）产品境外投资管理人的投资管理费及表现费（如适用）。产品境外投资管理人的投资管理费按产品投资的境外开放式基金目前之投资管理费收取，投资管理费为介乎每年0.25%~1.75%不等，除投资管理费外，一些境外开放式基金可能征收表现费。

投资管理费每日计提，按月支付。由产品管理人向产品托管人发送划付指令，产品托管人复核后于次月前10个工作日从产品资产中一次性扣除。

（3）产品托管人的托管费。产品托管人的产品托管费按产品资产净值的0.2%年费率计提。

在通常情况下，产品托管费按前一日产品资产净值的0.2%年费率计提。计算方法如下：

H=E×0.2%/当年天数。其中，H为每日应计提的产品托管费；E为前一日的产品资产净值。

产品托管费每日计提，按月支付。由产品托管人向产品管理人发送产品托管费划付指令，产品管理人复核后于次日起前10个工作日从产品财产中一次性支付给产品托管人。

（二）与产品销售有关的费用

与产品销售有关的费用包括认购费、需申购费和赎回费，具体标准及计算如前所述。

（三）产品税收

本产品运作过程中涉及的各纳税主体，依照国家法律法规的规定履行纳税义务。

九、产品的终止与清算

（一）产品的终止

1. 产品存续期内产品资产净值连续20个工作日低于5亿元人民币时，管理人有权宣布终止本产品。

2. 法律法规规定的其他情形导致产品终止。

（二）产品财产的清算

产品终止后，应当按照法律法规和本产品说明书的有关规定对产品财产进行清算。

1. 清算程序。

（1）产品终止后，由产品管理人、境外投资管理人和托管人共同组成财产清算组；

（2）产品财产清算组根据产品财产的情况确定清算期限，清算最长期限不得超过20个工作日，除非由于不可抗力原因导致清算无法进行；

（3）产品财产清算组对产品财产进行清理和确认；

（4）对产品财产进行评估和变现；

（5）公布产品清算公告；

（6）对产品财产进行分配。

2. 清算费用。分别按照实际发生费用从产品财产中列支。

3. 产品财产清算剩余财产的分配。产品财产按下列顺序清偿：

（1）支付清算费用；

（2）缴纳所欠税款；

（3）清偿产品债务；

（4）按产品份额持有人持有的产品份额比例进行分配。

产品财产未按前款(1)～(3)项规定清偿前，不分配给产品份额持有人。

4. 清算账册及文件的保存。产品财产清算账册及文件由产品托管人保存15年以上。

十、产品的信息披露

本产品的信息披露将通过招商银行“一网通”网站（www.cmbchina.com）和各营业网点发布。

本产品存续期间内，招商银行有权通过在一网通（www.cmbchina.com）以及其他信息平台、渠道发布公告的形式，对说明书条款进行补充、说明和修改。投资者应定期通过上述相关渠道获知有关本理财计划相关信息。

十一、风险揭示

1. 信用风险。如本产品所投资的任何证券的发行人失责，相关投资表现将蒙受负面影响。由于境外投资标的出现违约、无法支付到期本息，或由于投资标的信用等级降低导致投资标的的价格下降，将对本产品的财产造成损失，投资者到期可能无法获得预期收益，甚至可能遭受本金损失的风险，该风险由投资者承担。

2. 市场风险。本产品投资于股票型基金、债券型基金等证券产品，承受所有证券的固有风险，即投资价值可升亦可跌，表现受经济因素、政治因素、投资心理等多方面影响，产品表现同时受到投资管理人能力影响，会导致产品份额净值发生变化。本产品为非保本浮动收益产品，投资风险较高，投资者很可能遭受本金损失。

3. 流动性风险。流动性风险主要指因产品财产变现的难易程度所导致产品资产净值变动的风险。本产品投资对象主要为境外基金，流动性较好，但是在特殊市场情况下也可能会出现交投不活跃、成交量不足的情形，此时如果产品赎回量较大，可能因流动性风险的存在导致产品资产净值出现波动。在产品存续期内，投资者可在产品开放日赎回，若本产品所投资的境外基金出现巨额赎回事件，则本产品的赎回申请将相应作顺延处理。一般情况下，赎回款在赎回完成后10个产品工作日内返还投资人。

4. 汇率风险。本产品以人民币募集和归还，投资于境外以美元或其他境外货币计价的基金，投资人将面临由于人民币浮动带来的汇率风险。

5. 信息传递风险。招商银行按照本说明书有关“信息披露”条款的约定，发布产品的付息、到期清算或提前终止信息公告。投资者应根据“信息披露”条款的约定及时登录招商银行网站（www. cmbchina. com）或致电招商银行全国统一客户服务热线（95555）或到招商银行营业网点查询。如果投资者未及时查询，或由于通讯故障、系统故障以及其他不可抗力等因素的影响使得投资者无法及时了解产品信息，因此而产生的责任和风险由投资者自行承担。

6. 提前终止风险。产品资产净值连续20个工作日低于5亿元人民币时，产品管理人可能提前终止本产品，由此可能导致投资人遭受并承担早于预期收回投资而面临的再投资风险。

7. 其他风险。由于自然灾害、战争等不可抗力因素的出现，将严重影响金融市场的正常运行，从而导致理财资产收益降低或损失，甚至影响理财计划的受理、投资、偿还等的正常进行，进而影响理财计划的资金收益安全。

任务2　外汇投资理财实训

➢ 实训目标

熟悉主要的提供外汇投资信息的网站，学习收集影响相关汇率变动的信息，了解几种重要货币的投资特性，同时进一步掌握外汇分析软件的使用，熟悉外汇的标价方式以及交叉汇率的换算方法，为进行外汇理财奠定基础。

➢ 实训预备

一、了解外汇的基础知识

外汇就是外国货币或以外国货币表示的能用于国际结算的支付手段。我国1996年颁布的《外汇管理条例》第3条规定外汇是指：

（1）外国货币。包括纸币、铸币。

（2）外币支付凭证。包括票据、银行的付款凭证、邮政储蓄凭证等。

（3）外币有价证券。包括政府债券、公司债券、股票等。

（4）特别提款权、欧洲货币单位。

（5）其他外币计值的资产。

各国的外汇种类繁多，外汇投资主要涉及波动比较频繁几种外汇，如表7－6所示。

表7－6　波动频繁的几种外汇

国家（地区）	货币	英文缩写
美国	美元	USD
欧元区12国	欧元	EUR
日本	日元	JPY（YEN）
英国	英镑	GBP（STG）
瑞士	瑞士法郎	CHF（SFR）
中国香港	港元	HKD
新加坡	新加坡元	SGD
澳大利亚	澳大利亚元	AUD（AUS）
新西兰	新西兰元	NZD
加拿大	加拿大元	CAD

外汇汇率是国家金融市场上两个国家货币的比率，代表用一个国家的货币去买另一个国家货币的价格。

外汇汇率标价主要有直接标价和间接标价两种。直接标价：1单位或100单位外国货币作为标准，折算为相应的本国货币数量。间接标价：1单位本国货币为标准，折算为相应的外国货币数量。

包括中国在内的世界上绝大多数国家目前都采用直接标价法。在国际外汇市场上，日元、瑞士法郎、加元等均为直接标价法，如日元119.05即一美元兑119.05日元。原英联邦国家以及欧元区采用间接标价法，即欧元、英镑、澳大利亚元、新西兰元采用间接标标价法，如欧元1.3012即一欧元兑1.3012美元。

由于外汇种类繁多，各国主要给出本国货币对美元的汇率，称为基本汇率；不涉及美元的两种货币之间的汇率可以通过基本汇率换算获得，称为交叉汇率。

外汇投资过程中，若预测某两种外汇的汇率将上升，说明预测前一种外汇升值，可以买入前一种货币，卖出后一种货币；若预测汇率将下跌，说明预测前一种外汇将贬值，可以买入后一种货币。

点差：外汇市场上的报价一般为双向报价，点差即买入价和卖出价的价差。买入价和卖出价的价差越小，对于投资者来说意味着成本越小。银行间交易的报价点差正常为2～3点，银行（或交易商）向客户的报价点差依各家情况差别较大，目前国外保证金交易的报价点差基本在3～5点，香港在6～8点，国内银行实盘交易在10～40点不等。

实盘外汇交易：俗称“外汇宝”，是指个人客户在银行通过柜面服务人员或其他电子金融服务方式进行的不可透支的可自由兑换外汇（或外币）间的交易。

保证金交易：是指个人在银行交纳一定的保证金后进行的交易金额可放大若干倍的外汇（或外币）间的交易。投资者用自有资金作为担保，从银行或券商处提供的融资放大来进行外汇交易，也就是放大投资者的交易保证资金。融资的比例大小，一般由银行或者券商决定，融资的比例越大，客户需要付出的资金就越少。

二、运用世华财讯金融模拟交易系统投资外汇

1. 注册新用户。

（1）在浏览器输入网址：http：//jxcjzytrade.shihua.com.cn，然后单击“回车”键，显示如图7－5的界面。

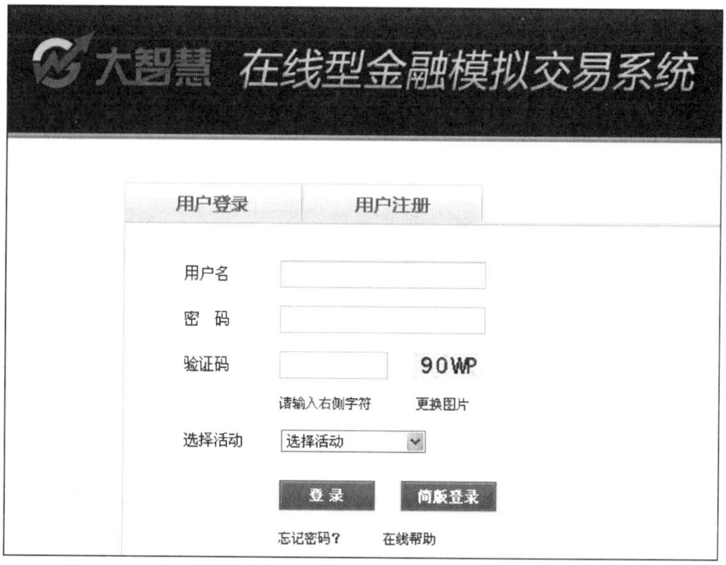

图7－5　进入模拟交易系统

（2）用鼠标左键单击上方的“用户注册”，出现如图7－6的界面。

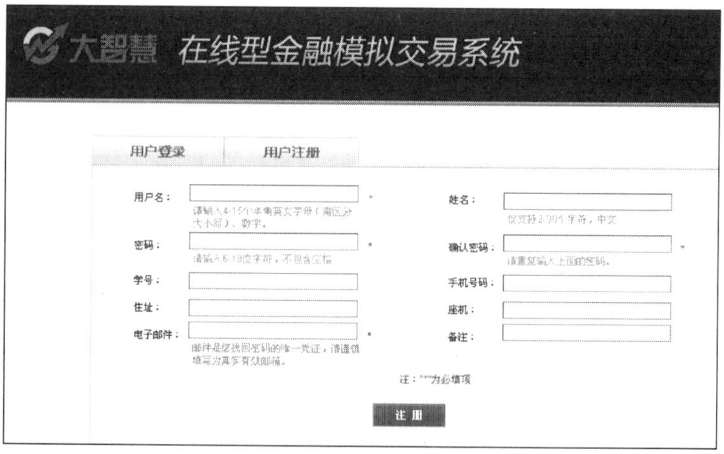

图7－6　用户注册

（3）填写用户信息：用户名、姓名、密码、密码确认、学号、手机号码、住址、座机、电子邮件、备注，显示界面如图7－7所示。

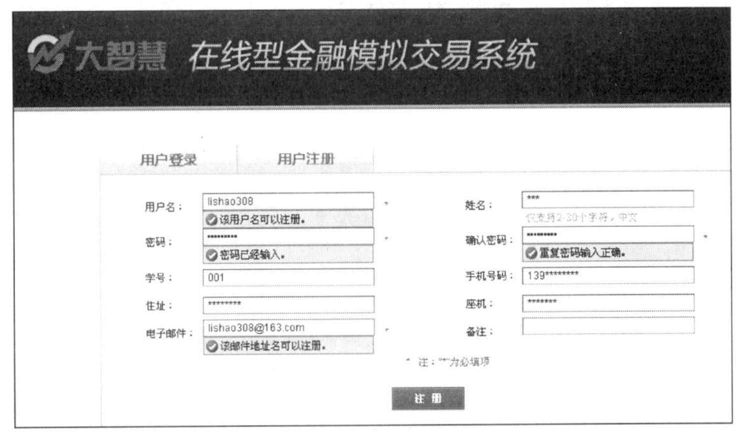

图7－7 录入用户信息

填写完毕之后，单击“注册”键即注册成功，初始资金10万元人民币。

2. 登录世华财讯金融模拟交易系统。

（1）在浏览器输入网址：http：//jxcjzytrade. shihua. com. cn，然后单击“回车”键，显示如图7－8的界面。

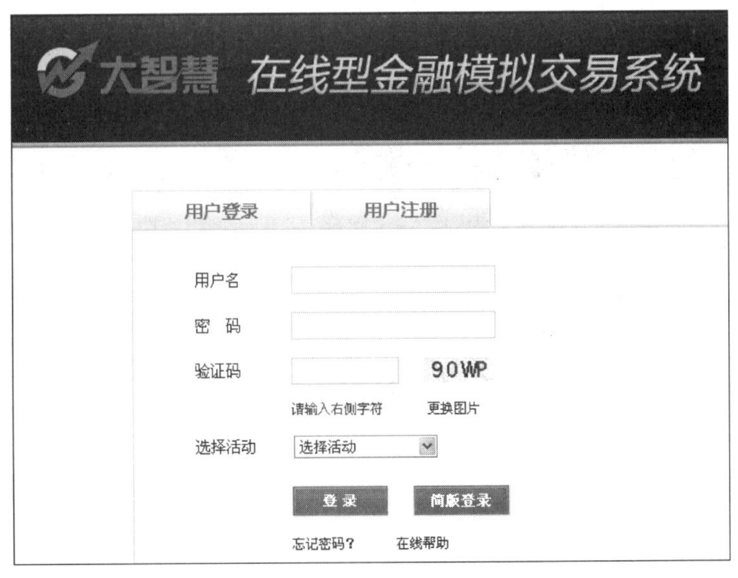

图7－8 登录模拟交易系统

（2）输入“用户名”、“密码”、“验证码”，选择活动中的一项活动，然后单击“登录”，即可登录世华财讯金融模拟交易系统，显示如图7－9的界面。

运用世华财讯金融模拟交易系统可以查看股市、汇率、能源化工期货、农产品期货、金属期货等产品的行情。

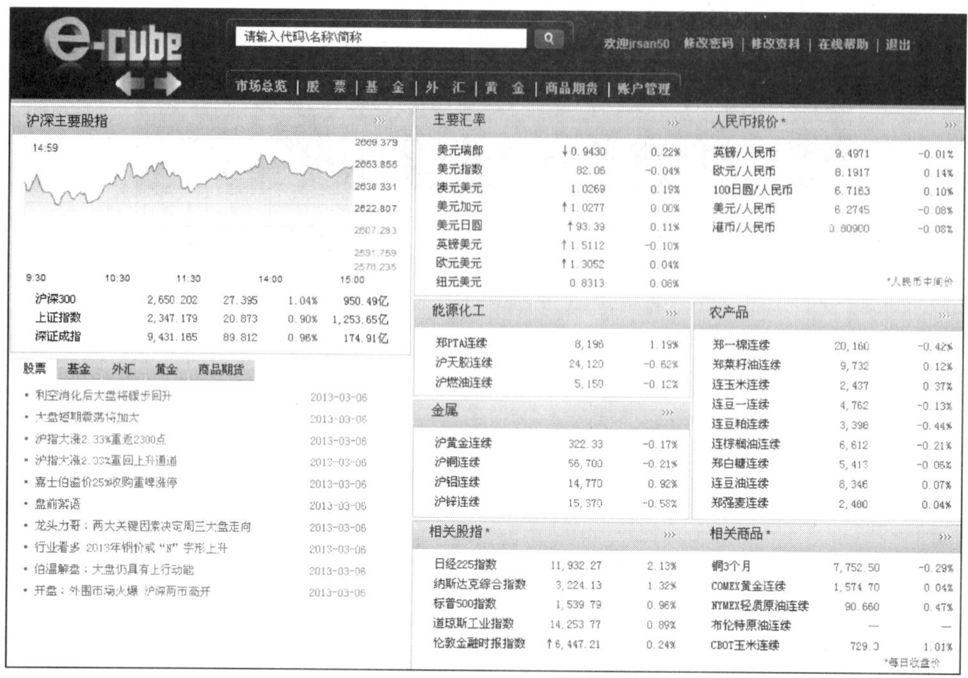

图 7－9 交易行情

3. 运用世华财讯金融模拟交易系统查看汇率。

（1）单击上方菜单栏中的“外汇”，显示如图 7－10 的界面。

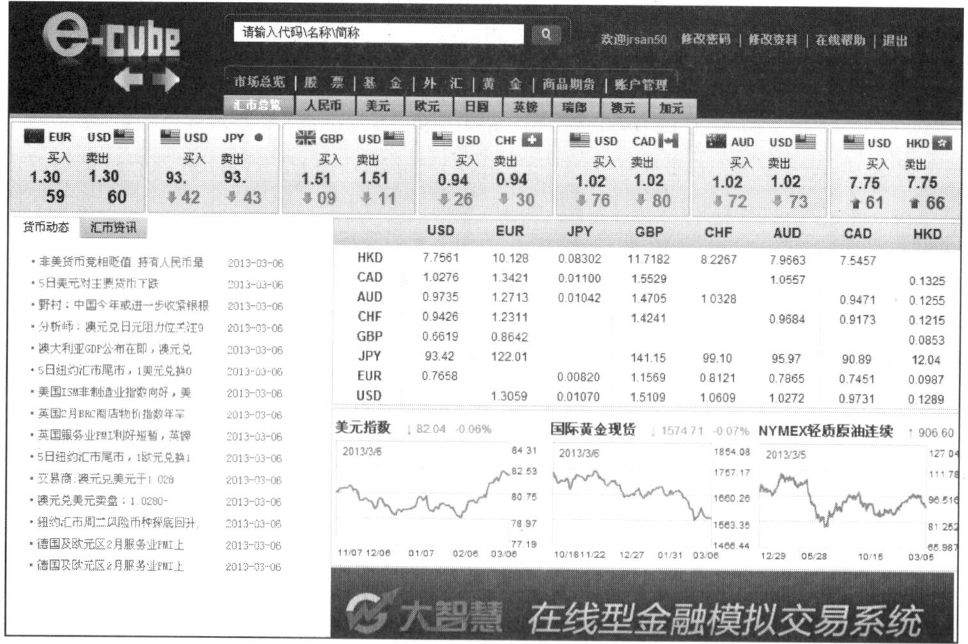

	USD	EUR	JPY	GBP	CHF	AUD	CAD	HKD
HKD	7.7561	10.128	0.08302	11.7182	8.2267	7.9663	7.5457	
CAD	1.0276	1.3421	0.01100	1.5529		1.0557		0.1325
AUD	0.9735	1.2713	0.01042	1.4705	1.0328		0.9471	0.1255
CHF	0.9426	1.2311		1.4241		0.9684	0.9173	0.1215
GBP	0.6619	0.8642						0.0853
JPY	93.42	122.01		141.15	99.10	95.97	90.89	12.04
EUR	0.7658		0.00820	1.1569	0.8121	0.7865	0.7451	0.0987
USD		1.3059	0.01070	1.5109	1.0609	1.0272	0.9731	0.1289

图 7－10 汇率情况

（2）根据需求查看相应的汇率，如查看“其他货币对人民币汇率”，单击上方菜单栏中“人民币”选项即可，显示如图 7 – 11 的界面。

e-cube
请输入代码\名称\简称
欢迎jrsan50　修改密码 | 修改资料 | 在线帮助 | 退出
市场总览 | 股　票 | 基　金 | 外　汇 | 黄　金 | 商品期货 | 账户管理
汇市总览　人民币　美元　欧元　日圆　英镑　瑞郎　澳元　加元

人民币

时间	币种名称	最新价	涨跌	涨跌%	昨收价
09:16:04	美元/人民币	6.2745	-0.0052	-0.08	6.2797
09:16:04	欧元/人民币	8.1917	0.0111	0.14	8.1806
09:16:04	100日元/人民币	6.7163	0.0067	0.10	6.7096
09:16:04	英镑/人民币	9.4971	-0.0013	-0.01	9.4984
09:16:04	港币/人民币	0.80900	-0.00068	-0.08	0.80968
09:16:04	人民币/林吉特	0.49574	0.00024	0.05	0.49550
09:16:04	人民币/卢布	4.9092	-0.0154	-0.31	4.9246
09:16:05	加元/人民币	6.1137	-0.0045	-0.07	6.1182
09:16:05	澳元/人民币	6.4477	0.0364	0.57	6.4113

汇市资讯

- 澳大利亚预留降息弹药　2013-03-06
- [短讯]中国央行副行长：针对外汇占款较大这一状况，　2013-03-06
- 道指刷新纪录高点，非美货币整体走强　2013-03-06
- 新西兰银行：纽元/美元料走势积极　2013-03-06
- 澳大利亚公布利好四季度GDP，澳元兑美元一路走高　2013-03-06
- 美元兑日元早盘下跌，静待日本央行决议　2013-03-06
- 经合组织成员国1月通胀率降至1.7%　2013-03-06
- 美元兑人民币汇率中间价今日为6.2745，较周二下　2013-03-06

货币动态

- 非美货币竞相贬值 持有人民币最划算　2013-03-06
- 5日美元对主要货币下跌　2013-03-06
- 野村：中国今年或进一步收紧银根，对澳元走势构成利空　2013-03-06
- 分析师：澳元兑日元阻力位关注96.00附近点位　2013-03-06
- 澳大利亚GDP公布在即，澳元兑美元关注1.0270　2013-03-06
- 5日纽约汇市尾市，1美元兑换0.9418瑞士法郎，　2013-03-06
- 美国ISM非制造业指数向好，美元兑加元小幅收涨至1　2013-03-06
- 英国2月BRC商店物价指数年率升幅扩大至1.1%　2013-03-06

图 7 – 11　其他货币对人民币汇率

（3）根据需求查看相应汇率的分时图行情，单击币种名称中的子项目即可，如查看“美元/人民币”分时图行情，单击“美元/人民币”键即可，界面如图 7 – 12 所示。

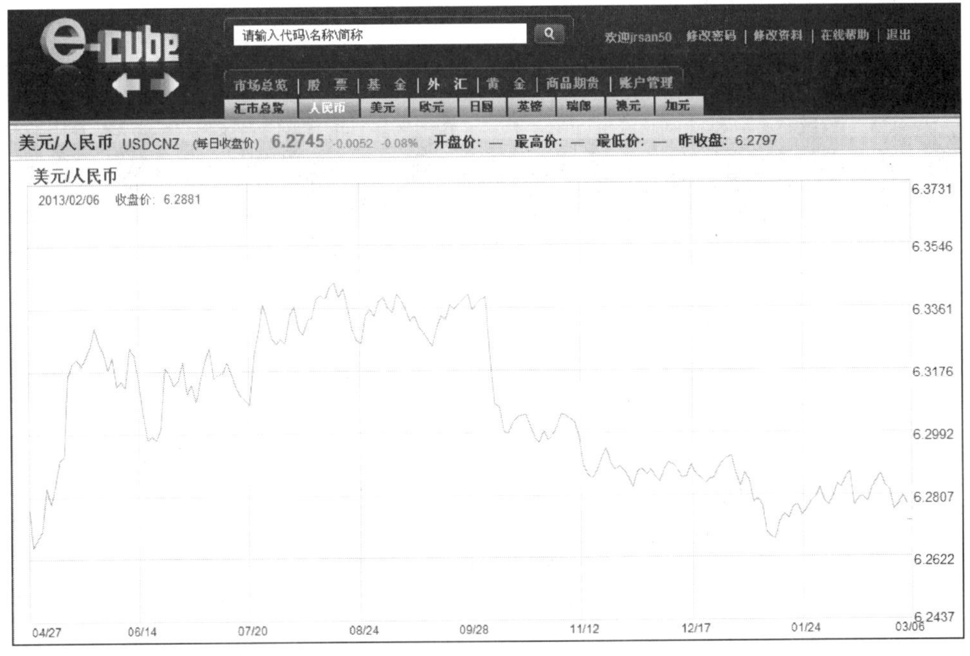

图 7 – 12　汇率分时行情

4. 运用世华财讯金融模拟交易系统进行模拟外汇交易。

（1）单击上方菜单栏中的“外汇”，显示如图 7－13 的界面。

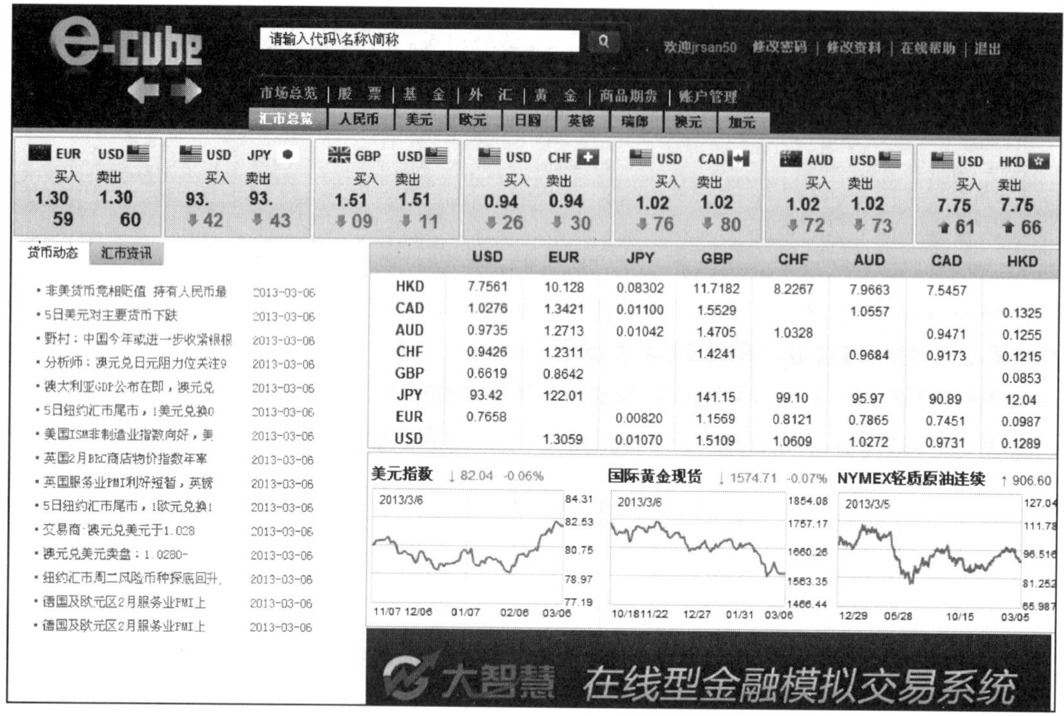

图 7－13 交易平台

（2）根据需求进行操作，如对“USD/HKD”进行操作，单击上方菜单栏中的“美元”，显示如图 7－14 的界面。

美元

时间	币种名称	买入价	卖出价	涨跌	涨跌%	开盘价	最高价	最低价	昨收价	最新价	振幅%
17:29:24	欧元美元	1.3043	1.3045	-0.0004	-0.03	1.3050	1.3070	1.3041	1.3047	↓1.3043	0.22
17:29:24	美元日圆	93.45	93.48	0.16	0.17	93.28	93.50	92.99	93.29	↑93.45	0.55
17:29:24	英镑美元	1.5088	1.5090	-0.0039	-0.26	1.5126	1.5154	1.5084	1.5127	↑1.5088	0.46
17:29:24	美元瑞郎	0.9434	0.9436	0.0025	0.27	0.9407	0.9435	0.9399	0.9409	↑0.9434	0.38
17:29:22	澳元美元	1.0266	1.0269	0.0016	0.16	1.0256	1.0301	1.0251	1.0250	↓1.0266	0.49
17:29:25	美元加元	1.0280	1.0282	0.0003	0.03	1.0268	1.0280	1.0252	1.0277	1.0280	0.27
17:29:24	纽元美元	0.8315	0.8320	0.0009	0.11	0.8308	0.8340	0.8304	0.8306	↓0.8315	0.43
17:29:25	美元新元	1.2453	1.2459	-0.0001	-0.01	1.2455	1.2459	1.2431	1.2454	1.2453	0.22
17:29:01	美元港币	7.7560	7.7565	0.0004	0.01	7.7555	7.7563	7.7548	7.7556	7.7560	0.02

图 7－14 美元对其他币种价格

（3）然后用鼠标单击币种名称中选中“美元港元”，显示如图7－15的界面。

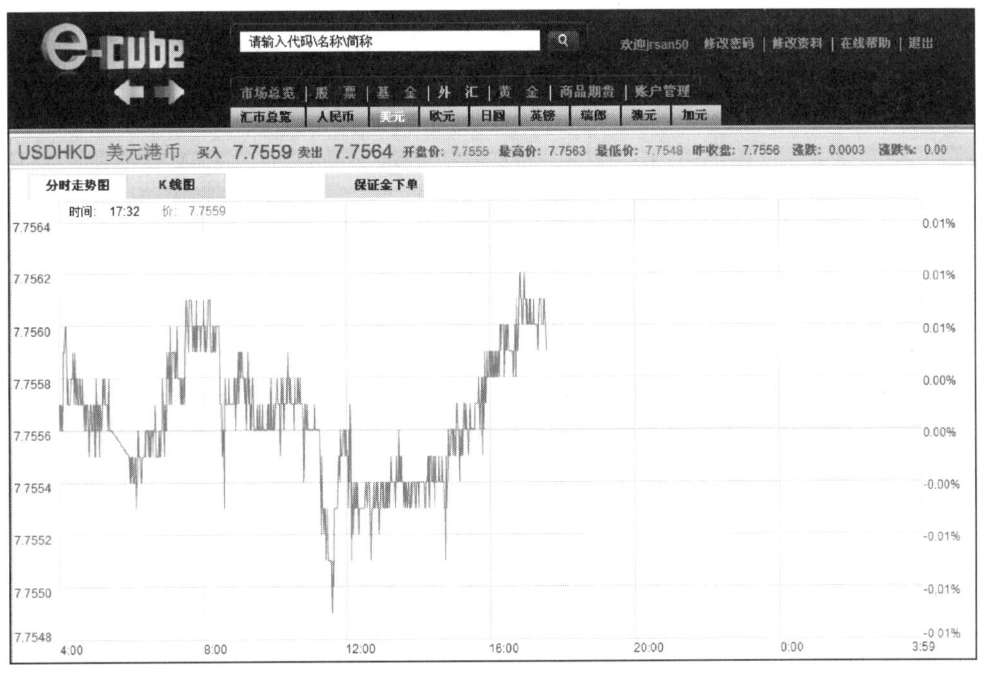

图7－15　美元走势

（4）如果需要查看K线图，单击上方“K线图”即可，显示如图7－16的界面。

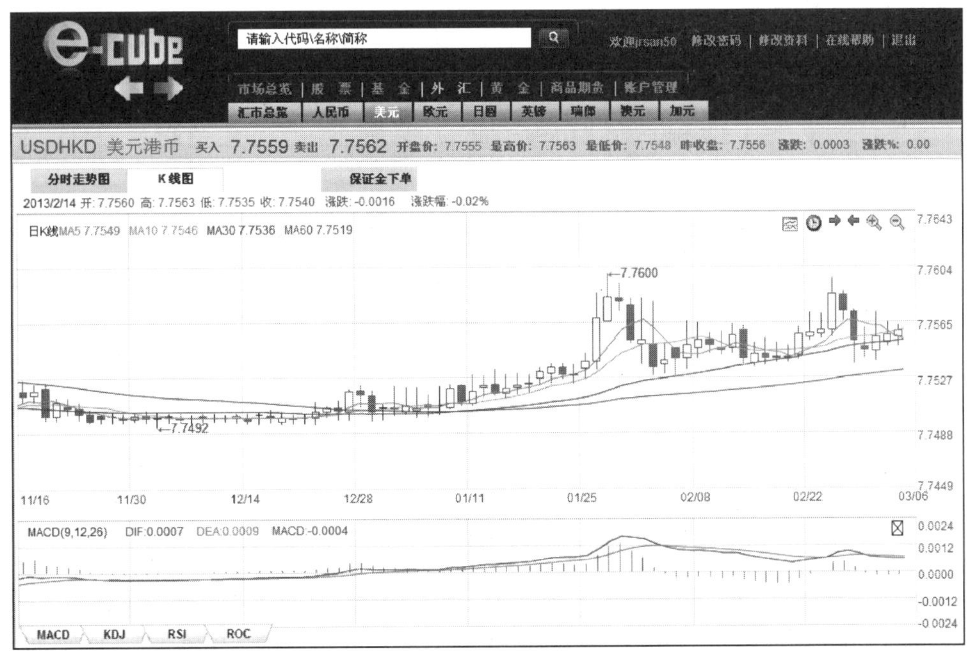

图7－16　美元K线

（5）如果需要下单，单击“保证金下单”即可，显示如图 7－17 的界面。

图 7－17　下单

（6）如果需要按市价进行下单，先选择交易方向开仓或者平仓，然后填入委托手数，单击“买入”或者“卖出”即可，如果以市价开仓买入 1 手 USD/HKD，操作完毕之后，显示界面如图 7－18 所示。

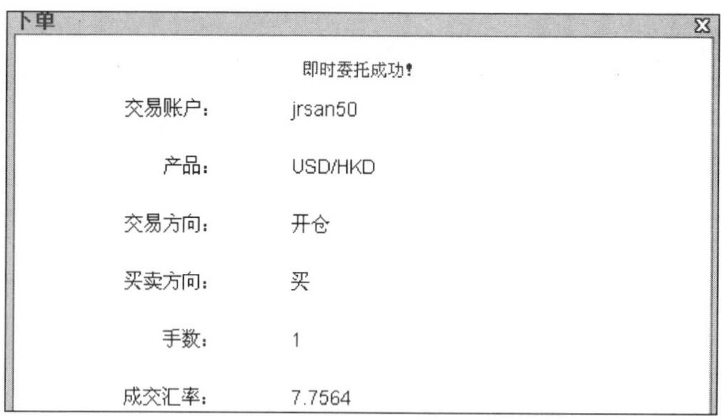

图 7－18　市价开仓买入

（7）如果需要限价进行下单，单击“限价委托”，显示如图 7－19 的界面。

（8）先选择交易方向，然后填入委托汇率、委托手数，选择委托终止时间类型，如需追加获利或者追加止损，选中该项，然后输入条件，最后单击“买入”或者“卖出”即可，如果以 7.7564 的价格开仓卖出 1 手 USD/HKD，操作完毕之后，显示界面如图 7－20所示。

（9）单击“确定”即成功下单，或者单击“返回”重新下单。

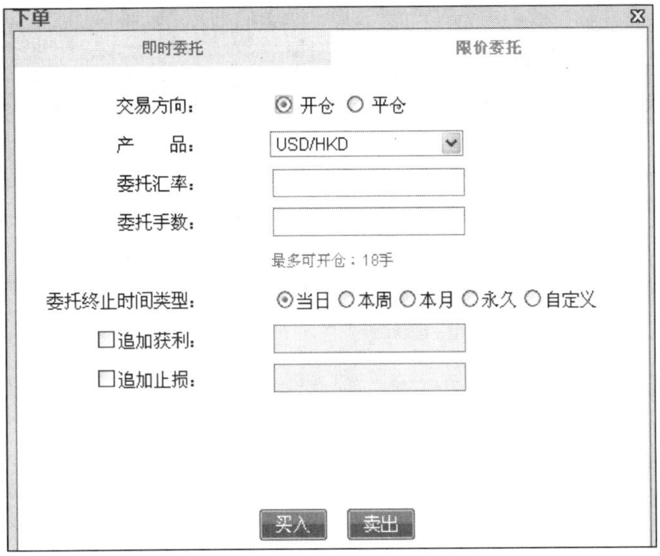

下单

即时委托　限价委托

交易方向：◉开仓 ○平仓

产　　品：USD/HKD

委托汇率：

委托手数：

最多可开仓：18手

委托终止时间类型：◉当日 ○本周 ○本月 ○永久 ○自定义

□追加获利：

□追加止损：

买入　卖出

图 7－19　限价下单

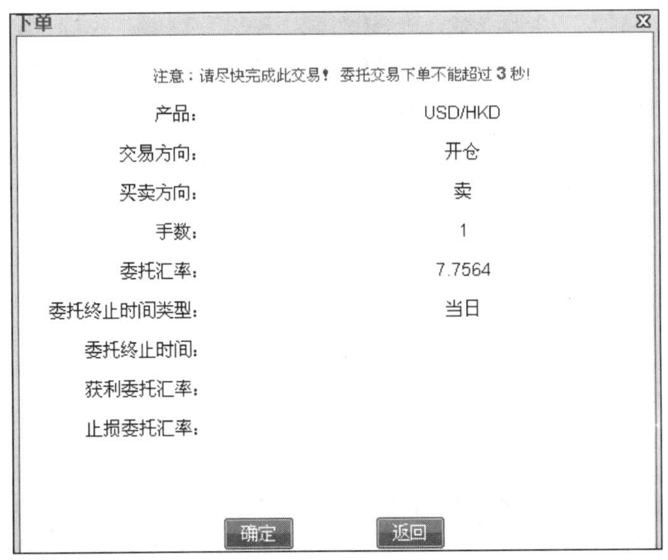

图 7－20　开仓卖出

5. 运用世华财讯金融模拟交易系统查看账户情况。

(1) 单击上方菜单栏中的“账户管理”，可以查看外汇账户的基本信息，如总浮动盈亏、下单冻结资金、占用资金、可用保证金，显示界面如图 7－21 所示。

(2) 单击左侧菜单中的“外汇保证金市场”项目，查看账户详情，显示界面如图 7－22所示。

(3) 单击左侧菜单中的“持仓明细”、“资金明细”、“成交明细”、“委托明细”，然后可以分别查看所需信息详情，如单击“成交明细”，显示界面如图 7－23 所示。

图 7－21 外汇账户基本信息

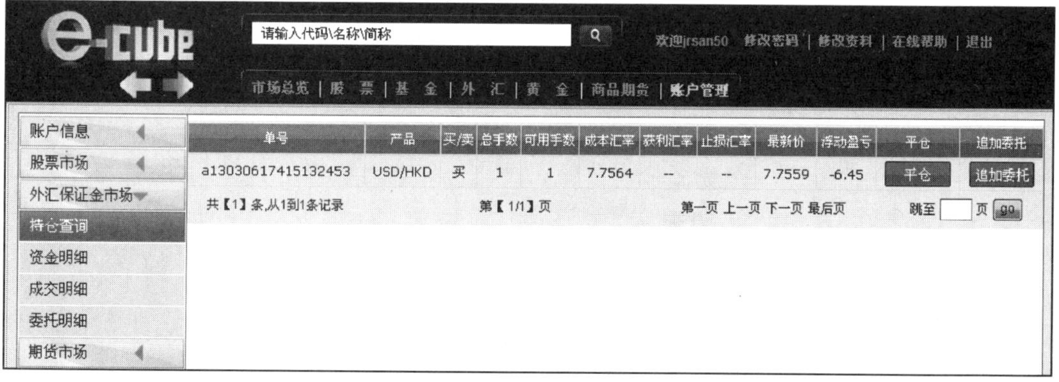

图 7－22 账户详情

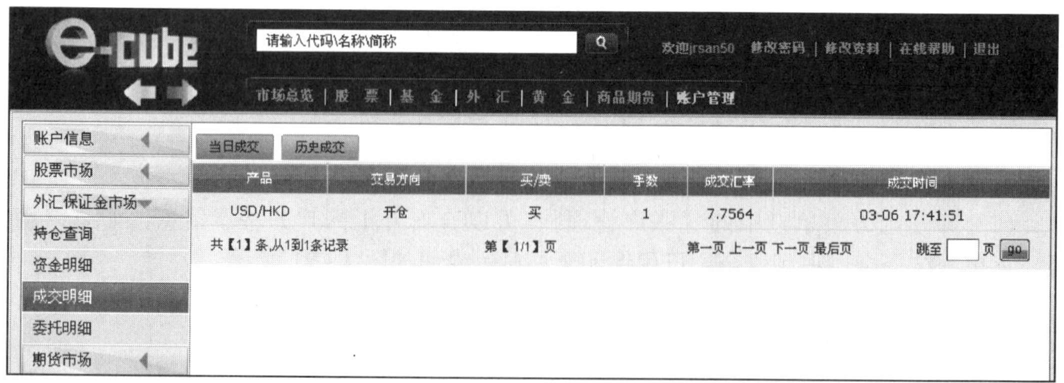

图 7－23 成交明细

➢ **实务操作**

1. 全班学生分成若干小组，以小组形式运用世华财讯金融模拟交易系统进行模拟外汇交易操作。

2. 要求在2个课时的时间内至少进行20笔以上的交易，最终根据班级每个小组的资产情况进行排名。

3. 在实训课堂上每个小组推荐至少1名同学讲解本小组的交易策略和总结。

项目八

保险理财规划

任务1　了解客户家庭保险信息

➢ **实训目标**

了解家庭保险规划目标，已购保险、社保等基本信息，并录入智盛金融理财规划系统。

➢ **实训预备**

一、录入客户家庭保险规划目标

1. 登录智盛金融理财规划系统，如图8－1所示。

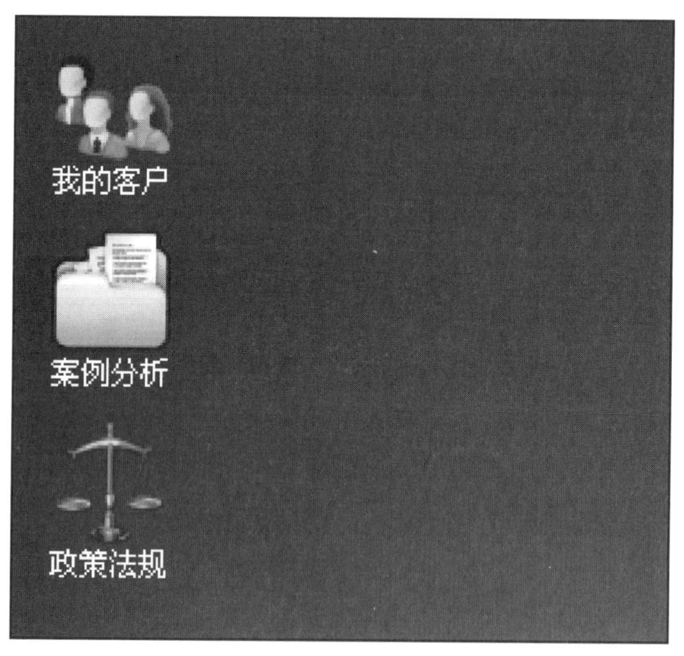

图8－1　登录理财规划系统

2. 用鼠标单击“我的客户”图标，打开我的客户，出现如图8－2的界面。

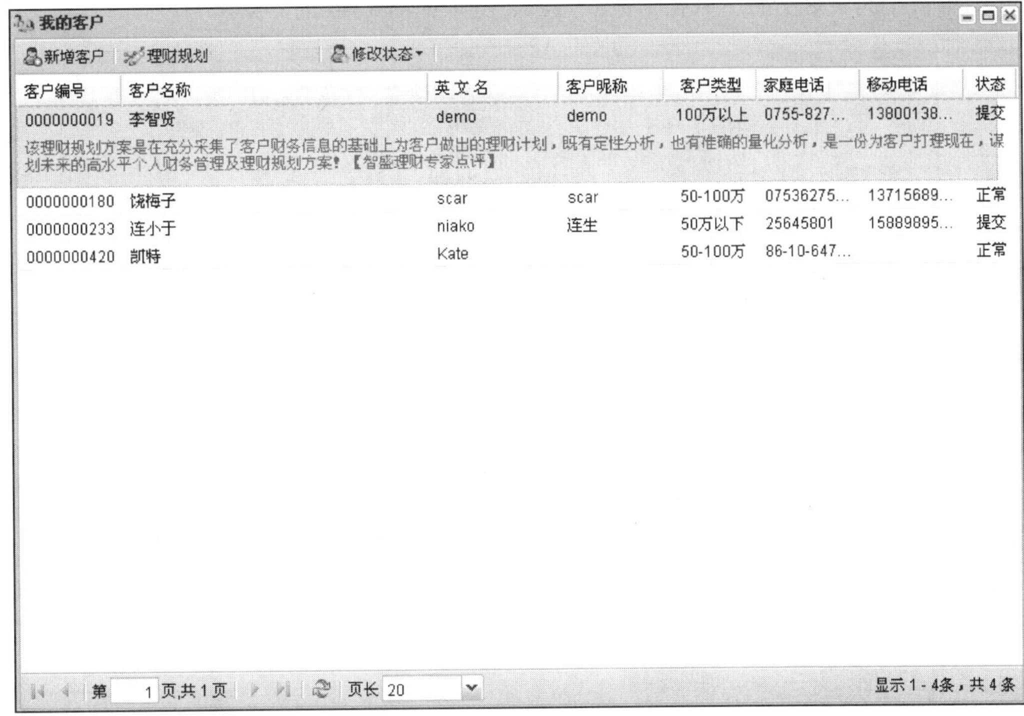

图 8－2　客户信息

3. 双击打开客户资料，比如双击图 8－2 中“李智贤”的资料，出现如图 8－3 的界面。

图 8－3　具体客户信息

4. 单击左侧菜单中的“数据采集”选项，进入如图 8－4 的界面。

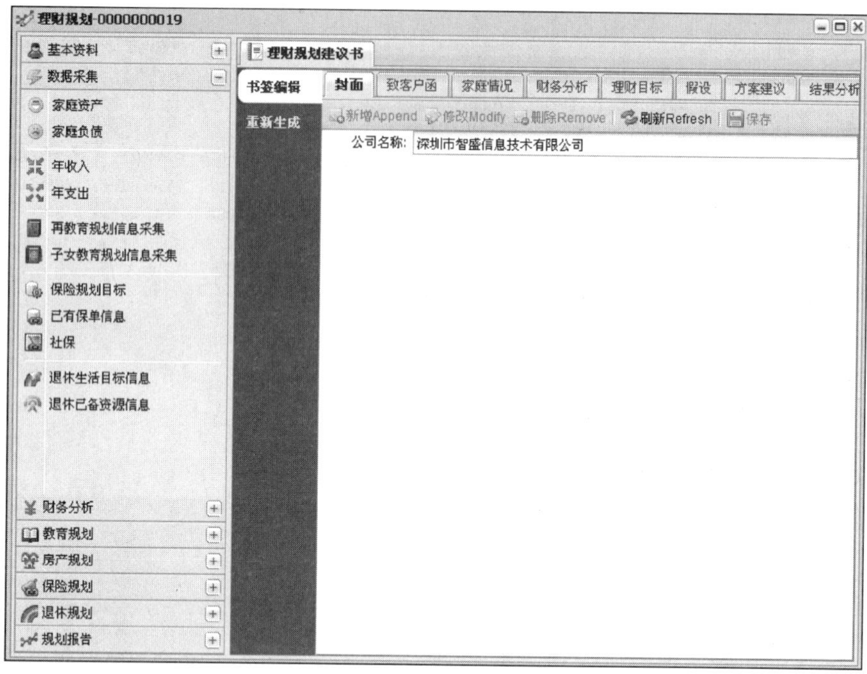

图 8－4 数据信息

5. 单击左侧菜单中的“保险规划目标”选项，并输入客户的寿险规划目标，最后单击“保存”键，出现如图 8－5 的界面。

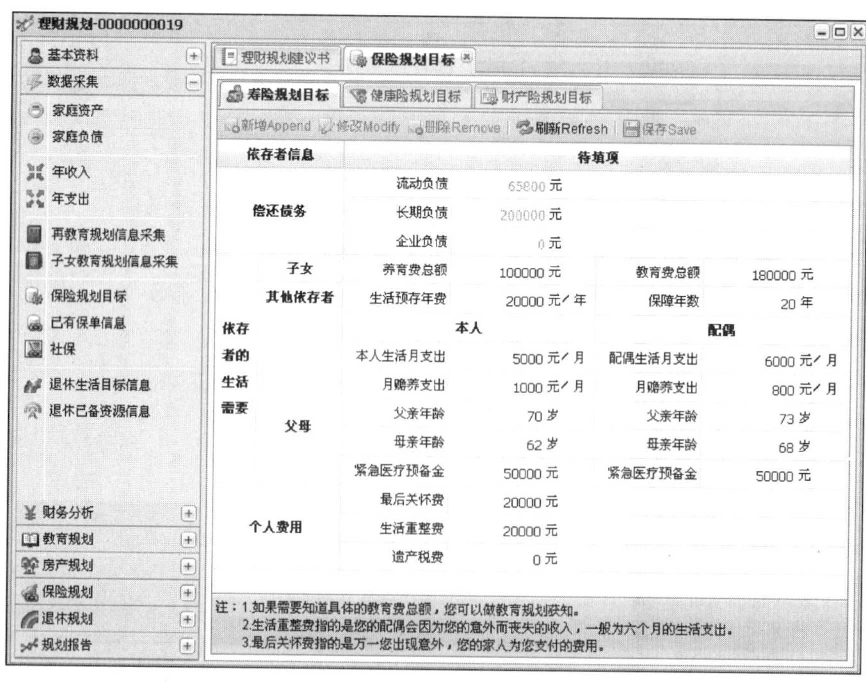

图 8－5 保险规划目标

6. 单击上方菜单中的“健康险规划目标”选项，单击上方工具栏的“新增”键，新增客户信息，出现如图 8－6 的界面。

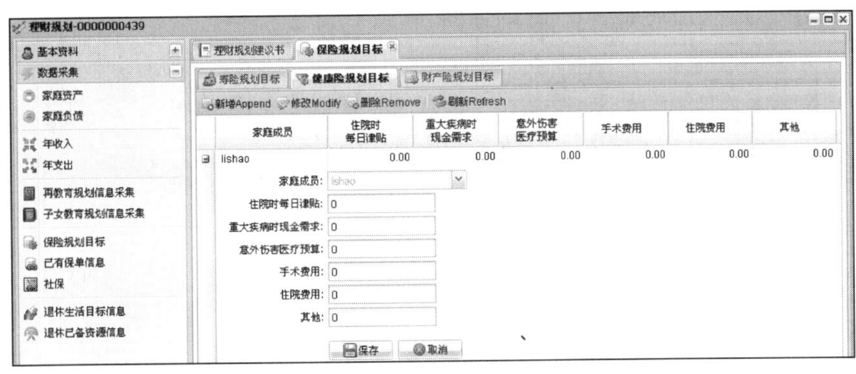

图 8－6　寿险规划目标

7. 按照实际情况输入客户的健康险规划目标，最后单击“保存”键。如果需要修改已有客户信息、删除已有客户信息，先用鼠标选中客户，然后单击“修改”、“删除”，最后保存即可达到操作目的，出现如图 8－7 的界面。

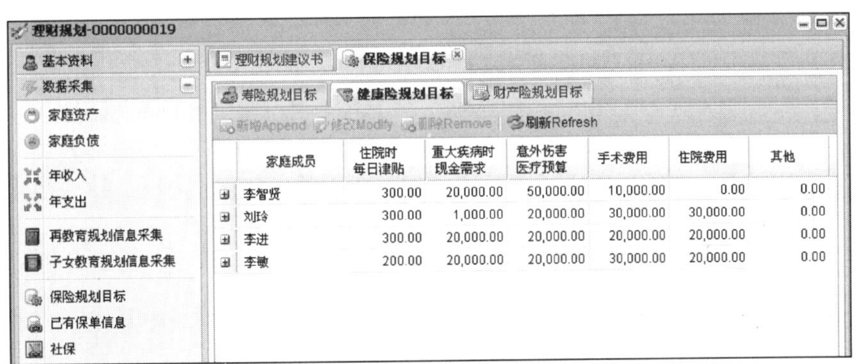

图 8－7　录入或变更规划目标

8. 单击上方菜单中的“财产险规划目标”选项，双击已有客户，也可单击上方“新增”键，新增客户信息，出现如图 8－8 的界面。

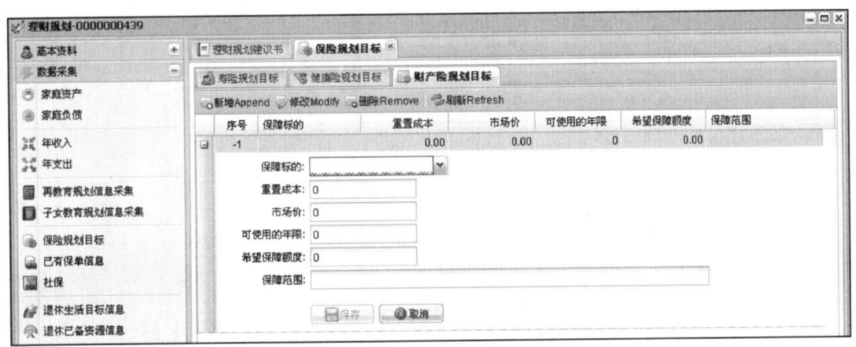

图 8－8　财产险规划目标

9. 按照实际情况输入客户的财产险规划目标，最后单击“保存”键。如果需要修改已有客户信息、删除已有客户信息，先用鼠标选中客户，然后单击“修改”、“删除”，最后保存即可达到操作目的，出现如图8－9的界面。

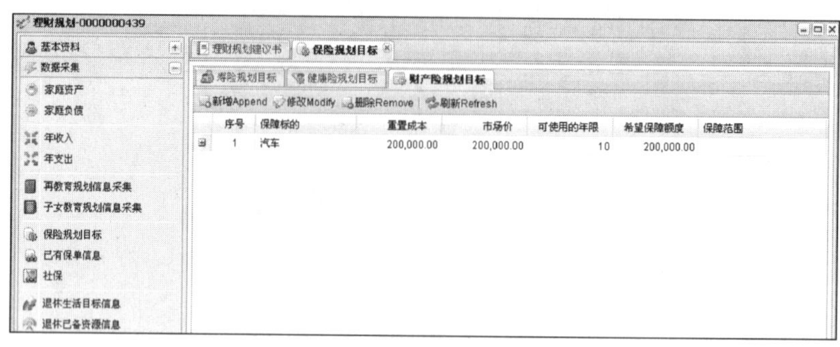

图8－9 录入规划目标

二、录入客户家庭已有保单信息

1. 单击左侧“数据采集”中的“已有保单信息”选项，出现如图8－10的界面。

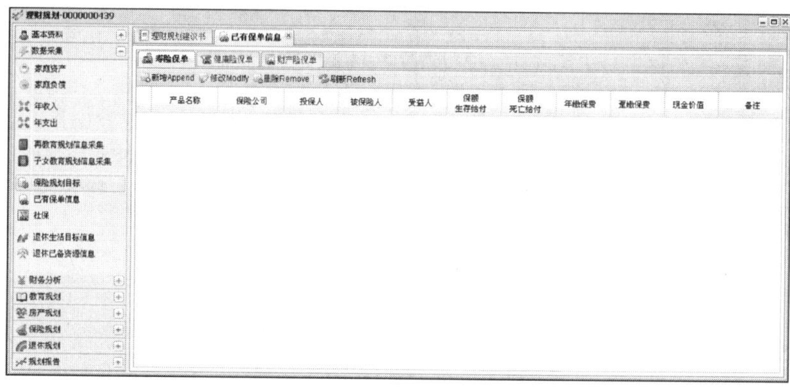

图8－10 已有保单信息

2. 单击上方工具栏的“新增”键，新增客户已有保单信息，出现如图8－11的界面。

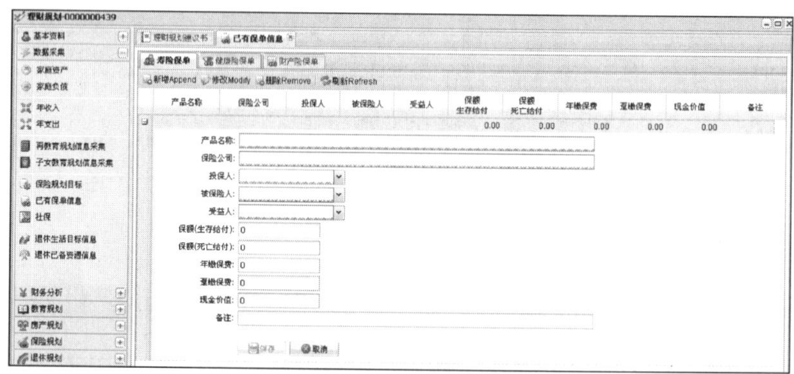

图8－11 新增已有保单信息

3. 按照实际情况输入客户的已有寿险保单信息，最后单击“保存”键。如果需要修改已有客户信息、删除已有客户信息，先用鼠标选中客户，然后单击“修改”、“删除”，最后保存即可达到操作目的，出现如图 8－12 的界面。

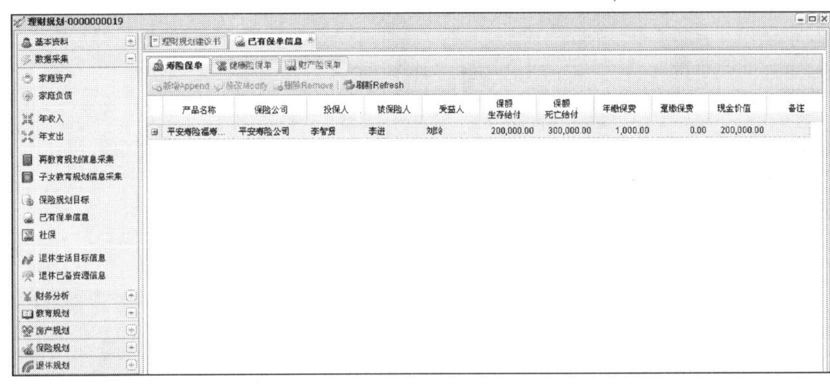

图 8－12　录入或变更保单信息

4. 单击上方菜单中的“健康险保单”选项，出现如图 8－13 的界面。

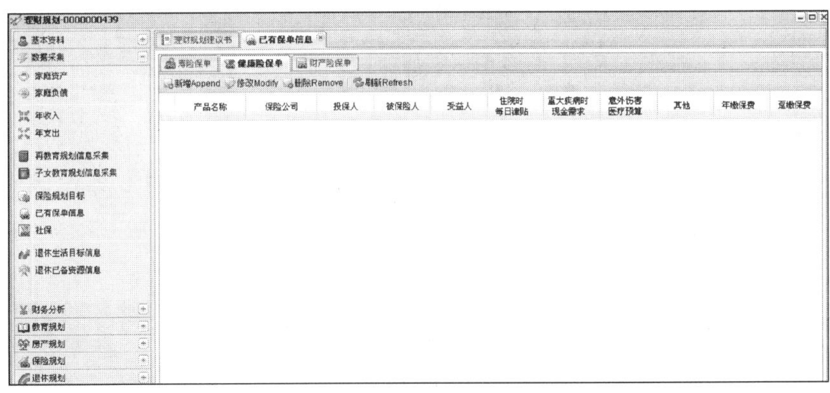

图 8－13　健康保单信息

5. 单击上方工具栏的“新增”键，新增客户已有保单信息，出现如图 8－14 的界面。

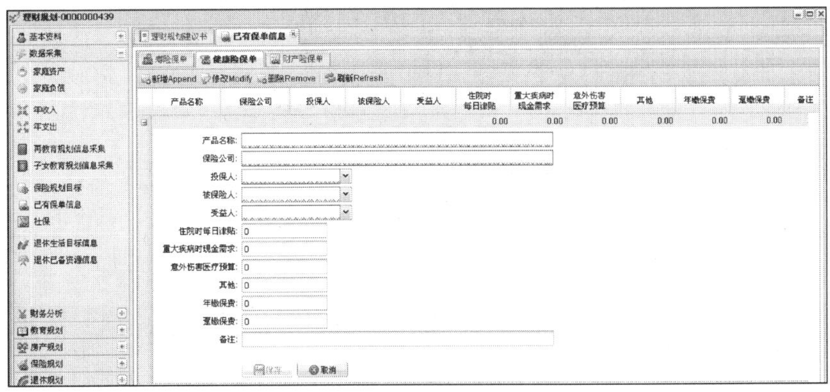

图 8－14　新增已有保单信息

6. 按照实际情况输入客户的已有健康险保单信息，最后单击“保存”键。如果需要修改已有客户信息、删除已有客户信息，先用鼠标选中客户，然后单击“修改”、“删除”，最后保存即可达到操作目的，出现如图8－15的界面。

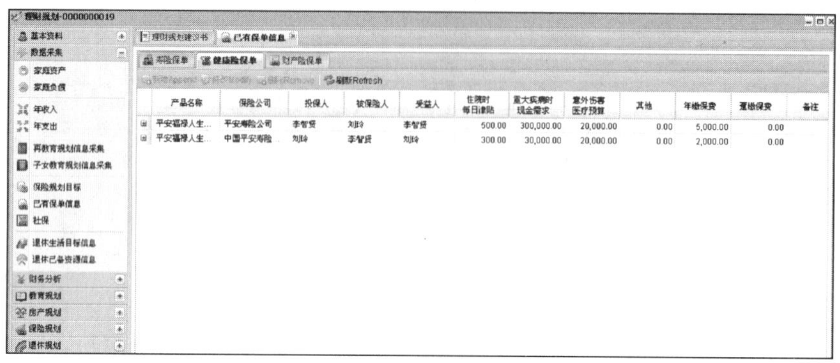

图8－15　录入或变更保单信息

7. 单击上方菜单中的“财产险保单”选项，出现如图8－16的界面。

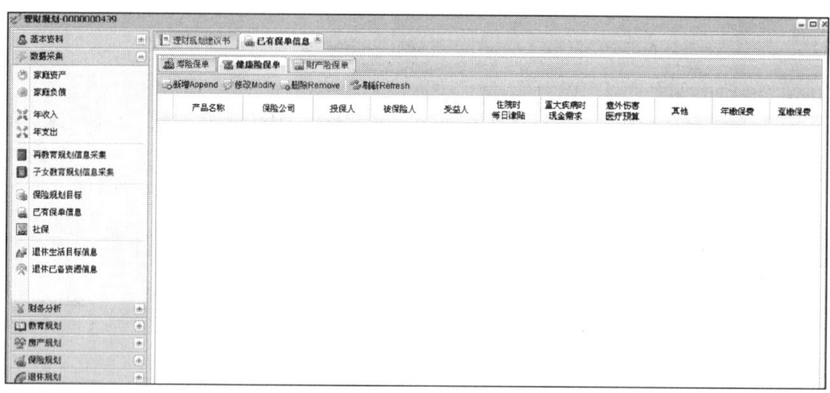

图8－16　财产保险单信息

8. 单击上方工具栏的“新增”键，新增客户已有保单信息，出现如图8－17的界面。

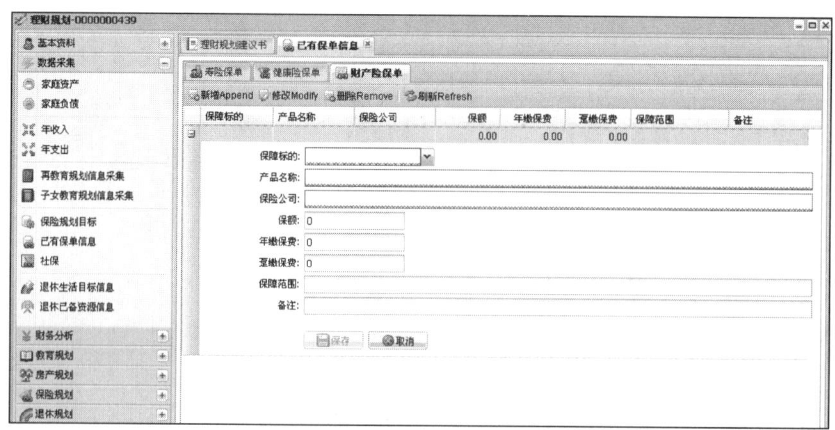

图8－17　新增已有保单信息

9. 按照实际情况输入客户的已有财产险保单信息，最后单击“保存”键。如果需要修改已有客户信息、删除已有客户信息，先用鼠标选中客户，然后单击“修改”、“删除”，最后保存即可达到操作目的，出现如图 8－18 的界面。

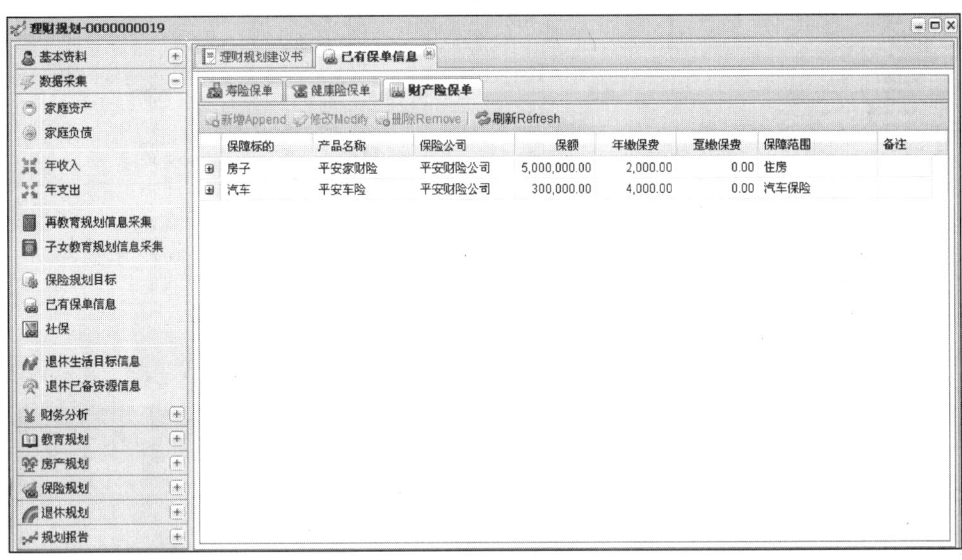

图 8－18　录入或变更保单信息

三、录入客户家庭已有社保信息

1. 单击左侧“数据采集”中的“社保”选项，出现如图 8－19 的界面。

图 8－19　社保信息

2. 按照实际情况输入客户的已有社保信息，最后单击“保存”键，出现如图 8－20 的界面。

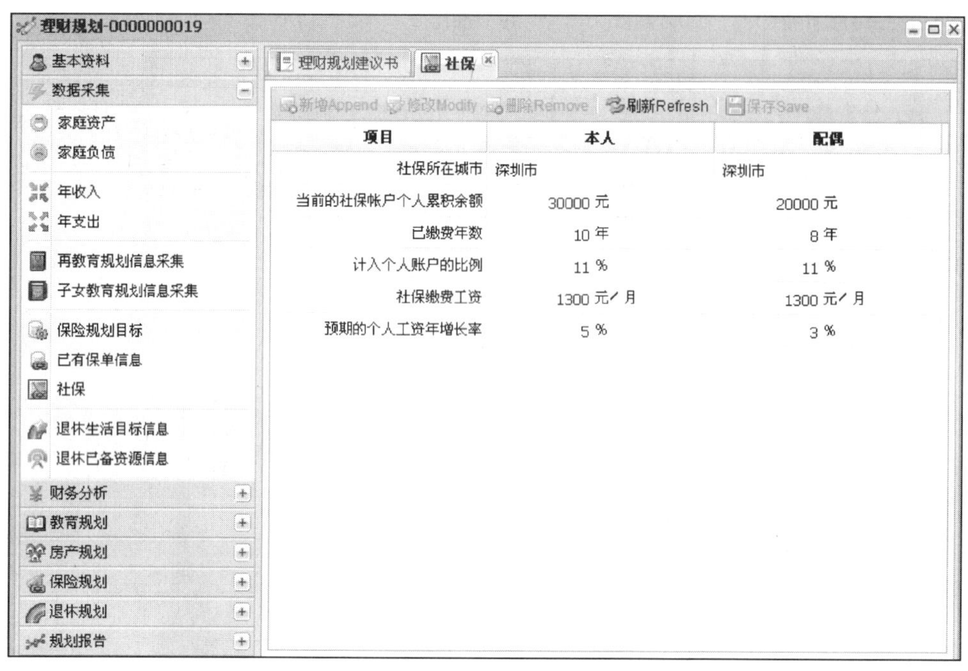

图 8－20　录入社保信息

➢ 实务操作

1. 全班每位学生运用智盛金融理财规划系统录入模拟客户家庭保险目标、已购保险、社保等信息。

客户资料：

张先生 42 岁，张太太 37 岁，儿子张云 14 岁正在读初中，张先生月薪税后 8 000 元，年终奖金有 2 万元，张太太月薪税后 5 000 元。夫妻俩共有资产：(1) 有一辆现值 5 万元的车子，一年支出 1.2 万元左右；(2) 目前有活期储蓄存款 4 万元，定期存款 12 万元；(3) 耐用消费品贷款 5.5 万元，每月还款 5 000 元，12 个月还清；(4) 两套住房：一套市价 80 万元的住房用于出租，5 年前以总价 65 万元购买，20 年按揭购买，每月租金收入 2 000 元，正好抵每月按揭款。一套市价 100 万元的住房用于自住，10 年前以总价 78 万元购买，20 年按揭购买，贷款余额 23.5 万元；(5) 在国泰君安证券公司购入宝钢集团发行的五年期企业债现值 5 万元；(6) 在博时基金公司购入股票型基金 10 万元。

张先生的家庭寿险规划目标：(1) 准备 10 万元养育子女，准备 18 万元教育子女。(2) 每年准备 2 万元作为其他依存者生活费用，保障 20 年。(3) 张先生月生活开支 3 000 元，张太太月生活开支 2 000 元。(4) 张先生父亲 73 岁，母亲 68 岁，每月赡养费 1 000 元，常被紧急医疗预备金 30 000 元。(5) 张太太父亲 70 岁，母亲 62 岁，每月赡养费 1 000 元，紧急医疗预备金 30 000 元。(6) 预备最后关怀费 2 万元，生活重整费 2 万元。

张先生的家庭健康险规划目标：(1) 张先生，住院时每日津贴 300 元，重大疾病时现金需求 2 万元，意外伤害医疗预算 3 万元，手术费用 1 万元，住院费用 2 万元。(2) 张太太，住院时每日津贴300元，重大疾病时现金需求1万元，意外伤害医疗预算2万元，手术费用1万元，住院费用2万元。（3）张智，住院时每日津贴200元，重大疾病时现金需求1万元，意外伤害医疗预算2万元，手术费用1万元，住院费用2万元。

张先生的家庭财产险规划目标：（1）自住用房，重置成本100万元，市场价100万元，可使用年限60年，希望保障额度80万元。（2）出租用房，重置成本80万元，市场价80万元，可使用年限65年，希望保障额度60万元。（3）汽车，重置成本5万元，市场价5万元，可使用年限20年，希望保障额度4万元。（4）第三者责任险，重置成本4万元，市场价4万元，可使用年限1年，希望保障额度4万元。

任务2　选择合适的保险产品

➢ 实训目标

通过市场调查，了解当前市场保险产品的状况，运用智盛金融理财规划系统分析客户家庭的保险需求，选择合适的保险产品推荐给客户。

➢ 实训预备

一、分析客户家庭保险需求

1. 登录智盛金融理财规划系统，如图8-21所示。

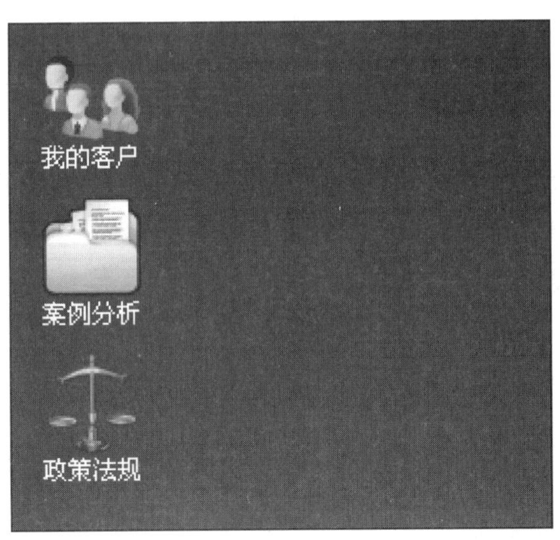

图8-21　登录理财规划系统

2. 用鼠标单击“我的客户”图标，打开我的客户，出现如图 8－22 的界面。

图 8－22　客户信息

3. 双击打开客户资料，如双击图 8－22 中“李智贤”的资料，出现如图 8－23 的界面。

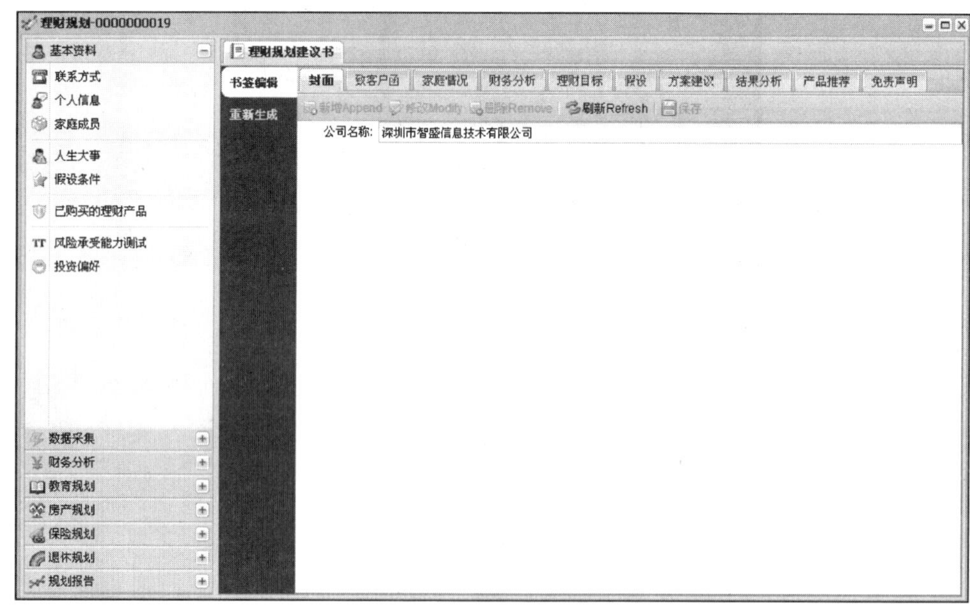

图 8－23　具体客户信息

4. 单击左侧菜单中的“保险规划”选项，进入图 8－24 的界面。

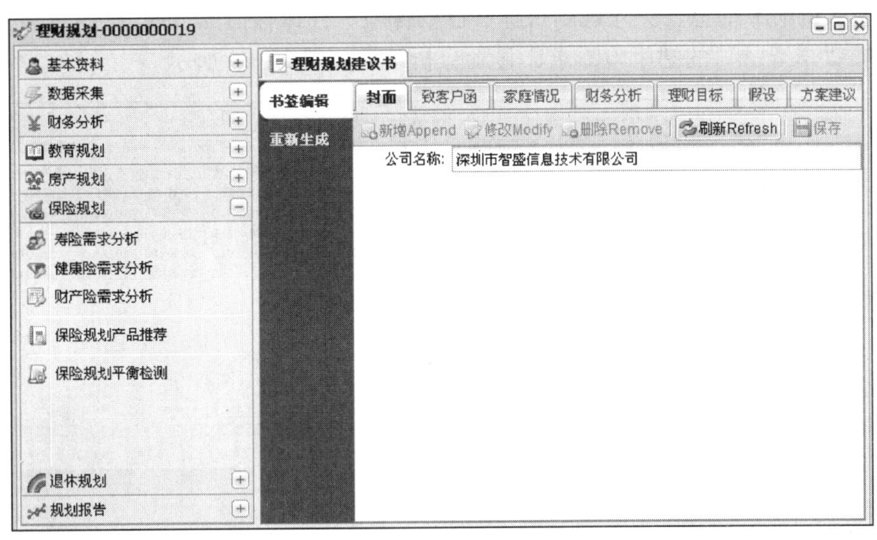

图 8－24　保险规划界面

5. 单击左侧“保险规划”中的“寿险需求分析”选项，智盛金融理财规划系统会根据客户已输入的财务信息、保险规划目标、已购保险、社保等情况自动分析客户的寿险需求，如分析“李智贤”的寿险需求，显示分析结果如图 8－25 所示。

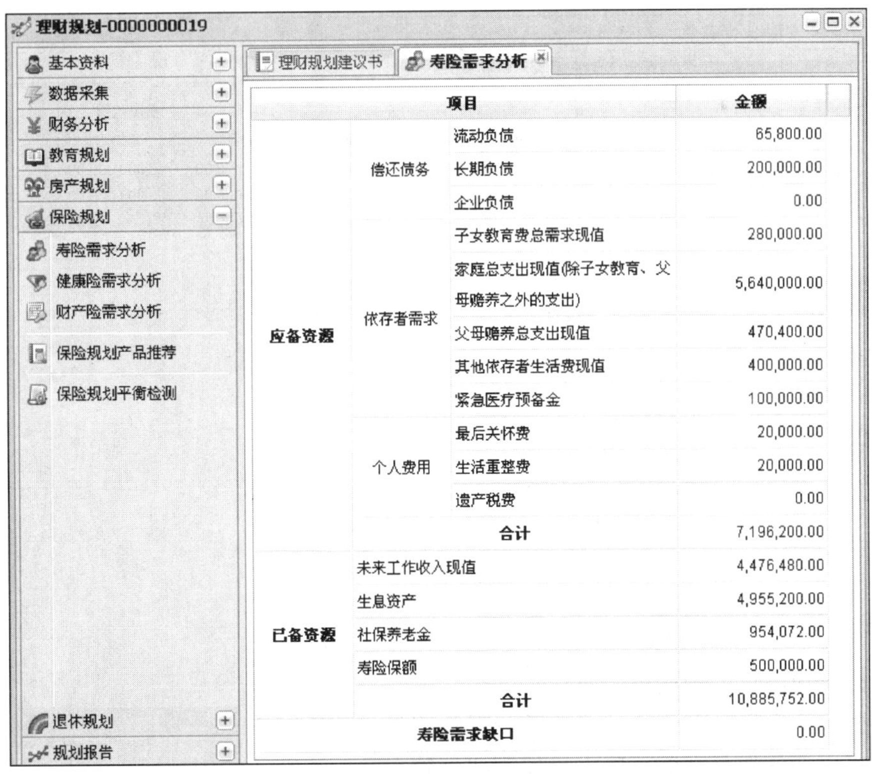

项目			金额
应备资源	偿还债务	流动负债	65,800.00
		长期负债	200,000.00
		企业负债	0.00
	依存者需求	子女教育费总需求现值	280,000.00
		家庭总支出现值(除子女教育、父母赡养之外的支出)	5,640,000.00
		父母赡养总支出现值	470,400.00
		其他依存者生活费现值	400,000.00
		紧急医疗预备金	100,000.00
	个人费用	最后关怀费	20,000.00
		生活重整费	20,000.00
		遗产税费	0.00
	合计		7,196,200.00
已备资源	未来工作收入现值		4,476,480.00
	生息资产		4,955,200.00
	社保养老金		954,072.00
	寿险保额		500,000.00
	合计		10,885,752.00
寿险需求缺口			0.00

图 8－25　寿险需求分析

6. 单击左侧“保险规划”中的“健康险需求分析”选项，智盛金融理财规划系统会根据客户已输入的财务信息、保险规划目标、已购保险、社保等情况自动分析客户的健康险需求，如分析“李智贤”的健康险需求，显示分析结果如图 8－26 所示。

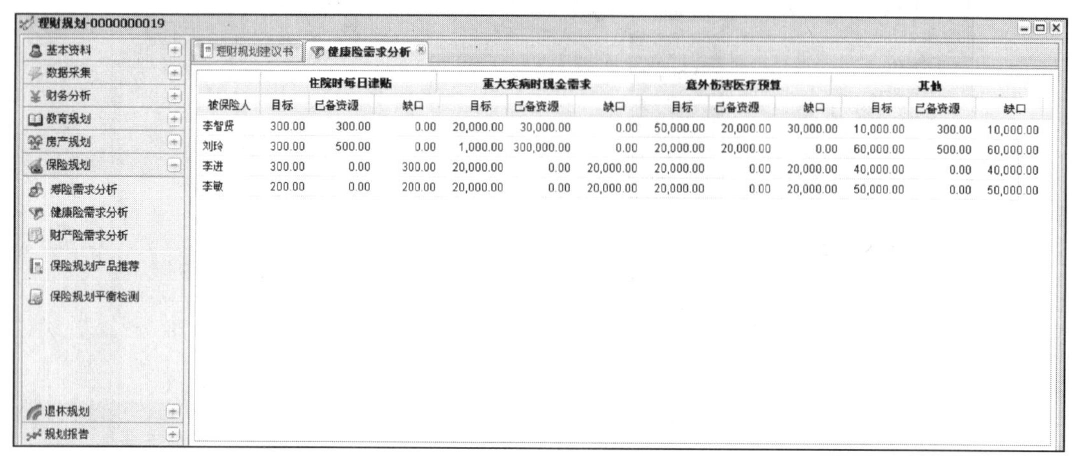

	住院时每日津贴			重大疾病时现金需求			意外伤害医疗预算			其他		
被保险人	目标	已备资源	缺口	目标	已备资源	缺口	目标	已备资源	缺口	目标	已备资源	缺口
李智贤	300.00	300.00	0.00	20,000.00	30,000.00	0.00	50,000.00	20,000.00	30,000.00	10,000.00	300.00	10,000.00
刘玲	300.00	500.00	0.00	1,000.00	300,000.00	0.00	20,000.00	20,000.00	0.00	60,000.00	500.00	60,000.00
李进	300.00	0.00	300.00	20,000.00	0.00	20,000.00	20,000.00	0.00	20,000.00	40,000.00	0.00	40,000.00
李敏	200.00	0.00	200.00	20,000.00	0.00	20,000.00	20,000.00	0.00	20,000.00	50,000.00	0.00	50,000.00

图 8－26 客户寿险需求分析

7. 单击左侧“保险规划”中的“财产险需求分析”选项，智盛金融理财规划系统会根据客户已输入的财务信息、保险规划目标、已购保险、社保等情况自动分析客户的财产险需求，如分析“李智贤”的财产险需求，显示分析结果如图 8－27 所示。

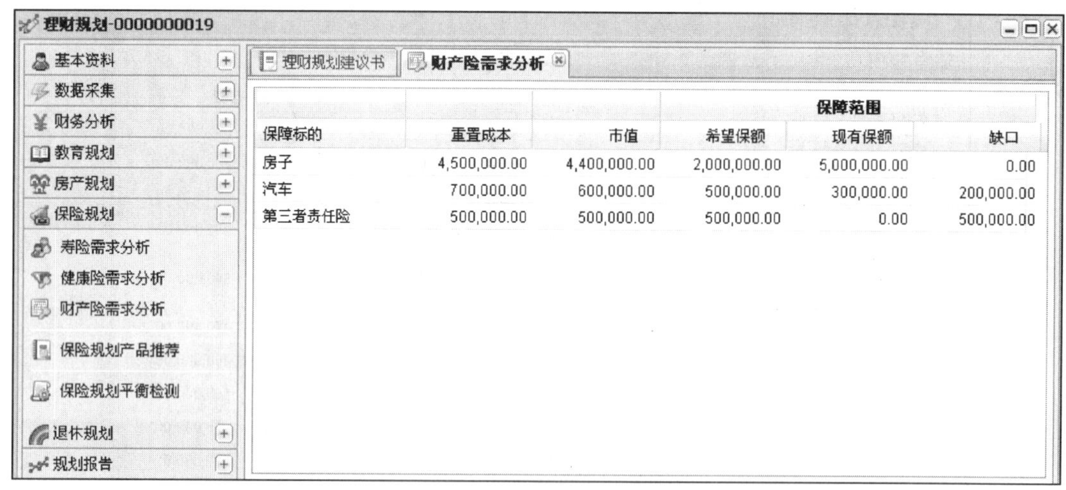

			保障范围		
保障标的	重置成本	市值	希望保额	现有保额	缺口
房子	4,500,000.00	4,400,000.00	2,000,000.00	5,000,000.00	0.00
汽车	700,000.00	600,000.00	500,000.00	300,000.00	200,000.00
第三者责任险	500,000.00	500,000.00	500,000.00	0.00	500,000.00

图 8－27 财产险需求分析

二、选择合适的保险产品推荐给客户

1. 对目前的保险市场进行调研。
2. 根据客户的保险需求，选择合适的保险产品推荐给客户。
3. 与客户充分沟通之后，确定投保哪些保险产品。

三、把投保产品录入系统

1. 单击左侧“保险规划”中的“保险规划产品推荐”选项，显示界面如图 8－28 所示。

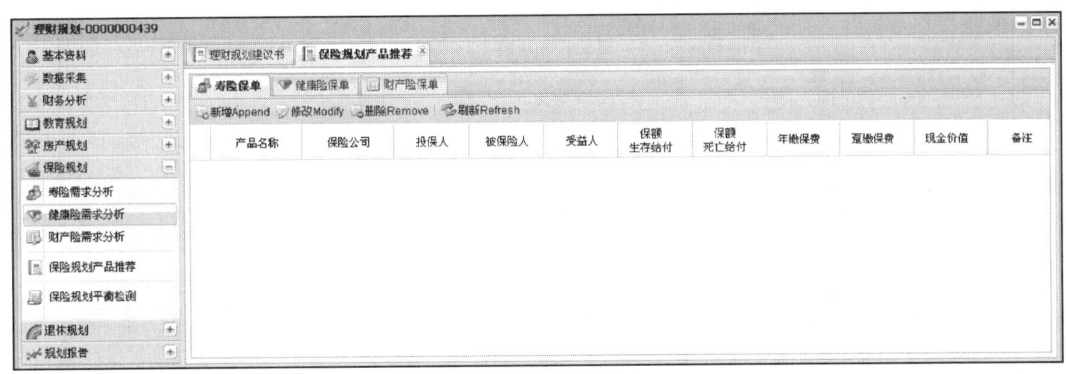

图 8－28　保险规划产品推荐

2. 单击上方工具栏的“新增”键，新增客户寿险投保单的基本信息，出现如图 8－29 的界面。

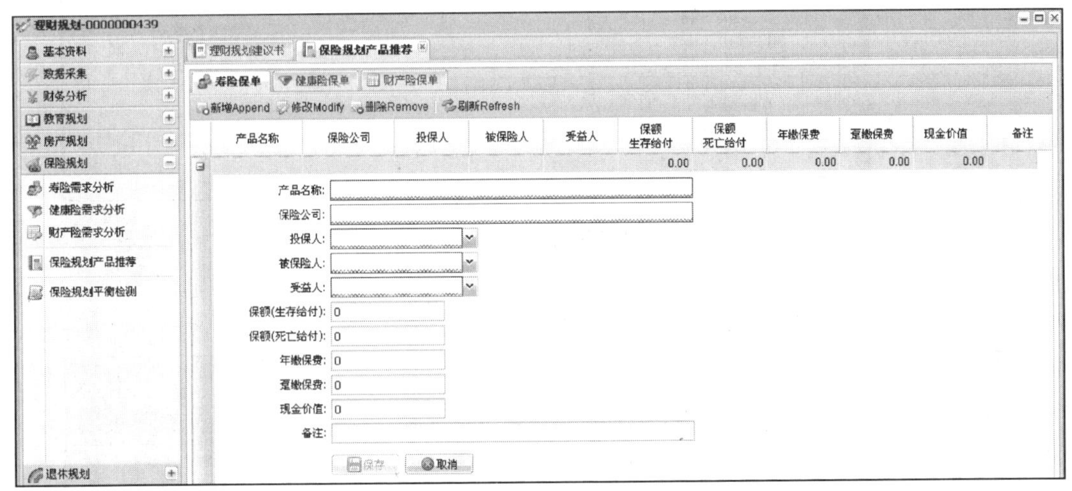

图 8－29　新增客户投保单基本信息

3. 按照实际情况输入客户的寿险投保单的基本信息，最后单击“保存”键。如果需要修改已有客户的保单信息、删除已有客户的保单信息，先用鼠标选中客户的保单，然后单击“修改”、“删除”，最后保存即可达到操作目的，如录入“李智贤”的寿险投保单信息，出现如图 8－30 的界面。

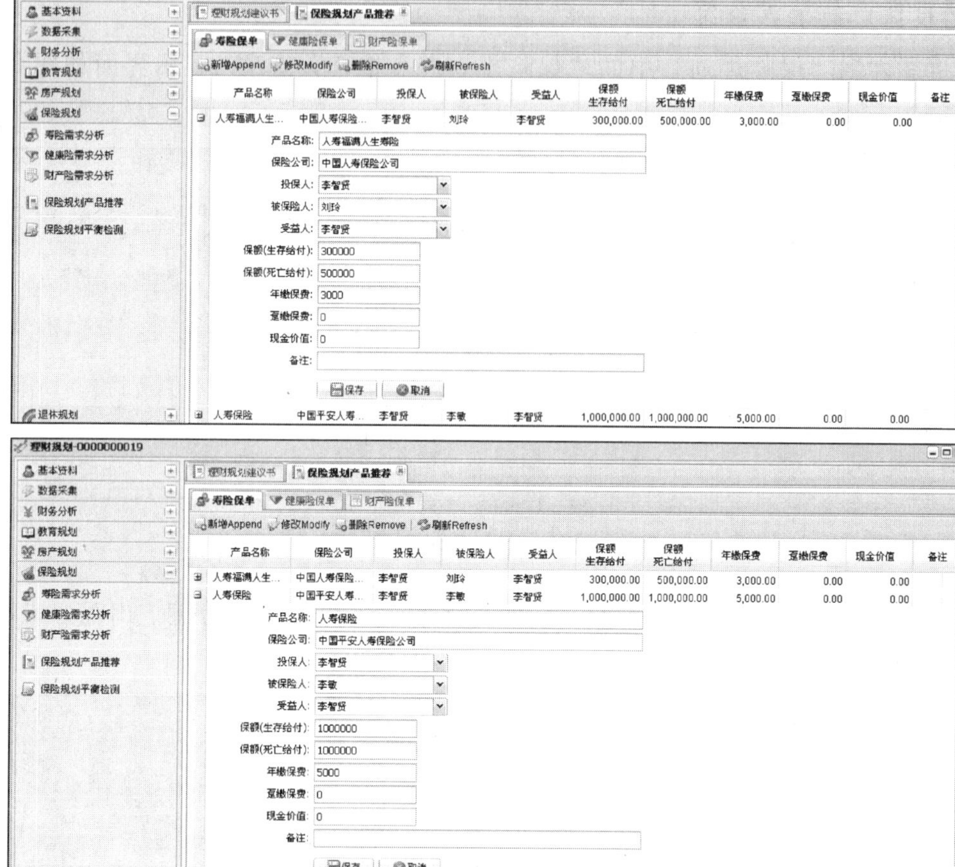

图 8－30 录入或变更保单信息

4. 单击上方菜单中的“健康险保单”选项，显示界面如图 8－31 所示。

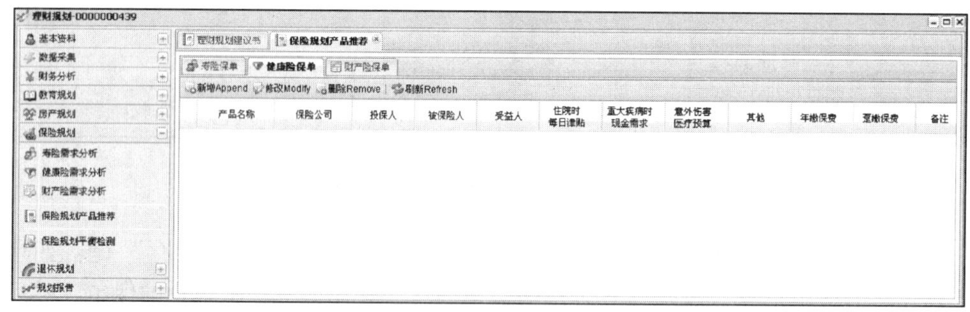

图 8－31 健康险保单页面

5. 单击上方工具栏的“新增”键，新增客户健康险投保单的基本信息，出现如图 8－32的界面。

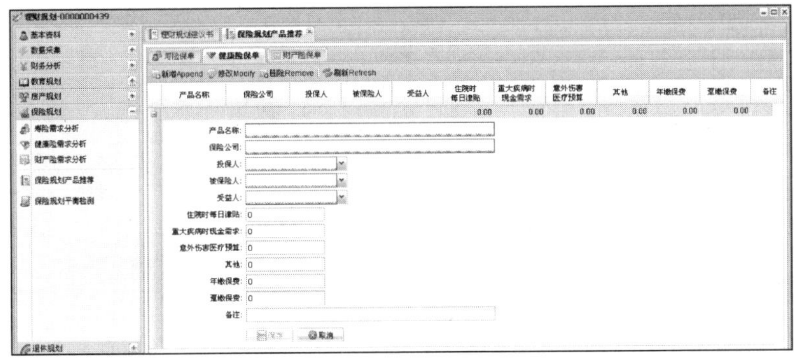

图 8－32　客户保单基本信息

6. 按照实际情况输入客户的健康险投保单的基本信息，最后单击“保存”键。如果需要修改已有客户的保单信息、删除已有客户的保单信息，先用鼠标选中客户的保单，然后单击“修改”、“删除”，最后保存即可达到操作目的，如录入“李智贤”的健康险投保单信息，出现如图 8－33 的界面。

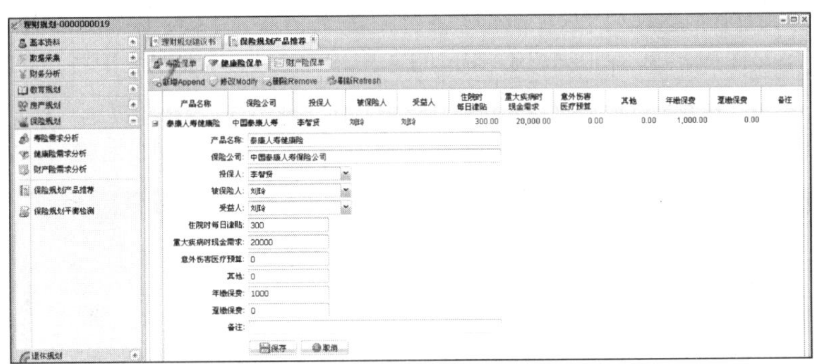

图 8－33　录入或变更保单信息

7. 单击上方菜单中的“财产险保单”选项，显示界面如图 8－34 所示。

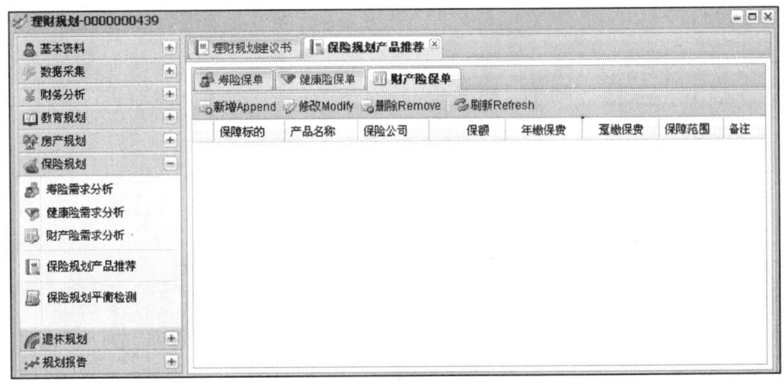

图 8－34　财产保险页面

8. 单击上方工具栏的“新增”键，新增客户财产险投保单的基本信息，出现如图8－35的界面。

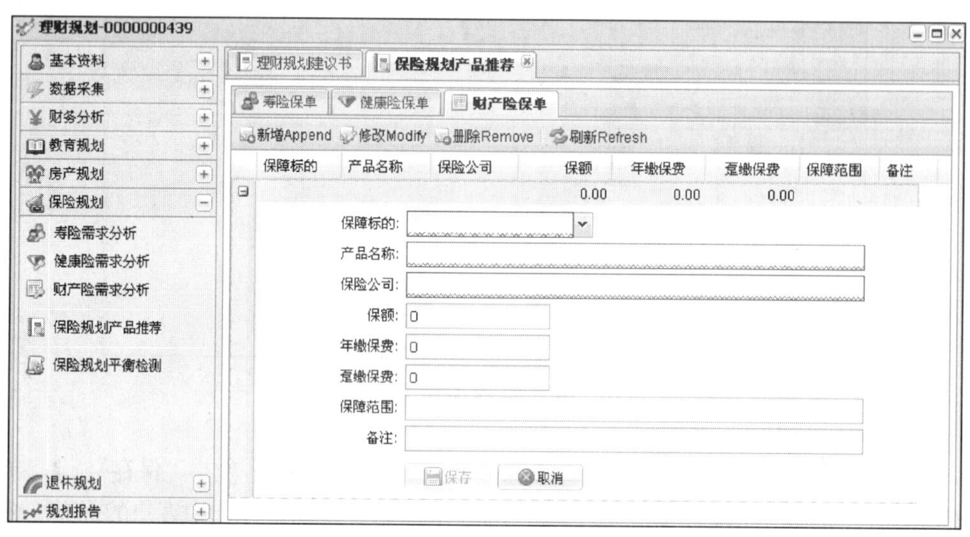

图8－35　新增客户投保单基本信息

9. 按照实际情况输入客户的财产险投保单的基本信息，最后单击“保存”键。如果需要修改已有客户的保单信息、删除已有客户的保单信息，先用鼠标选中客户的保单，然后单击“修改”、“删除”，最后保存即可达到操作目的，如录入“李智贤”的财产险投保单信息，出现如图8－36的界面。

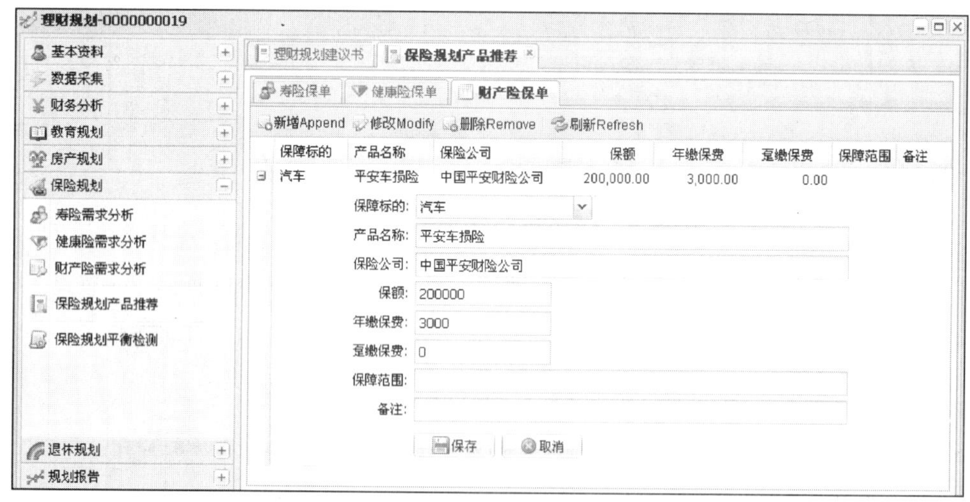

图8－36　录入或变更保单信息

➢ **实务操作**

1. 全班学生分成若干小组，每个小组运用智盛金融理财规划系统分析客户的保险需求。

2. 以小组形式调查分析保险市场和保险产品，了解保险产品的内容和特点，根据客户的需求，选择合适的保险产品推荐给客户。

3. 每个小组录入确定投保的保险产品到智盛金融理财规划系统。

4. 在实训课堂上，每个小组推荐若干名同学进行保险产品现场推销。

客户资料：

张先生42岁，张太太37岁，儿子张云14岁正在读初中，张先生月薪税后8 000元，年终奖金有2万元，张太太月薪税后5 000元。夫妻俩共有资产：（1）有一辆现值5万元的车子，一年支出1.2万元左右；（2）目前有活期储蓄存款4万元，定期存款12万元；（3）耐用消费品贷款5.5万元，每月还款5 000元，12个月还清；（4）两套住房：一套市价80万元的住房用于出租，5年前以总价65万元购买，20年按揭购买，每月租金收入2 000元，正好抵每月按揭款。一套市价100万元的住房用于自住，10年前以总价78万元购买，20年按揭购买，贷款余额23.5万元；（5）在国泰君安证券公司购入宝钢集团发行的五年期企业债现值5万元；（6）在博时基金公司购入股票型基金10万元。

张先生的家庭寿险规划目标：（1）准备10万元养育子女，准备18万元教育子女。（2）每年准备2万元作为其他依存者生活费用，保障20年。（3）张先生月生活开支3 000元，张太太月生活开支2 000元。（4）张先生父亲73岁，母亲68岁，每月赡养费1 000元，常备紧急医疗预备金30 000元。（5）张太太父亲70岁，母亲62岁，每月赡养费1 000元，紧急医疗预备金30 000元。（6）预备最后关怀费2万元，生活重整费2万元。

张先生的家庭健康险规划目标：（1）张先生，住院时每日津贴300元，重大疾病时现金需求2万元，意外伤害医疗预算3万元，手术费用1万元，住院费用2万元。（2）张太太，住院时每日津贴300元，重大疾病时现金需求1万元，意外伤害医疗预算2万元，手术费用1万元，住院费用2万元。（3）张云，住院时每日津贴200元，重大疾病时现金需求1万元，意外伤害医疗预算2万元，手术费用1万元，住院费用2万元。

张先生的家庭财产险规划目标：（1）自住用房，重置成本100万元，市场价100万元，可使用年限60年，希望保障额度80万元。（2）出租用房，重置成本80万元，市场价80万元，可使用年限65年，希望保障额度60万元。（3）汽车，重置成本5万元，市场价5万元，可使用年限20年，希望保障额度4万元。（4）第三者责任险，重置成本4万元，市场价4万元，可使用年限1年，希望保障额度4万元。

项目九

证券理财规划

任务1　证券模拟操作

➢ **实训目标**

让学生熟悉世华财讯金融模拟交易系统，查看股票、基金、期货等证券投资工具的行情，并熟练进行模拟交易操作。

➢ **实训预备**

一、登录世华财讯金融模拟交易系统

1. 在浏览器输入网址：http：//jxcjzytrade. shihua. com. cn，然后单击“回车”键，显示界面如图9－1所示。

图9－1　进入模拟交易系统

2. 输入“用户名”、“密码”、“验证码”，选择活动中的一项活动，然后单击“登录”，即可登录世华财讯金融模拟交易系统查看证券市场总体情况，显示界面如图9－2所示。

图9-2　证券市场总体情况

二、运用世华财讯金融模拟交易系统查看行情

1. 用鼠标左键单击图9-2中上方菜单中某市场，即可查看该市场的概况。如单击“股票”选项，即可查看股票市场概况，显示界面如图9-3所示。

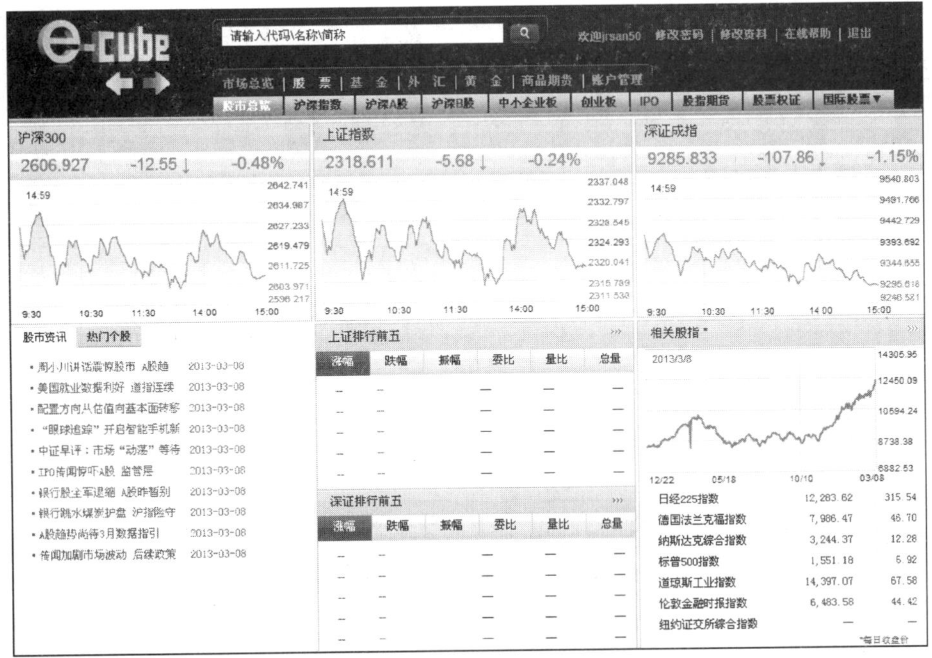

图9-3　股市概况

2. 用鼠标左键单击图 9 – 3 中上方菜单中各选项，即可查看该市场中某板块的概况。如单击“股票”市场中的“沪深股指”选项，显示界面如图 9 – 4 所示。

商品名称	最新价	涨跌	涨跌%	开盘价	最高价	最低价	昨收价	总成交量	总金额	振幅%
上证指数	2,318.611	-5.682	-0.24	2,326.417	2,333.667	2,314.587	2,324.293	9,879.41万	884.39亿	0.82
上证180	5,700.730	-14.571	-0.25	5,724.050	5,748.854	5,682.694	5,715.301	4,315.09万	447.29亿	1.16
上证50	1,901.481	-0.893	-0.05	1,906.355	1,917.049	1,889.377	1,902.374	2,385.83万	260.81亿	1.45
红利指数	2,020.329	0.547	0.03	2,022.427	2,036.722	2,006.424	2,019.782	1,532.34万	152.99亿	1.50
新综指	1,960.316	-4.554	-0.23	1,966.783	1,972.964	1,956.907	1,964.870	9,806.77万	879.99亿	0.82
A股指数	2,426.809	-5.851	-0.24	2,434.901	2,442.483	2,422.588	2,432.660	9,823.81万	881.28亿	0.82
B股指数	271.924	-2.673	-0.97	274.464	275.748	271.151	274.597	55.60万	3.10亿	1.67
工业指数	1,916.904	-5.505	-0.29	1,922.508	1,930.263	1,916.224	1,922.409	5,174.96万	491.81亿	0.73
商业指数	2,435.434	-18.078	-0.74	2,452.657	2,462.109	2,431.488	2,453.512	343.15万	26.29亿	1.25
地产指数	3,410.346	-24.434	-0.71	3,446.250	3,454.288	3,403.069	3,434.780	245.64万	18.67亿	1.49
公用指数	3,723.116	-18.823	-0.50	3,743.747	3,757.083	3,713.516	3,741.939	1,030.35万	55.09亿	1.16
综合指数	2,058.527	-1.951	-0.09	2,064.585	2,075.364	2,049.273	2,060.478	3,085.31万	292.53亿	1.27

图 9 – 4　沪深股指

3. 如需查看沪深指数中的某指数详情，左键单击该指数名称即可，如左键单击“上证指数”的名称，显示上证指数分时走势图，显示界面如图 9 – 5 所示。

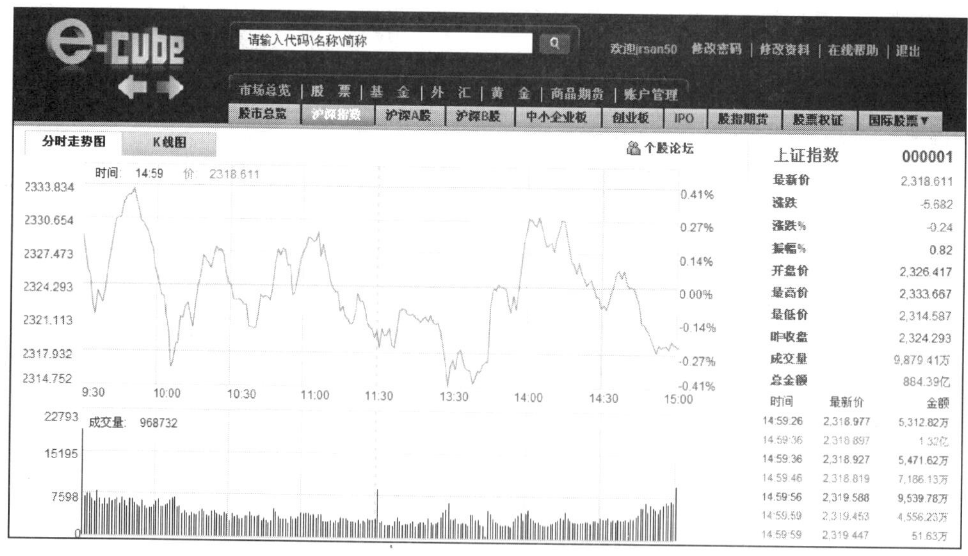

图 9 – 5　上证指数分时走势

4. 如需查看沪深指数中指数的 K 线图，左键单击上方“K 线图”选项，如单击图 9－5 中左上方的“K 线图”，显示上证指数的日 K 线图，显示界面如图 9－6 所示。

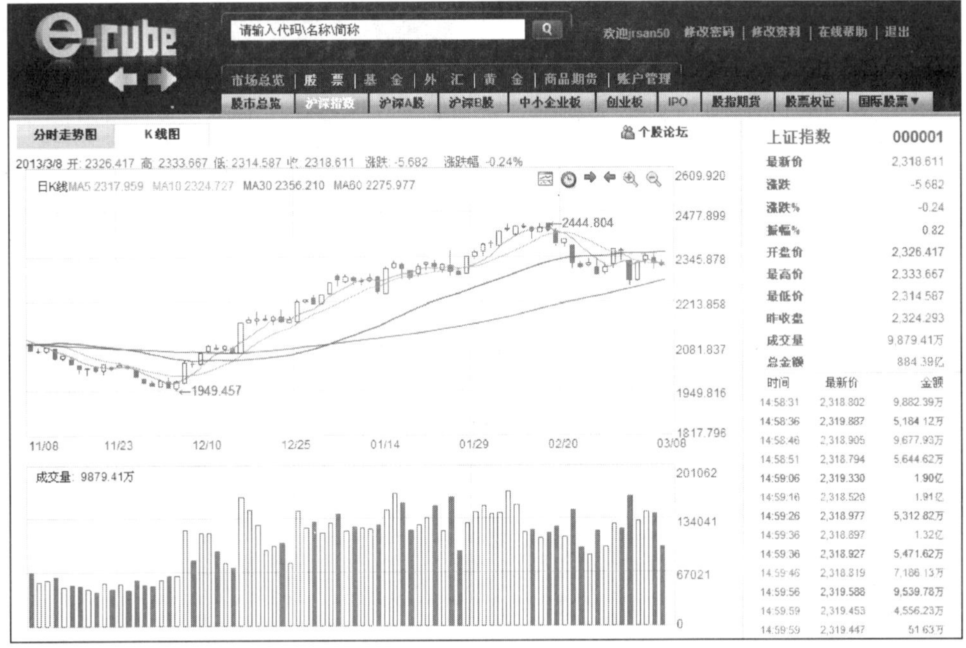

图 9－6　日 K 线

5. 如需查看沪深指数中指数的日 K 线图对应的 MACD 指标，左键单击图 9－6 中右上方第一个小图标，显示界面如图 9－7 所示。

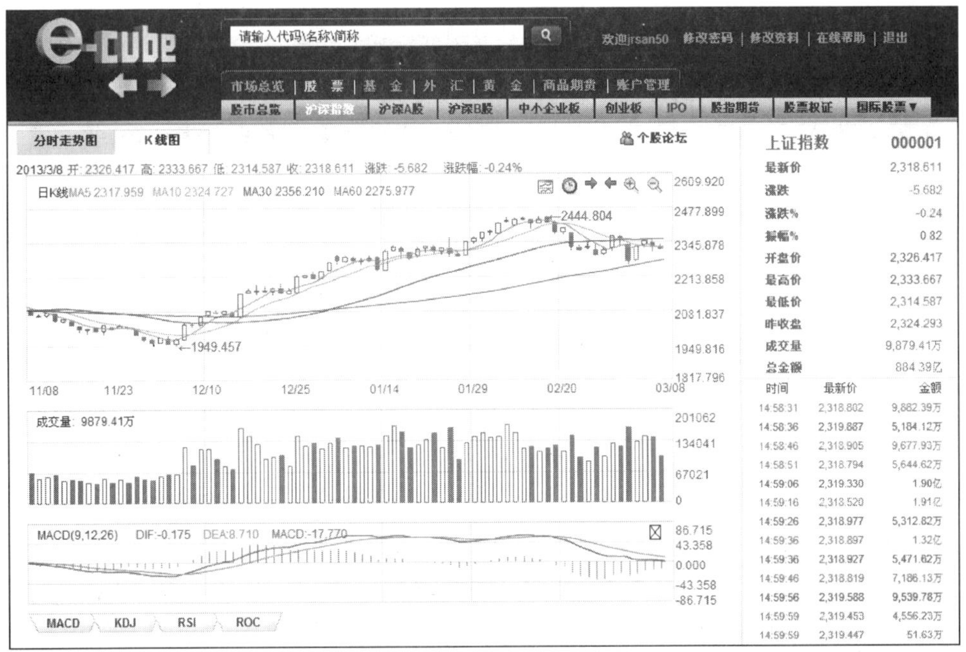

图 9－7　MACD 指标

6. 如需查看沪深指数中指数的 K 线图对应的其他指标，左键单击图 9 –7 中左下方“KDJ”、“RSI”和“ROC”选项即可，如单击“KDJ”，显示界面如图 9 –8 所示。

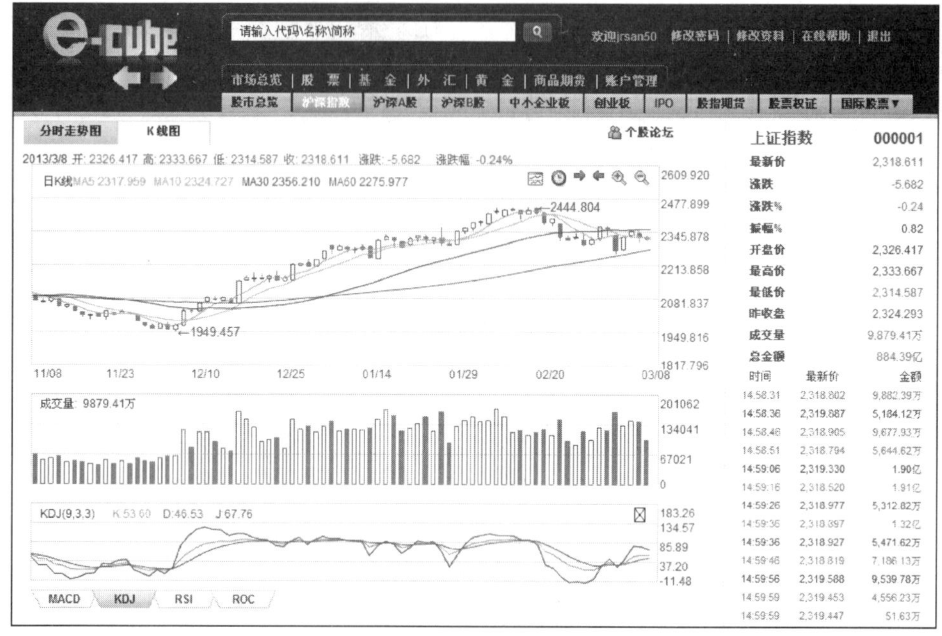

图 9 –8　KDJ 指标

7. 如需查看沪深指数中指数其他周期的 K 线图，左键单击图 9 –8 中右上方第二个小图标，然后选中想要查看的周期，用鼠标左键单击即可，如单击“30 分钟线”，显示界面如图 9 –9 所示。

图 9 –9　30 分钟 K 线

8. 单击图 9 -9 中右上方第三、第四个小图标的功能是使 K 线图分别向右或向左移动，单击图 9 -9 中右上方第五、第六个小图标的功能是使 K 线图分别放大或缩小。

三、运用世华财讯金融模拟交易系统模拟交易

1. 运用世华财讯金融模拟交易系统可以进行某金融工具的模拟交易，先用鼠标左键单击想要交易的金融工具所属的金融市场，如想交易“浦发银行”股票，先单击上方菜单栏中的“股票”选项，显示界面如图 9 -10 所示。

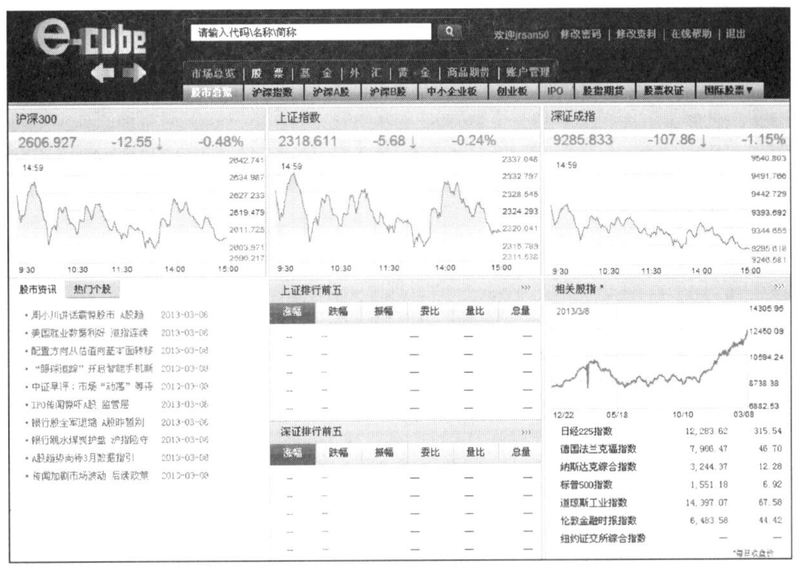

图 9 -10　交易平台

2. 用鼠标左键单击想要交易的金融工具所属板块，如单击上方菜单栏中的“沪深 A 股”选项，显示界面如图 9 -11 所示。

沪深A股

商品代码	商品名称	最新价	涨跌	涨跌%	开盘价	最高价	最低价	昨收价	总成交量	总金额	流通股本
600000	浦发银行	10.71	-0.05	-0.46	10.81	10.88	10.60	10.76	1.03亿	11.07亿	149.23亿
600006	东风汽车	3.11	0.02	0.65	3.08	3.14	3.07	3.09	589.86万	1,834.64万	20.00亿
600008	首创股份	6.72	0.04	0.60	6.66	6.84	6.52	6.68	6,757.83万	4.53亿	22.00亿
600009	上海机场	13.68	0.09	0.66	13.59	13.80	13.50	13.59	453.24万	6,190.46万	10.93亿
600010	包钢股份	5.09	0.21	4.30	4.87	5.32	4.83	4.88	1.09亿	5.59亿	64.24亿
600011	华能国际	6.95	-0.10	-1.42	7.08	7.11	6.94	7.05	1,278.72万	8,944.96万	67.57亿
600012	皖通高速	4.10	0.00	0.00	4.12	4.12	4.08	4.10	121.15万	496.28万	16.59亿
600015	华夏银行	10.81	0.10	0.93	10.76	10.94	10.65	10.71	2,935.13万	3.17亿	49.91亿
600017	日照港	2.85	0.00	0.00	2.85	2.86	2.83	2.85	356.80万	1,014.69万	16.40亿
600026	中海发展	4.65	0.03	0.65	4.64	4.70	4.60	4.62	358.37万	1,667.31万	34.05亿
600029	南方航空	3.78	0.02	0.53	3.78	3.81	3.73	3.76	1,819.69万	6,855.75万	89.73亿

图 9 -11　A 股行情

3. 用鼠标左键单击想要交易的金融工具，如单击“商品名称”中的“浦发银行”，显示界面如图 9－12 所示。

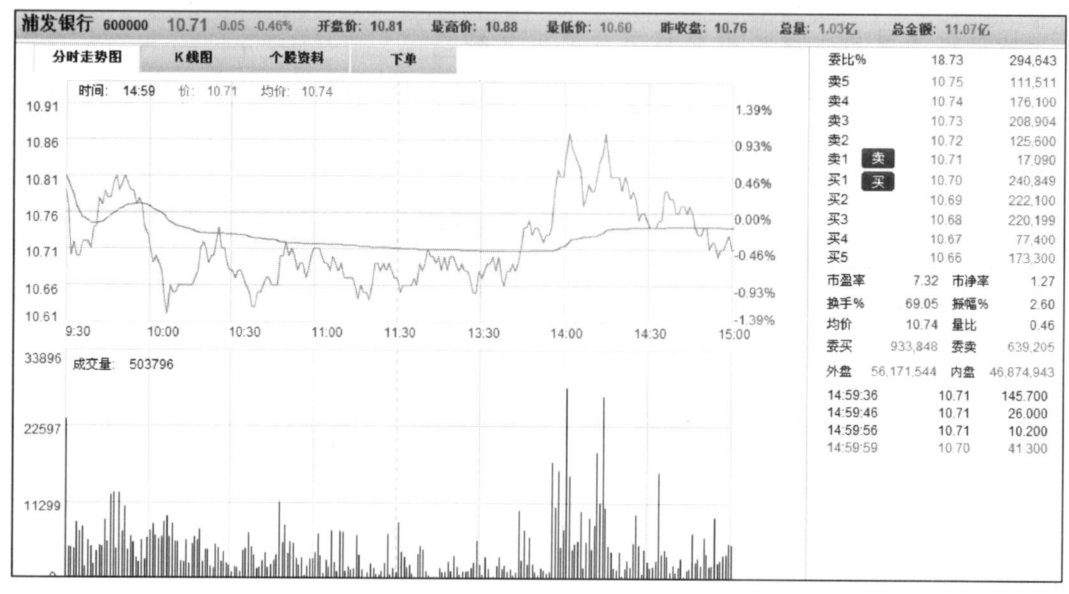

图 9－12　浦发银行分时走势

4. 如需买卖该股，左键单击图 9－12 左上方“下单”选项，显示界面如图 9－13 所示。

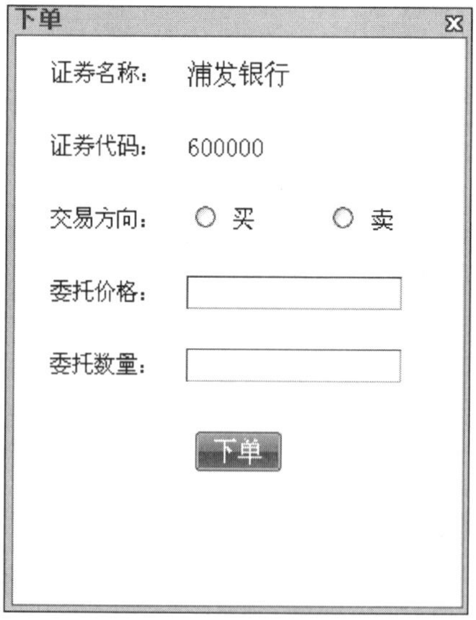

下单

证券名称：浦发银行

证券代码：600000

交易方向：○ 买　○ 卖

委托价格：

委托数量：

下单

图 9－13　交易委托

5. 如果需要限价进行下单，先选择交易方向“买”或者“卖”，然后填入委托价格和委托数量，如以 9.64 元/股的价格买入库 10 000 股浦发银行的股票，输入委托价格和委托数量之后，显示界面如图 9－14（a）所示。用鼠标左键单击“下单”键以后，显示界面如

图9－14（b）所示。用鼠标单击“确定”即成功下单，或者用鼠标左键单击“返回”重新下单，下单成功后，显示界面如图9－14（c）所示。

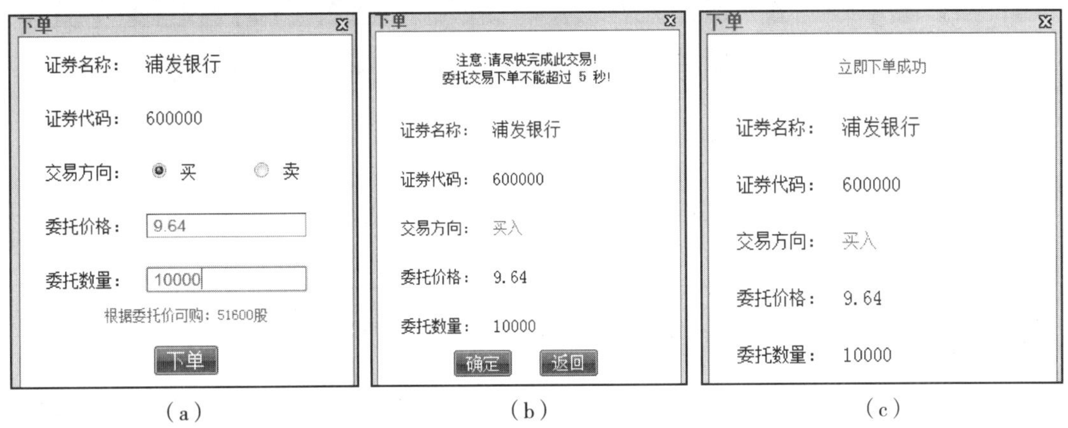

图9－14　委托下单

单击“确定”即成功下单，或者单击“返回”重新下单。

四、运用世华财讯金融模拟交易系统查看账户情况

1. 单击上方菜单栏中的“账户管理”，可以查看外汇账户的基本信息，如总浮动盈亏、下单冻结资金、占用资金、可用保证金，显示界面如图9－15所示。

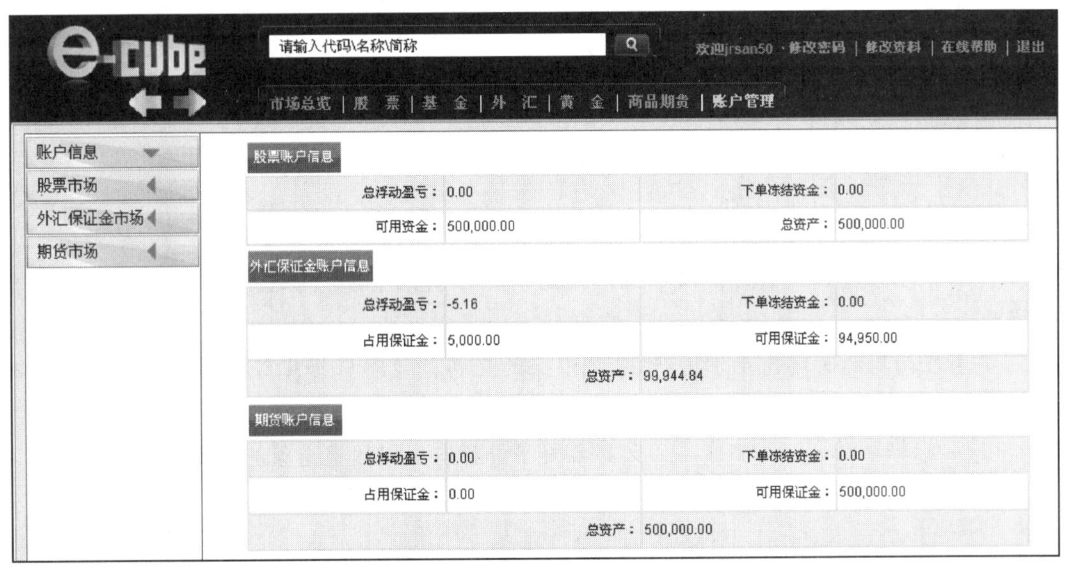

图9－15　外汇账户基本信息

2. 单击左侧菜单中的“外汇保证金市场”项目，查看账户详情，显示界面如图9－16所示。

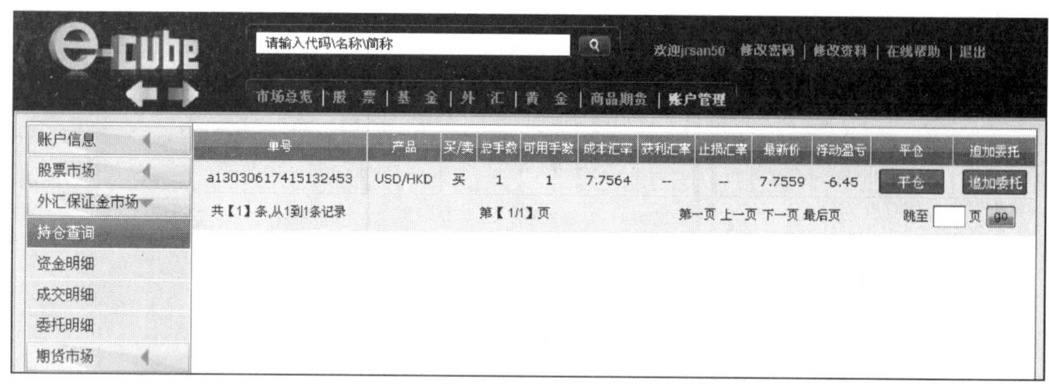

图 9－16　外汇保证金市场账户情况

3. 单击左侧菜单中的“持仓明细”、“资金明细”、“成交明细”、“委托明细”，然后可以分别查看所需信息详情，如单击“成交明细”，显示界面如图 9－17 所示。

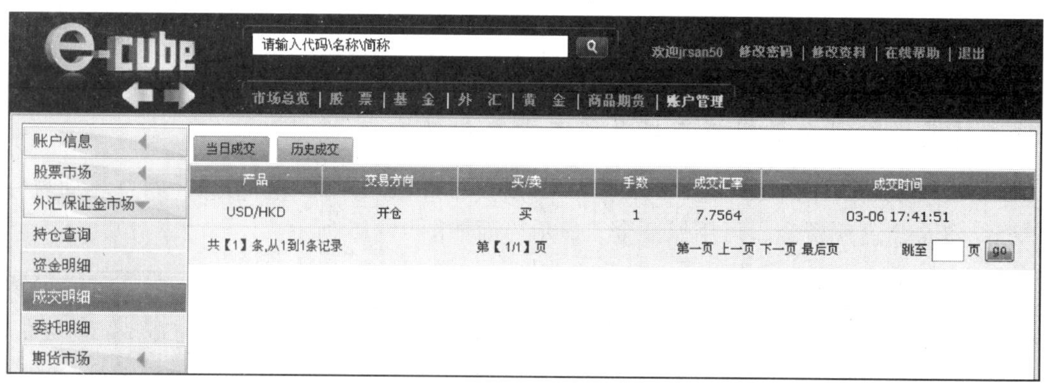

图 9－17　成交明细

➢ 实务操作

1. 全班学生分成若干小组，以小组形式运用世华财讯金融模拟交易系统进行模拟股票交易操作。

2. 要求在两周的时间内至少进行 20 笔以上的交易，最终根据班级每个小组的资产情况进行排名。

3. 在实训课堂上每个小组推荐至少 1 名同学讲解本小组的交易策略和总结。

任务 2　选择合适的证券投资基金

➢ 实训目标

熟悉当前我国基金市场的各种产品，并会根据客户的需求和风险偏好，选择合适的证券投资基金产品。

➢ **实训预备**

一、了解封闭式基金与开放式基金

1. 封闭式基金是指基金份额在基金合同期限内固定不变，基金份额可以在依法设立的证券交易所交易，但基金份额持有人不得申请赎回的一种基金运作方式，如图 9－18 所示。

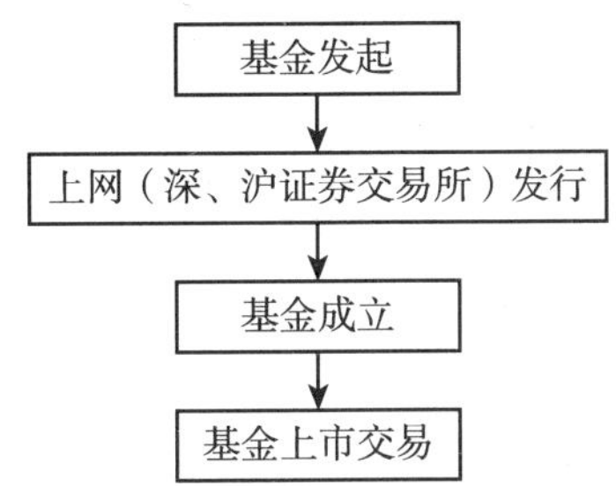

图 9－18　封闭式投资基金运作流程

2. 开放式基金是指基金发起人在设立基金时，基金份额总规模不固定，可视投资者的需求，随时向投资者出售基金份额，并可应投资者要求赎回发行在外的基金份额的一种基金运作方式，如图 9－19 所示。

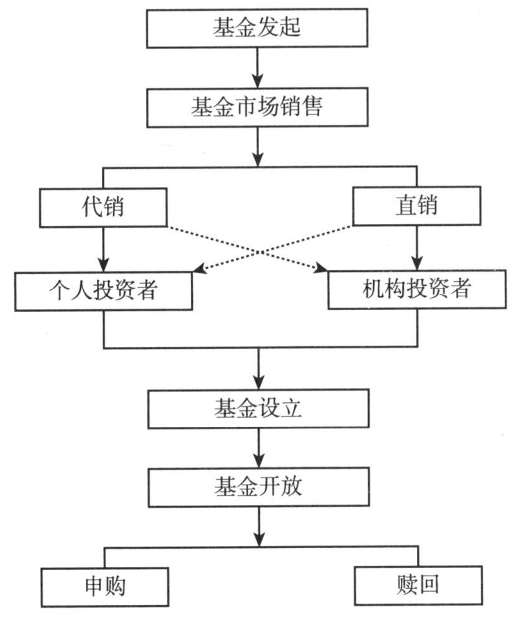

图 9－19　开放式投资基金运作流程

3. 封闭式基金与开放式基金的区别主要有：

（1）期限不同。封闭式基金通常有固定的封闭期，而开放式基金没有固定期限，投资者可随时向基金管理人赎回。

（2）基金单位的发行规模要求不同。封闭式基金在招募说明书中列明其基金规模，开放式基金没有发行规模限制。

（3）基金单位转让方式不同。封闭式基金的基金单位在封闭期限内不能要求基金公司赎回，只能寻求在证券交易场所出售或柜台市场上出售给第三者。开放式基金的投资者则可以在首次发行结束一段时间（多为3个月）后，随时向基金管理人或中介机构提出购买或赎回申请。

（4）基金单位的交易价格计算标准不同。封闭式基金的买卖价格受市场供求关系的影响，并不必然反映公司的净资产值。开放式基金的交易价格则取决于基金的每单位资产净值的大小，其卖出价一般是基金单位资产净值加5%左右的首次购买费，买入价即赎回价是基金券所代表的资产净值减去一定的赎回费，基本不受市场供求影响。

（5）投资策略不同。封闭式基金的基金单位数不变，资本不会减少，因此基金可进行长期投资，基金资产的投资组合能有效地在预定计划内进行。开放式基金因基金单位可随时赎回，为应付投资者随时赎回兑现，基金资产不能全部用来投资，更不能把全部资本用来进行长线投资，必须保持基金资产的流动性，在投资组合上需保留一部分现金和可随时兑现的金融商品。

二、选择合适的基金

1. 选择基金公司。选择好的基金公司和选择好的基金是同等重要的，一家好的投信公司需具备以下条件：

（1）基金操作的绩效稳健优异。投资基金的目的在于获利赚钱，若是这家投信公司所操作的基金绩效不佳，无论其有多么强而有力的背景或是公司特权，对投资人来说都是没有意义的。不同的基金公司总有不同的操作风格，基金绩效当然也不尽相同，一般来说，选择旗下基金绩效都有中上水准表现的投信公司较为稳当，投资人可视股市状况直接在同一家投信公司转换投资的基金，省去转换之间须耗费的心力及时间。

（2）产品线完整。产品线完整是指各种类型、各种风险程度、各种报酬水准，以及各种投资标的（如股票、债券、货币市场工具）的基金，都有可供不同投资需求和不同分析偏好的投资者来进行选择，也可因景气循环供投资人变换投资。可考虑选择产品种类较多且平均表现也不差的基金公司投资。

（3）良好的服务品质。虽说投资基金的手续轻松便利，但投资人总是会对买卖流程、基金相关讯息有着大大小小的问题，因此投信公司是否能够实时提供完整且有用的投资相关信息、分析建议，服务人员的专业性及服务态度都是投资人该列为评估的地方。

（4）基金管理规模。除了产品完整性之外，基金公司所管理资产规模也会间接影响各基金的操作绩效及公司的服务品质。资产规模越大，公司的管理费收入越多，在经营公司及操作基金的成本大致固定的情况下，更能吸收优秀人才、添置设备，增设交易据点，提供更多的服务。若基金的绩效差异不大，选择较大的基金公司较为有利。

2. 选择基金经理人。基金经理人在一家基金中的角色，相当于人体中的大脑，掌控投资人资金的操作大权，是基金成败的关键。经理人能力不佳，往往会造成基金绩效不理想，让投资人赔钱；反之，若经理人能力强，则可以让投资人获得较理想的投资报酬率。因此，投资大众在选择基金经理人时，必须将下列评判标准列入考虑因素之中：

（1）扎实的基本面研究功夫。经理人的基本面研究功夫是否扎实非常重要，经理人的工作是对基金的投资做出良好的资产配置，为投资人获取最大利益为原则。但支持这重大使命，便须有优良的研究功夫，除对研究员的报告外，本身仍须对产业进行了解，并定期拜访各上市上柜公司，深入调查公司的经营状况，以发掘获利的契机，甚至规避掉潜在的风险。

（2）历经市场空头及多头的经验。只经历过多头时期的经理人，可能对市场过于乐观，而采取过度积极的投资策略；相反地，只经历过空头时期的经理人，却可能对市场过于悲观，而采取过度保守的策略。因此，唯有亲身经历过多头和空头的洗礼，对所管理的基金，在空头时能充分展现抗跌性，在多头时又能大幅的成长，才能算是一个具有充分经验的经理人。

（3）严谨的道德操守。良好的道德操守是每个人应有的基本特质，但对掌管庞大资金的基金经理人而言更是重要，若非经由相处而长期观察，则很难发觉。但为避免您的利益蒙受损失，不妨从评估基金公司的信誉着手，具有良好信誉的公司行事必为谨慎、公开，故旗下基金经理人的品格必较受肯定。

3. 看懂公开说明书。投资基金前，阅读基金公开说明书，是不可少的动作，投信业者指出，国内基金公开说明书中有关基金公司背景、基金投资范围、各项费用收取标准及收益分配等项目，是必读的部分；至于海外基金，则必须特别留意赎回限制，及风险控管等项目。

投资人选购基金时，面对厚厚的一本基金公开说明书，常不知如何看起，但公开说明书中记载着基金的性质、收益分配及申购赎回等有关投资人权益事项，却是投资人不可忽略的部分。

首先，基金公开说明书中最重要的部分，是基金投资部分，包括基金投资之方针及范围、基金经理人介绍、基金投资之决策过程及投资风险之揭露。由基金的名称，一般很难了解基金的性质，但从基金投资之方针及范围等内容，即可得知基金的类型及风险程度，如某债券型基金10%投资于股票，自然比纯债券型基金风险来得高。而投资风险部分，可让投资人了解投资该档基金将来可能面临的风险。

其次，了解基金各项费用，包括手续费、经理费、保管费的收取标准，这是投资基金的成本，尤其是经理费，因每天从净值中扣除，投资人要多加比较。

基金收益是否分配，也是阅读公开说明书时必须留意部分，若基金不分配收益，在公开说明书中收益分配一项，会直接说明，基金收益全部并入基金资产，不另行分配收益；若基金分配收益，则要留意分配的项目、时间及给付方式。

另外，由公开说明书中也可了解基金公司背景及股东结构。了解基金公司的背景，在日后基金进场操作时，可进一步了解该基金，是否有为所属集团企业护盘或与某上市公司交叉持股等不法情事发生。

4. 看懂基金净值表。由于实现盈利的基金会不断分红，基金的单位净值往往不能真实地反映基金的运作情况，因此投资者应重点关注基金的累计净值，基金的累计净值越高，说明基金实现的累计收益越高，基金的持续盈利能力越强。另外，基金成立的年限也是不可忽视的条件，平均年收益最高的基金应该是股票型基金的首选。

“基金累计净值”是指基金最新净值与成立以来的分红业绩之和，体现了基金从成立以来所取得的累计收益（减去1元面值即是实际收益），可以比较直观和全面地反映基金在运作期间的历史表现，结合基金的运作时间，则可以更准确地体现基金的真实业绩水平。而“最新净值”应该说主要是提供一种即时的交易价格参考，分红可以从一定程度上反映基金的盈利情况，但主要体现的还是基金的收益实现能力，分红业绩实际上是可以通过累计净值得到反映的，因此，从投资者进行基金业绩比较的角度来说，基金累计净值应该是比最新净值和分红更重要的指标。

5. 封闭式基金的折价率。封闭式基金，一般按照低于资产净值的价格进行交易。衡量基金折价程度的指标——折价率定义为：（资产净值 - 市场价格）/资产净值。

6. 基金的风险评估。基金表现好坏除了从净值来看，基金绩效评比表也可告诉你基金的投资风险。目前，国外的基金以 Micropal 公司的评比作为大多数人的参考。其评比标准为：年化标准差，标准差系衡量报酬率的波动程度，为一个常用的风险指标，所谓年化是代表基金近1年报酬率平均值。标准差愈大表示报酬率好的时候与不好的时候相差愈大。平均报酬率加上两个标准差大约是最佳状况时的报酬率；平均报酬率减去两个标准差大约是最差状况时的报酬率。换言之，4个标准差大约是最好与最坏时的差距。例如，某基金的标准差为 34.67%，表示该基金最好年份的年报酬率与最坏年份约差 139%（34.67% ×4 =138.68%）。

SHARPE（夏普指数）：为一经风险调整后之绩效指标。夏普指数代表投资人每多承担一分风险，可以拿到几分报酬；若为正值，代表基金承担报酬率波动风险有正的回馈；若为负值，代表承受风险但报酬率反而不如银行利率。报酬率的标准为银行定存利率；目前以过去12个月的资料计算得之。

β值（β系数）：用以衡量基金报酬率之市场风险（或称系统风险），β值愈大代表基金报酬率受大盘涨跌的影响愈大。例如，某基金β值为 0.9196，代表大盘涨跌 1% 平均带动该基金涨跌 0.9196%，基金净值的波动较大盘为低。

基金的风险评估如表 9 -1 所示。

表 9 -1　基金的风险评估

项目	说明	判断标准
标准差	基金过去的绩效是否稳定	数字越低，表示稳定度越高，越值得信赖
SHARPE（夏普指数）	投资基金报酬的风险评估	指数 =0，表示报酬率和银行定存相同 指数 >0，数字越高，表示绩效越好 指数 <0，投资时应特别谨慎
β值（β系数）	基金的波动程度是否正常	β系数 >1，表示风险大于整体市场 β系数 <1，表示风险较低

7. 基金的绩效评估。投资人最关心的莫过于所投资基金的绩效表现，也就是投资报酬率，就投资人的立场而言，当然愈高愈好，但是，换一个角度来想，获利愈高的基金相对风险也愈高，因此，投资人在选择与比较基金绩效时，也应该同时考量本身所能承担的风险。

以投资标的为国内股票市场的基金而言，在多头行情时，各只股票、基金、加权股价指数齐声上扬，如果投资人所购买的基金绩效表现远低于加权股价指数，或在同业同类型基金排名之末座，则该基金绩效表现有待加强。同理，在空头行情时，各只股票、基金、加权股价指数几乎齐声下跌，投资人所购买的基金绩效虽然也是负成长，但是跌幅远低于加权股价指数，或在同业同类型基金排名居前，则该基金具有相当的抗跌性，而不能片面地认为它是一只表现不佳的基金。

当我们在比较各个基金的绩效时，重要的一点是要将具备相同期间的投资标的及地区的基金进行比较才有意义。如果投资人将股市型基金与债券型基金拿来做比较，由于二者的投资标的并不相同，所以拿来相比并不公平，同时也不恰当；若将投资在不同地区的基金拿来做比较，则亦是犯了相同的错误。因此，必须要以同类型基金拿来做比较，那么所得到的才会是最适当的结果。

在选择基金时，基金绩效的历史数据是选择基金时的重要参考依据。评估基金绩效可以每单位净资产价值的变化为基础，再以净值成长率、平均报酬率、单位风险报酬等角度进行评估。在评估时需要特别留意的是基金绩效的评估必须是长时间且全面的，也就是说避免以少数短波段为基金绩效评比妄下定论，以免遭蒙蔽或误导。另外，不同的基金投资标的也容易影响其绩效，所以类型相似的基金一同评比，较容易显出其中差异。

➢ 实训要求

全班学生分成若干小组，以小组形式调查分析证券投资基金市场和基金产品，了解基金产品的内容和特点，根据客户的需求和风险偏好，选择合适的基金产品推荐给客户。

客户资料：

张先生42岁，张太太37岁，儿子张云14岁正在读初中，张先生月薪税后8 000元，年终奖金有2万元，张太太月薪税后5 000元。夫妻俩共有资产：(1) 有一辆现值5万元的车子，一年支出1.2万元左右；(2) 目前有活期储蓄存款4万元，定期存款12万元；(3) 耐用消费品贷款5.5万元，每月还款5 000元，12个月还清；(4) 两套住房：一套市价80万元的住房用于出租，5年前以总价65万元购买，20年按揭购买，每月租金收入2 000元，正好抵每月按揭款。一套市价100万元的住房用于自住，10年前以总价78万元购买，20年按揭购买，贷款余额23.5万元；(5) 在国泰君安证券公司购入宝钢集团发行的5年期企业债现值5万元；(6) 在博时基金公司购入股票型基金10万元。

张先生家庭的风险偏好为“稳健型”，他觉得银行存款利率太低，想提高4万元活期存款的收益，同时保持较好的流动性，用到期的定期存款12万元来投资固定收益类的金融工具，同时还打算出售所持有的5万元企业债券，然后投资某种基金产品，根据目前市场上所售基金产品的情况，你认为哪些基金最合适张先生？

项目十

实物理财规划

任务1　房地产投资分析

➢ **实训目标**

查阅资料了解当前我国房地产市场，并根据客户需求，计算买房和租房的成本，从财务的角度选择买房还是租房。

➢ **实训预备**

一、了解房地产基本知识

房地产是指土地、建筑物和固着在土地、建筑物上不可分离的部分及其附带的各种权益。房地产由于其自己的特点即位置的固定性和不可移动性，在经济学上又被称为不动产。可以有三种存在形态：即土地、建筑物、房地合一。在房地产拍卖中，其拍卖标的也可以有三种存在形态，即土地（或土地使用权），建筑物和房地合一状态下的物质实体及其权益。

房地产投资有以下几个特点：（1）位置的固定性和不可移动性。（2）使用的长期性。（3）影响因素多样性。（4）价值大量性。（5）保值增值性。（6）行业相关性。

房地产投资是一种很经济的，有很高预期潜力的投资。房地产是一种具有特殊属性的商品，其使用期长（耐用性），而且由于土地稀缺性（有限性），以及人们对住房，用房要求的必需性和不断增长性，使得房地产在较长的一段时期内是供不应求的商品，也使得房地产尤其是城市房地产的价格长期以来处于不断上涨的趋势。另外，房地产本身也能从周围社区环境的改善中获得利益，社区环境的改善不同程度地提高了房地产的价格，投资房地产从较长时间来看是一种稳定的增值投资手段。对于个人来说，如有闲钱投入房地产，既能避免投资股票所带来的巨大风险，又使资金在一段时间内稳定地增值。同时，房地产投资是一种避免通货膨胀损失的保值手段。

二、投资房地产的财务分析

考察一处房产是否值得投资，投资者可以从以下几方面考虑：

投资回报分析。

（1）租金回报率（法一）。公式：

（税后年租金－中介费－每年物业管理费）/购买房屋总价

（税后租金－每月物业管理费）×12/购买房屋总价

这种方法算出的比值越大，就表明越值得投资。

优点：考虑了租金、房价及两种因素的相对关系，是选择“绩优地产”的简捷方法。

弊病：没有考虑全部的投入与产出，没有考虑资金的时间成本，因此不能作为投资分析的全面依据。对按揭付款不能提供具体的分析。

（2）租金回报率（法二）。公式：

（税后月租金 - 按揭月供款）×12/（首期房款 + 期房时间内的按揭款）

优点：考虑了租金、价格和前期的主要投入，比租金回报法适用范围更广，可估算资金回收期的长短。

弊病：未考虑前期的其他投入、资金的时间效应。不能解决多套投资的现金分析问题。且由于其固有的片面性，不能作为理想的投资分析工具。

（3）15 年收益判断法。这是一个国际专业理财公司评估物业投资价值常用的简单方法。如果该物业的年收益 ×15 年 = 房产购买价，则认为该物业物有所值；如果该物业的年收益 ×15 年 > 房产购买价，则表明该投资项目尚有升值空间。

（4）租金乘数（回报年数）小于 12。租金乘数是比较全部售价与每年的总租金收入的一个简单公式，租金乘数 = 投资金额/每年潜在租金收入，应小于 12。

例如，一套房售价 36 万元，月租金 3 000 元，那么它的租金乘数是 10 倍。这个数字被看成大多数租赁房产的分界线。如果一处房产的租金乘数超过 12 倍，很可能会带来负面现金流。如上述物业售价上涨到 55 万元时，而月租金却仍是 3 000 元，租金乘数升到 15 倍，已经超过了合理的范畴，若是投资用作出租就不够划算了。

投资者可以将目标物业的总租金乘数与自己所要求的进行比较，也可在不同物业间比较，取其较小者。不过这个方法并未考虑房屋空置与欠租损失及营业费用、融资和税收的影响。

（5）IRR 法（内部收益法）。公式：

IRR = 累计总收益/累计总投入

现以按揭购房与非按揭购房两种情形将公式进一步分解：

按揭购房时，投资回报的内部收益率计算：

IRR = 累计总收益/累计总投入 = 月租金 × 投资期内的累计出租月数/（按揭首期房款 + 保险费 + 契税 + 印花税 + 维修基金 + 累计按揭款 + 累计物业管理费 + 其他投入）

非按揭购房时，投资回报的内部收益率计算：

IRR = 累计总收益/累计总投入 = 月租金 × 投资期内的累计出租月数/（总房款 + 保险费 + 契税 + 印花税 + 维修基金 + 累计物业管理费 + 其他投入）

优点：IRR 法考虑了投资期内的所有投入与收益、现金流等各方面因素。可以与租金回报率结合使用。IRR 收益率单纯从计算公式看它的含义比较困难，我们可以这样来理解：将您对此物业的累计总投入看作是以年复利贷出去的，把累计总收益看作是连本带利的正好收回，其中复利率就是内部收益 IRR 或说内部利润率 IRR，实际上表示投资回报的年复利率，它反映的是这所物业所占用资金的盈利率，或是该物业的内部收益高于银行贷款利率则可以考虑投资，低于银行贷款利率则不能投资。

弊病：通过计算 IRR 判断物业的投资价值都是以今天的数据为依据推断未来。而未来租金的涨跌是个未知数。唯一有点可以确定的：市场的未来是不确定的，进行投资敏感性决策分析。作为投资行为，投资者关注的是收益与风险，通过对 IRR 的分析发现相关性最高的是房价、租金以及能否迅速出租。由于房价是已知的，于是能否准确预告租金水平及选择投资项目便成为投资成败的关键。

（6）出租收益。业内人士表示，目前，国际上用来衡量一个区域房产运行状况良好的售价租金比一般界定在 200 ∶ 1 ~ 300 ∶ 1 之间。如果售价租金比超过 300 ∶ 1，意味着房产投资价值相对变小，房产泡沫已经显现；如果售价租金比低于 200 ∶ 1，表明该区域的房产投资价值被低估，投资潜力相对较大，房产后市看好。

以上是六种常用的比例与比率法，有的只需进行简单的预测和分析即可帮助投资者快速作出判断，有的还需要进行专业性的投资分析和计算另有一些指标以增加可靠性。如一个地段好的房产可能现在的租金回报率不高，但具有较佳的升值前景，或者一套普通住宅能够享受税收减免，一定程度上能够弥补过高的租金乘数。

三、选择买房还是租房

（一）假设条件

假若一套 100 平方米的两居室一手商品房，比较贷款买房和租房这两种方式。2010 年，天津市城镇居民购房均价在 7 500 元/平方米左右。住房实际使用年限为 50 年；除房价和租金之外的水电费、物业管理、卫生费等费用均不计入；利率和房租在未来 50 年内不会调整；有关计算均未考虑物价指数的影响因素。

（二）贷款买房

房价 = 7 500 × 100 = 750 000（元）。

1. 购房人须缴纳的税费

（1）签订预售合同时需缴纳的税费。

印花税：税率为 1%，计税前提为签署房屋预售合同，买卖双方各 0.5‰。

公证费：费率为房款的 3‰，计费前提为合同公证之时，缴纳人为买受人。

律师费：费率为房款的 2.5‰ ~ 4‰，计费前提为签署房屋预售合同时，缴纳人为买受人。

（2）签订购房合同时需缴纳的税费。

房屋买卖手续费：120 平方米以下 1 000 元，120 平方米以上 3 000 元，买卖双方各负担一半。

契税：购买房屋金额的 2% ~ 4%。买受人负担。国家规定：120 平方米以下为总房价的 2%，120 平方米以上为总房价的 4%，1998 年 6 月以前竣工的空置房免契税。

（3）在申办产权证过程中需缴纳的税费。

房屋产权登记费：0.3 元/平方米（建筑面积）。

土地使用权登记费：0.13 至 0.3 元/平方米（占地面积）。

房屋所有权证：4 元/件。

房屋所有权证印花税：5 元/件。

国有土地所有证：20 元/件。

（4）税费总和。

印花税：375 元。

公证费：2 250 元。

律师费：1 875 元。

房屋买卖手续费：500 元。

契税：15 000 元。

房屋产权登记费：30 元。

土地使用权登记费：15.6 元。

房屋所有权证：4 元。

房屋所有权证印花税：5 元。

国有土地所有证：20 元。

总和：20 074.6 元。

2. 还款方式

商品房总价 75 万元，首付款占总价 20%（15 万元），申请八成 20 年期（240 个月）个人住房贷款。采用等额本息还款法，年利率采用 5.751%。计算月均还款额的方法：由普通年金的现值计算年金每期的支付额，利用投资回收系数。

$$PMT = PVA_n \times \frac{r}{1-(1+r)^{n}} = 600\ 000 \times \frac{\frac{5.751\%}{12}}{1-\left(1+\frac{5.751\%}{12}\right)^{-240}} = 4\ 212.84$$

八成 20 年期的等额本息贷款，月均还款额为 4 212.84 元。

用同样的方法可以计算出，八成 10 年期的等额本息贷款月均还款额是 6 586.45 元，八成 30 年期的等额本息贷款月均还款额是 3 501.82 元。

3. 付款总结

贷款买房在首期的支出是税费和首付款的总和，约 17 万元。按照八成 20 年期的等额本息贷款，之后 20 年每月还款 4 212.84 元。20 年后即可拥有自己的房产。

（三）租房

同样的一套住房，考虑以租房的方式入住 20 年，当月租金是多少时，买房和租房在现金支出方面是没有差别的？

令月租金为 X 元。租房和贷款买房（20 年期）相比，首付款节省 170 074.6 元，每个月节省（4 212.84 − X 元）。假如租房者将省下来的钱都存入银行，首付款整存整取（3.60%），月付款零存整取（2.25%），节省下来的钱在 20 年后的价值如何计算？

首付款的终值（单利，按年计息）：

$$FV = PV = (1 + r \times t) = 170\ 074.6 \times (1 + 3.60\% \times 20) = 292\ 528.31(元)$$

月付款的终值（按年计息）：

$$FVA_{240} = PMT \times \left[\frac{(1+r)^{n}-1}{r}\right]$$

$$= (4\ 212.84 - X) \times 12 \times \left[\frac{(1+2.25\%)^{20}-1}{2.25\%}\right] = (4\ 212.84 - X) \times 298.9382(元)$$

当月租金为 X 元，租房比贷款买房节约下来的钱在 20 年后的价值为：

292 528. 31 +（4 212. 84 – X）×298. 9382 = 1 551 907. 29 – 298. 9382X

住房使用年限为 50 年，按照平均年限折旧法，年折旧为 2%；假设 20 年的年平均房价增长率为 3%。这样现在所购的价值 75 万元的房产在 20 年后的价值为 904 330. 69 元。

由 1 551 907. 29 – 298. 9382X = 904 330. 69（元）

解得 X = 2 166. 26（元）

（四）结论

在本案例给出的前提假设下，对于案例中的商品房，当月租金为 2 166. 26 元时，买房和租房没有差别；当月租金高于 2 166. 26 元，买房比较合算；月租金低于 2 166. 26 元，租房比较合算。

➢ 实务操作

计算分析题

2010 年，假若天津市区有一套 120 平方米的两居室一手商品房，均价在 8 000 元/平方米左右。住房实际使用年限为 50 年；除房价和租金之外的水电费、物业管理、卫生费等费用均不计入；利率和房租在未来 50 年内不会调整；有关计算均未考虑物价指数的影响因素。

购房人须缴纳的税费：

1. 签订预售合同时需缴纳的税费。印花税：税率为 1%，计税前提为签署房屋预售合同，买卖双方各 0. 5‰。公证费：费率为房款的 3‰，计费前提为合同公证之时，缴纳人为买受人。律师费：费率为房款的 2. 5‰～4‰，计费前提为签署房屋预售合同时，缴纳人为买受人。

2. 签订购房合同时需缴纳的税费。房屋买卖手续费：120 平方米以下 1 000 元，120 平方米以上 3 000 元，买卖双方各负担一半。契税：购买房屋金额的 2%～4%。买受人负担。国家规定：120 平方米以下为总房价的 2%，120 平方米以上为总房价的 4%，1998 年 6 月以前竣工的空置房免契税。

3. 在申办产权证过程中需缴纳的税费。房屋产权登记费：0. 3 元/平方米（建筑面积）。土地使用权登记费：0. 13～0. 3 元/平方米（占地面积）。房屋所有权证：4 元/件。房屋所有权证印花税：5 元/件。国有土地所有证：20 元/件。

客户首付款占总价 30%，申请总款 70%，20 年期（240 个月）的个人住房贷款，采用等额本息还款法。

同样的一套住房，考虑以租房的方式入住 20 年，问当月租金是多少时，买房和租房在现金支出方面是没有差别的？

任务 2　收藏品投资

➢ 实训目标

要求熟悉当前我国收藏品投资市场，并根据投资收益和风险偏好选择合适的收藏品投资。

➢ **实训预备**

一、了解收藏品基本类型

收藏品分为自然历史、艺术历史、人文历史和科普历史四类，具体分为文物类、珠宝、名石和观赏石类、钱币类、邮票类、文献类、票券类、商标类、徽章类、标本类、陶瓷类、玉器类、绘画类。

1. 文物类。包括历史文物、古代建筑物实物资料、雕塑、铭刻、器具、民间艺术品、文具、文娱用品、戏曲道具品、工艺美术品、革命文物等。其中器具包括金银器、锡铅器、漆器、法器、家具、织物、地毯、钟表、烟壶、扇子等；工艺美术品包括料器、珐琅、紫砂、木雕、藤竹器等。

2. 书画类。包括书法、碑帖、拓本、国画、油画、水彩画、水粉画、漆画、连环画等。

3. 陶瓷类。包括陶器、瓷器、紫砂陶等。

4. 玉器类。包括玉礼器、玉兵器、玉器具，以及玉陈设器等。

5. 珠宝、名石和观赏石类。包括雕琢的珠宝翠玉，以及天然形成未经人工雕琢为主的各种砚石、印石、奇石与观赏石，如中国四大奇石：《东坡肉形石》、《岁月》、《中华神鹰》、《小鸡出壳》。

6. 钱币类。包括历代古钱币及现代世界各国货币。

7. 票证类。邮票包括世界各国邮票及与集邮相关的其他收藏品。证券包括印花税票、奖券、门券、商品票券、交通票证、月票花、毛主席语录票证等藏品。

8. 文献类。包括书籍、报刊、档案、照片及影剧说明书、海报等各种文字资料。

9. 模型类。包括火车、汽车、飞机、宇宙飞船、军舰、坦克等，与实物按比例制作的精美模型。

10. 徽章类。包括纪念章、奖章、证章及其他各种徽章。

11. 商标类。包括火花、烟标、酒标、糖纸。

12. 标本类。包括动物标本、植物标本和矿物标本等。

目前在拍卖品市场比较火爆和受到藏友追捧的收藏品类主要有书画、陶瓷、玉器、珠宝、名石等，这些亦被藏友们通称为大件藏品。而其他一些藏品，通常被藏友们称之为杂件。

二、掌握收藏品投资技巧

1. 古玩收藏技巧。

（1）选择藏品要少而精，且量财力而行。投资者应根据个人兴趣爱好，选择二三样作为投资对象。同时还应考虑自身的财力，如果是新手，不妨选择一种长期稳定的藏品或从小件精品入手。

（2）培养一定的鉴赏能力。投资古玩最好先从收藏古玩开始，在兴趣和嗜好的引导下，潜心研究相关资料，经常参加拍卖会，参观古玩展览，来往于古玩商店和旧货市场。有机会的话，不妨深入到穷乡僻壤和收藏者家中，在实践中积累经验，以不断提高鉴赏水平。

（3）心理准备。须有“只要物有所值，肯花一定代价购买上乘古玩”的心理准备。只要是精品，就可大胆买入，否则会错过盈利机会。

（4）树立长期投资意识。古玩投资是一种长期投资，只有长期持有，才能获利丰厚。

（5）妥善保管藏品，使其保持最佳状态。

（6）正确估算藏品的投资净值。这中间，要充分考虑购买、保管和出售藏品所付出的各项费用。

2. 书画投资技巧。

（1）提防假画。当今，在拍卖艺术品市场中，有信誉和鉴定能力的公司不多。而且，在艺术品中赝品最为泛滥的是书画，因为造假相对比较容易，只要能够写字画画的皆能临摹，居心不良者常常拿出来就当做真品哄骗买家。当然，能够达到高仿的水准为数极少，因此仿品多数质量低劣。目前有很多小公司无底价拍卖名家书画作品比比皆是，连李可染、齐白石、唐云、傅抱石、陆俨少、张大千等作品也是数千元之低，像那类东西可谓十有十假，稍为有清醒头脑的人也不会相信。因为价格和市场脱节严重，想捡漏没那么容易。但也有高仿的，则令买家头疼。如果想买到真品，一方面要提高自己的文化修养和审美水平，另一方面也可请专业人士掌眼。如果要收藏当代画家的，最稳妥之法就是直接从书画家手中购求，或参加有信誉的专业艺术品拍卖行的拍卖。

（2）精粗强弱。同一画家的作品亦有精粗问题，也有一个强弱之分。在其一生作品中难免有敷衍之笔，不可能全部是精心之作。还有其作品中自有擅长一面，不可能面面俱到。如李可染的山水和童子骑牛、唐云的花鸟、齐白石的虾蟹、徐悲鸿的马、陆俨少的山水、杨之光的没骨人物、任伯年的人物等，这些都是他们本人的强项。故此，在这些名家中的真品，其价格也受作品的质量影响而有高低之分。还有每个画家的艺术生命也有成熟高峰时期，所以买家一定要对此有所了解，这样才能准确把握到其价格的合理性。

（3）印章题款。在每张作品中，必然有款与印，这样作品才叫完美。虽是名家真品，但由于某些原因，也有些作品出现款印全无、有款无印、有印无款，或只有收藏者印章等，这些就算是真品其价格也大打折扣，其价位和完美作品相比可能相差一半左右。通常题长款、题诗，或有其他名家后题的，该作品价格一般比同类作品要高很多。如旧画者，若有著录、皇帝、大藏家题款或收藏印等，其价位可能高至数倍。

（4）价格差异。书画艺术品，可能会受地域、作品时代等因素影响。如岭南画派作品的价格在北方的拍卖会上会比在广东要低，北方的画家可能在南方的市场没有在北方那么火红，这个就是地域的差异。还有作者的作品质量高低也影响着其价格的差异。这个投资者一定要有所了解，才能分辨出行情的走向和合理尺度，不会给漫天要价的现象所困惑。

（5）纸白面新。这个是衡量作品的新、旧、残、破的标准。完美的作品和残缺的作品价格的差距很大，和陶瓷一样，特别是书画作品，纸白面新的比残缺要高数倍。若纸质为上等的宣纸，价格还会微微上扬。装裱粗糙、残脱不平、折痕受污等，其价格会大受影响。如旧画是原装的老画老裱，价格会比老画新裱要高。所以，对旧画能不翻裱的就不要翻裱，以免影响其现有的价值。

（6）小心炒作。炒作是现有艺术品的一种常见现象，现在有很多所谓“大师”、“名家”都是炒作而来，其拍卖的价格远远比其作品的真实价格要高数倍，对投资者来说这类画家的作品要小心入市，千万不要跟风而投入巨资收藏，如果盲目跟风入市，真有如购买垃圾股票一样，只有永远被套，想出手的时候可能都难以找人承接。真正能经得起时间考验的艺术作品，是要以作者的涵养和技法水平高低来衡量的，并不是靠炒作而来。所以，投资书画对于初入门的买家来说，应该先要多了解书画的历史和现在美术界的动态走向，不要看到或听到别人说是某某“大师”的作品，就头脑发热入市投资，一定要有理性的判断。因此，投资书画最怕随风而转，没有清醒的头脑。

3. 钱币收藏技巧。近期钱币收藏市场异常火爆，价格大涨。2011 年中国嘉德春拍上，2000 年中国人民银行发行的面值 30 000 元千禧年纪念金币获价 770.5 万元。高回报率使得各路资金不断涌向钱币市场，更加快了老银元、第三套和第四套人民币、现代金银币的上涨，价格连续创出了历史新高。

其实，钱币收藏也属于大众收藏，门槛低，交易相对较灵活，只需把握 3 个要点，就能玩得更开心。

（1）减少盲目性。钱币收藏和投资，不是看见哪个品种涨得快就收哪个。收藏钱币要有针对性，可从最熟悉的方面入手，根据自己的经济实力选择钱币品种，可减少盲目性。

普通的工薪族钱币收藏者因财力和精力所限，不可能面面俱到，样样都涉足其中。应该着重从自己熟悉且有升值空间的钱币品种入手，尽可能做到价格与价值的统一。

流通纪念币入市门槛较低，且价廉物美，适合初涉钱币市场的人参与。现代金银币被誉为“贵族藏品”，投入的资金额较大，适合经济实力较强的人购买。投资者和收藏者要根据自己的经济实力，跟踪热门品种，也要善于挖掘有升值潜力的冷门品种，在热点形成前先行“潜伏”。

（2）选择适合自己的品种。古钱币品种多，千万不能选花了眼。

钱币涉及面广，其中不乏一些罕见的珍稀版式。历史上，先后出现了贝币、布币和各式花钱等，有古钱币、金银币、第一套至第五套人民币、各种硬币和纸币等，内容极为丰富。钱币作为一种特殊的商品，其价值会随着时间的推移和经济的发展而得到大幅度提升。

从近几年来钱币市场的走势和拍卖行情看，近代银元喜现升机，高端古钱拍卖渐入佳境。如“中华民国”三年版“袁大头”银元，20 世纪 90 年代末不过 50 多元，现在最新价已达到 750 元，品相好的甚至超过千元。

第四套人民币走势强劲。但第二套人民币的涨幅相对还不大，第二套人民币的实际存世量要比第三套、第四套人民币少得多，补涨行情迟早会来临。

除此之外，生肖金银币和彩色金银币板块走势也较为强劲，钱币收藏者可多加关注。

（3）钱币保存有讲究。收藏的钱币在保存中有许多应注意的地方，相对而言，更难保存的是纸币。简单地说，纸币的保存有“四防”，即防霉、防折、防蛀和防褪。

防霉和防褪的关键在于防潮。最佳室内温度是 18～20 度，相对湿度最好是 50～60 度。在处理藏品时，应该按分类保管。而防折和防蛀则需要用抽屉式的钱柜，用不同的钱币册，或用板块式的钱币匣，分别入藏。

尤其需要注意的是，钱币入藏之前，必须经过干燥处理，切忌汗手接触。钱币柜、匣、册，应放置在干燥无光的地方，以免潮湿生锈，纸币则还要防止油渍等污染，每年至少要见一次阳光。

在进行钱币投资时，永远要把规避风险放在第一位，投资获利放其次。宁可少赚钱，也不要赔钱。

➢ 实务操作

1. 利用网络资源调查全国投资市场，实地调查九江市信华广场二楼古玩城，深入总结收藏品投资的经验，分析比较收藏品投资的进入门槛、流动性、收益性、风险性。

2. 某客户手中有闲置资金50万元，风险偏好为“积极型”，在市场中选择合适的收藏品推荐给客户。

3. 全班学生分成若干小组，以小组形式进行投资分析，在实训课堂上每个小组推荐至少1名同学进行投资方案的说明，包括投资的收藏品的基本资料、进入门槛、流动性、收益性、风险性。

项目十一

退休规划

任务 1　录入退休生活信息

➢ **实训目标**

了解客户的退休生活目标和已经具备的退休资源信息，把这些信息录入智盛金融理财规划系统。

➢ **实训预备**

1. 登录智盛金融理财规划系统，如图 11－1 所示。

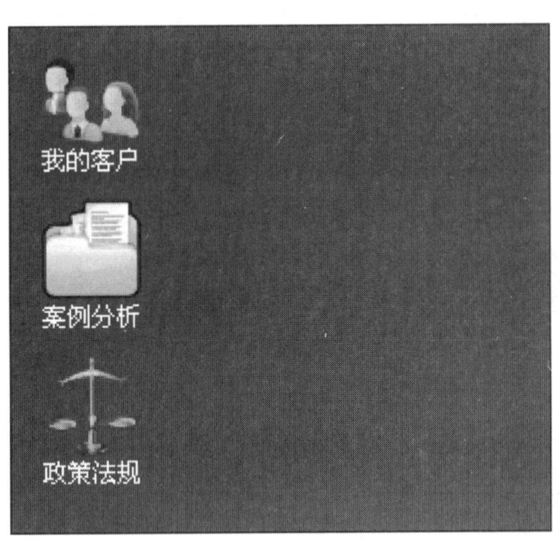

图 11－1　登录理财规划系统

2. 用鼠标单击“我的客户”图标，打开我的客户，出现如图 11－2 的界面。

3. 双击打开客户资料，比如双击图 11－2 中的“李智贤”的资料，出现如图 11－3 的界面。

图 11－2　客户资料

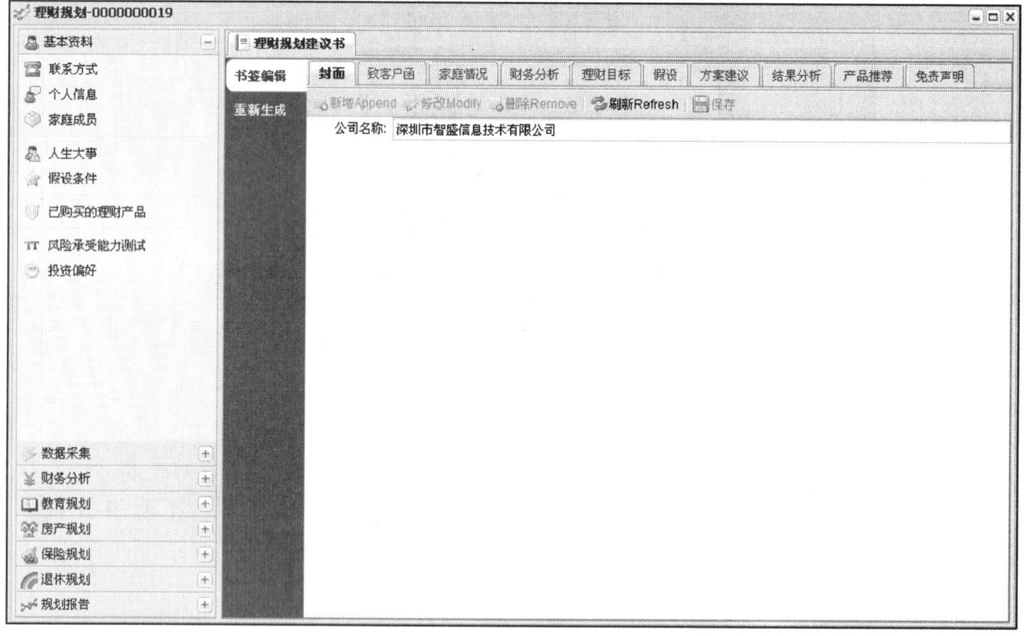

图 11－3　具体客户信息

4. 单击左侧菜单中的“数据采集”选项，进入如图 11－4 的界面。

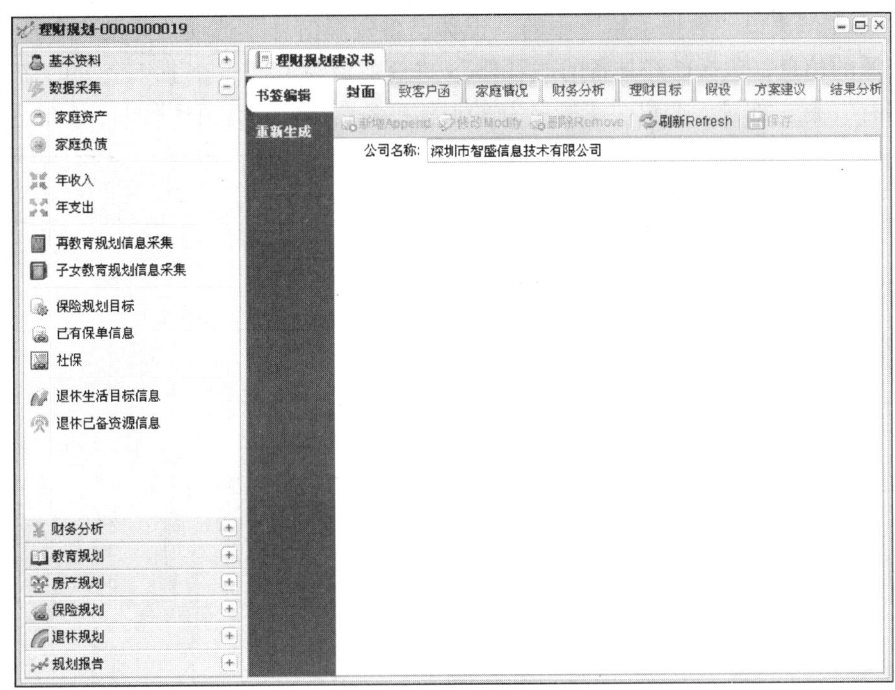

图 11－4　数据采集

5. 单击左侧菜单“数据采集”中的“退休生活目标信息”选项，并录入客户的“退休后支出调整系数”，智盛理财规划系统会根据客户已经录入的信息自动计算出“退休后年实际支出金额现值”，最后单击“保存”键即可。如录入客户“李智贤”的退休生活目标信息，出现如图 11－5 的界面。

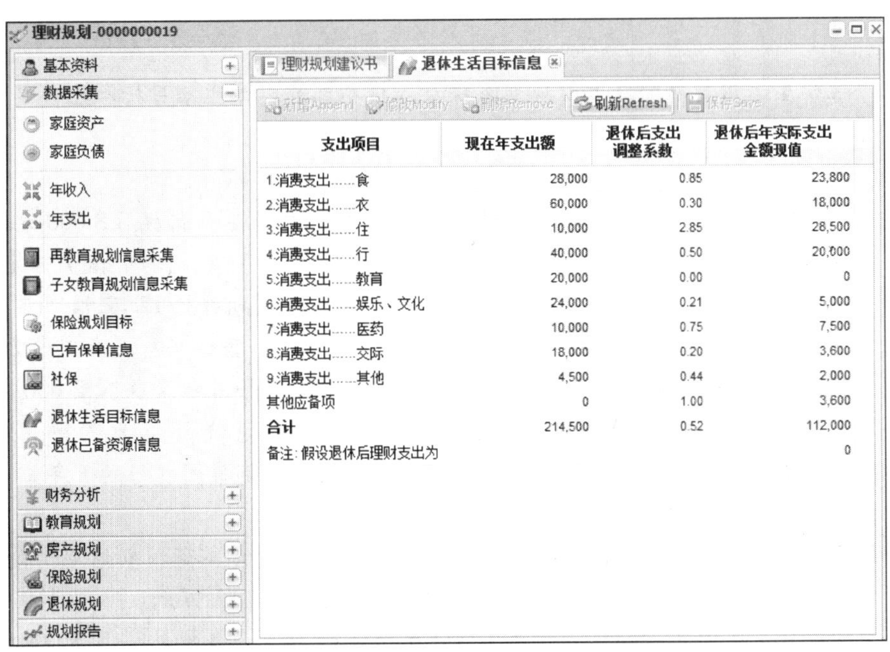

支出项目	现在年支出额	退休后支出调整系数	退休后年实际支出金额现值
1.消费支出……食	28,000	0.85	23,800
2.消费支出……衣	60,000	0.30	18,000
3.消费支出……住	10,000	2.85	28,500
4.消费支出……行	40,000	0.50	20,000
5.消费支出……教育	20,000	0.00	0
6.消费支出……娱乐、文化	24,000	0.21	5,000
7.消费支出……医药	10,000	0.75	7,500
8.消费支出……交际	18,000	0.20	3,600
9.消费支出……其他	4,500	0.44	2,000
其他应备项	0	1.00	3,600
合计	214,500	0.52	112,000
备注：假设退休后理财支出为			0

图 11－5　退休后年实际支出金额

6. 单击左侧菜单“数据采集”中的“退休已备资源信息”选项，并录入客户的退休已经具备资源的信息，包括已经具备的“社保”、“商业保险”和“企业年金”的信息，最后单击“保存”键。如录入客户“李智贤”的退休已备资源信息，出现图 11－6 的界面。

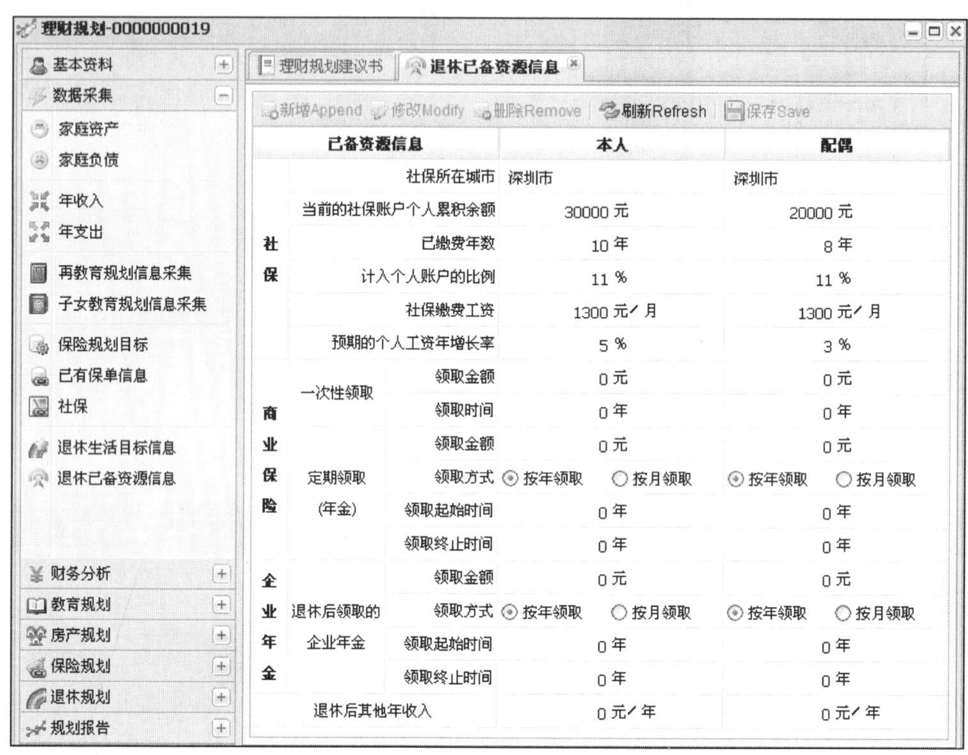

图 11－6　退休已备资源信息

➢ 实务操作

全班每位学生运用智盛金融理财规划系统录入模拟客户退休生活目标和已备退休资源的信息。

客户资料：

张先生 42 岁，张太太 37 岁，儿子 14 岁正在读初中，张先生月薪税后 8 000 元，年终奖金有 2 万元，张太太月薪税后 5 000 元。夫妻俩共有资产：（1）有一辆价值 7 万元的车子，一年支出 1.2 万元左右；（2）目前有活期储蓄存款 4 万元，定期存款 12 万元；（3）耐用消费品贷款 5.5 万元，每月还款 5 000 元，12 个月还清；（4）两套住房：一套市价 80 万元的住房用于出租，4 年前以总价 65 万元购买，20 年按揭购买，每月租金收入 2 000 元，正好抵每月按揭款。一套市价 100 万元的住房用于自住，9 年前以总价 78 万元购买，20 年按揭购买，贷款余额 23.5 万元；（5）在国泰君安证券公司购入宝钢集团发行的 5 年期企业债现值 5 万元；（6）在博时基金公司购入股票型基金 10 万元。

今年张先生在饭馆刷信用卡消费 2 800 元还未还款，张太太在商场刷信用卡消费 8 000 元还未还款，应付话费 300 元，应付水电气费 200 元，应付保费 3 万元。

张先生的家庭固定开支：养车费每月 1 000 元，还耐用消费品贷款每月 5 000 元（1 年还清），房贷每月 2 000 元左右。

张先生的家庭可变开支：张先生一家每月基本生活费用 1 000 元，衣物开支 800 元，交通、通信费开支 600 元，水电煤开支 300 元，根据张先生一家的健康状况，每月医药费支出 300 元，人情世故费用支出平均每月 500 元。

张先生的家庭灵活性开支：娱乐、旅游、美容健身、文化教育等。这部分属于非必要性开支，一般控制在每月 1 000 元左右。

张先生的家庭退休后支出调整系数：消费支出—食、衣、住、行、教育、娱乐、医药、交际、其他的调整系数分别为：0.8、0.3、3、0.5、0、0.3、1.5、0.2、0.5。

张先生的家庭退休已备资源信息：本人当前的社保账户个人累积余额 4 万元，已缴费年数 15 年，计入个人账户的比例 11%，社保缴费工资 1 200 元/月，预期的个人工资年增长率 5%；配偶当前的社保账户个人累积余额 2 万元，已缴费年数 10 年，计入个人账户的比例 11%，社保缴费工资 1 000 元/月，预期的个人工资年增长率 3%。张先生的家庭无商业保险和企业年金。

任务 2　退休规划软件操作

➢ 实训目标

在了解客户的退休生活目标和已经具备的退休资源信息的基础上，运用智盛金融理财规划系统为客户进行退休规划。

➢ 实训预备

1. 登录金融理财规划系统以后，双击打开客户资料，如双击系统中“李智贤”的资料，出现如图 11－7 的界面。

图 11－7　客户基本资料

2. 单击左侧菜单中的“退休规划”选项，进入如图 11－8 的界面。

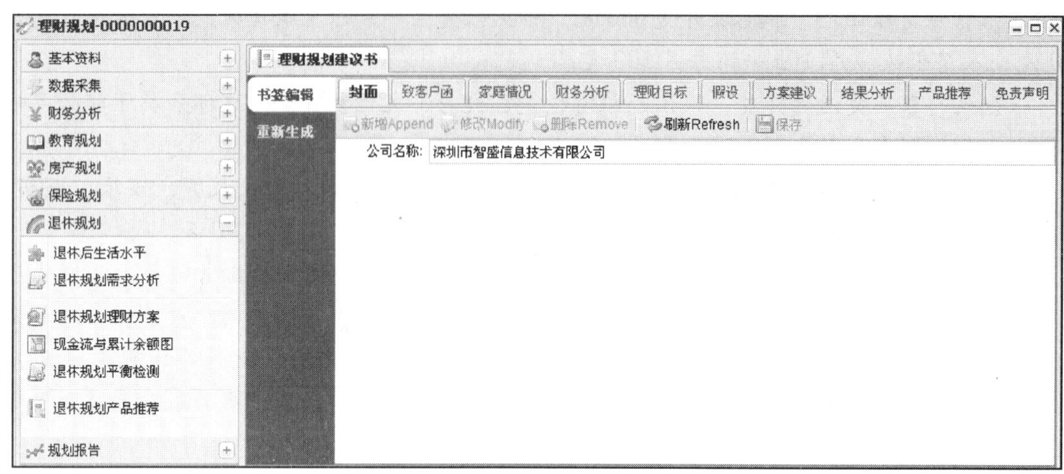

图 11－8 退休规划选项

3. 单击左侧菜单“退休规划”中“退休后生活水平”选项，金融理财规划系统会根据已经录入的客户信息自动计算出客户退休后的生活目标及其详情。如运用金融理财规划系统计算客户“李智贤”的退休后的生活目标及其详情，出现如图 11－9 的界面。

现在的年生活支出	退休后支出调整系数	退休后年支出现值	退休时年生活支出	退休后10年年生活支出	退休后20年年生活支出	退休后30年年生活支出
214,500	0.52	112,000	226,892	335,854	497,147	735,899

生活目标详细情况

支出项目	现在每年支出金额	退休后支出调整系数	退休后年支出(现值)	退休后年支出(退休时)
1.消费支出……食	28,000	0.85	23,800	48,215
2.消费支出……衣	60,000	0.30	18,000	36,465
3.消费支出……住	10,000	2.85	28,500	57,736
4.消费支出……行	40,000	0.50	20,000	40,516
5.消费支出……教育	20,000	0.00	0	0
6.消费支出……娱乐、文化	24,000	0.21	5,000	10,129
7.消费支出……医药	10,000	0.75	7,500	15,194
8.消费支出……交际	18,000	0.20	3,600	7,293
9.消费支出……其他	4,500	0.44	2,000	4,052
其他应备项	0	1.00	3,600	7,293
合计	214,500	0.52	112,000	226,892

图 11－9 退休后生活目标及详情

4. 单击左侧菜单“退休规划”中“退休规划需求分析”选项，金融理财规划系统会根据已经录入的客户信息自动分析客户退休规划需求。如运用金融理财规划系统分析客户“李智贤”的退休规划需求，出现如图 11－10 的界面。

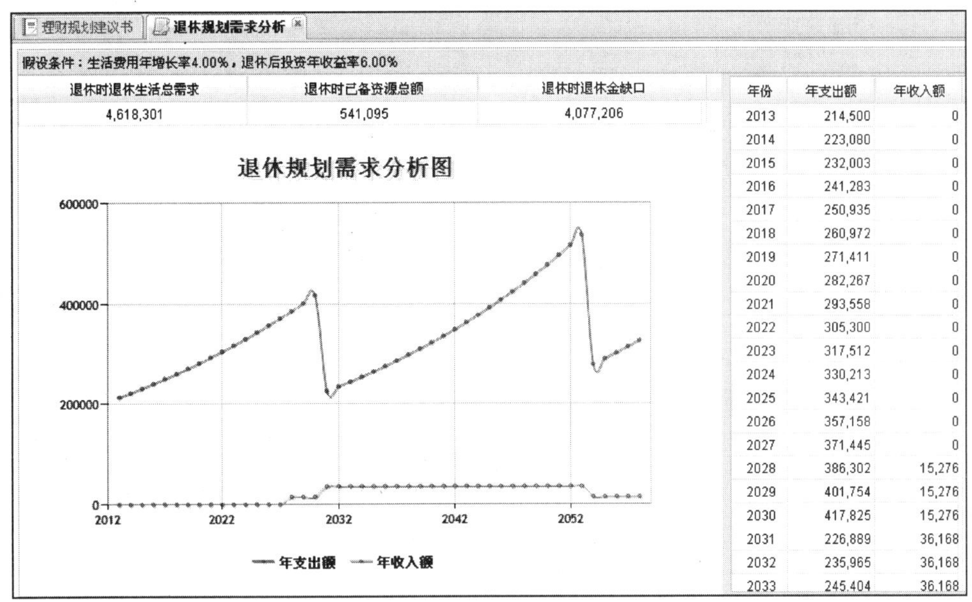

退休时退休生活总需求	退休时已备资源总额	退休时退休金缺口
4,618,301	541,095	4,077,206

年份	年支出额	年收入额
2013	214,500	0
2014	223,080	0
2015	232,003	0
2016	241,283	0
2017	250,935	0
2018	260,972	0
2019	271,411	0
2020	282,267	0
2021	293,558	0
2022	305,300	0
2023	317,512	0
2024	330,213	0
2025	343,421	0
2026	357,158	0
2027	371,445	0
2028	386,302	15,276
2029	401,754	15,276
2030	417,825	15,276
2031	226,889	36,168
2032	235,965	36,168
2033	245,404	36,168

图 11－10　退休规划需求分析

5. 单击左侧菜单“退休规划”中“退休规划理财方案”选项，录入客户投资组合的期望“投资年收益率”，金融理财规划系统会自动计算出“一次性投资金额”和“每月定期定额”，然后选择其中某一投资组合作为首选投资组合。如客户“李智贤”的退休规划理财方案，如图 11－11 所示。

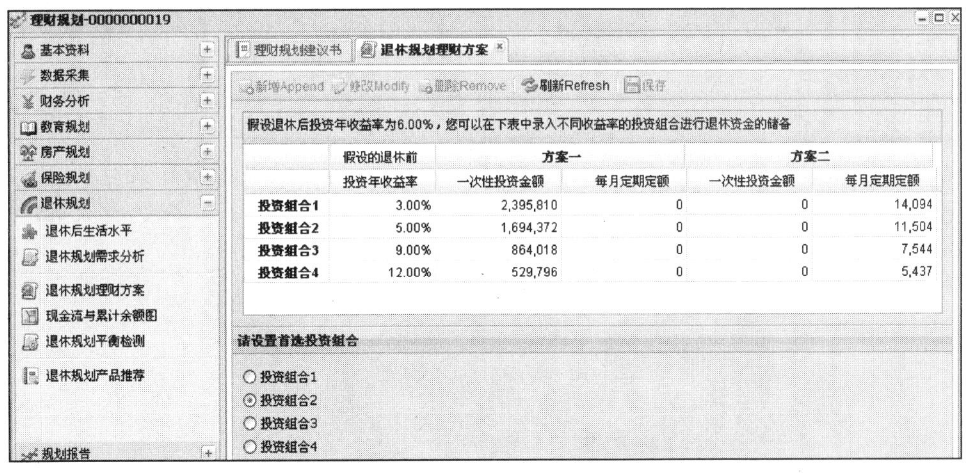

	假设的退休前投资年收益率	方案一 一次性投资金额	方案一 每月定期定额	方案二 一次性投资金额	方案二 每月定期定额
投资组合1	3.00%	2,395,810	0	0	14,094
投资组合2	5.00%	1,694,372	0	0	11,504
投资组合3	9.00%	864,018	0	0	7,544
投资组合4	12.00%	529,796	0	0	5,437

图 11－11　退休规划理财方案

6. 单击左侧菜单“退休规划”中“现金流与累计余额图”选项，金融理财规划系统会根据已经录入的客户信息自动计算出客户退休规划的现金流并显示累计余额图。如运用金融理财规划系统计算客户“李智贤”退休规划的现金流并显示累计余额图，出现如图 11－12 的界面。

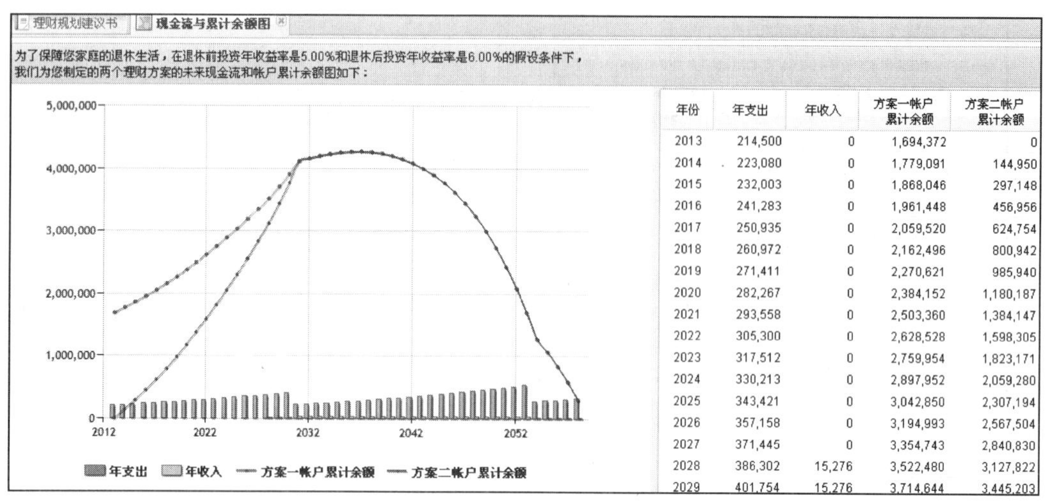

年份	年支出	年收入	方案一帐户累计余额	方案二帐户累计余额
2013	214,500	0	1,694,372	0
2014	223,080	0	1,779,091	144,950
2015	232,003	0	1,868,046	297,148
2016	241,283	0	1,961,448	456,956
2017	250,935	0	2,059,520	624,754
2018	260,972	0	2,162,496	800,942
2019	271,411	0	2,270,621	985,940
2020	282,267	0	2,384,152	1,180,187
2021	293,558	0	2,503,360	1,384,147
2022	305,300	0	2,628,528	1,598,305
2023	317,512	0	2,759,954	1,823,171
2024	330,213	0	2,897,952	2,059,280
2025	343,421	0	3,042,850	2,307,194
2026	357,158	0	3,194,993	2,567,504
2027	371,445	0	3,354,743	2,840,830
2028	386,302	15,276	3,522,480	3,127,822
2029	401,754	15,276	3,714,644	3,445,203

图 11－12　现金流与累计金额

7. 单击左侧菜单“退休规划”中“退休规划平衡检测”选项，金融理财规划系统会根据已经录入的客户信息自动对客户退休规划平衡检测，然后选择首选退休理财方案。如运用金融理财规划系统对客户“李智贤”退休规划平衡检测，出现如图 11－13 的界面。

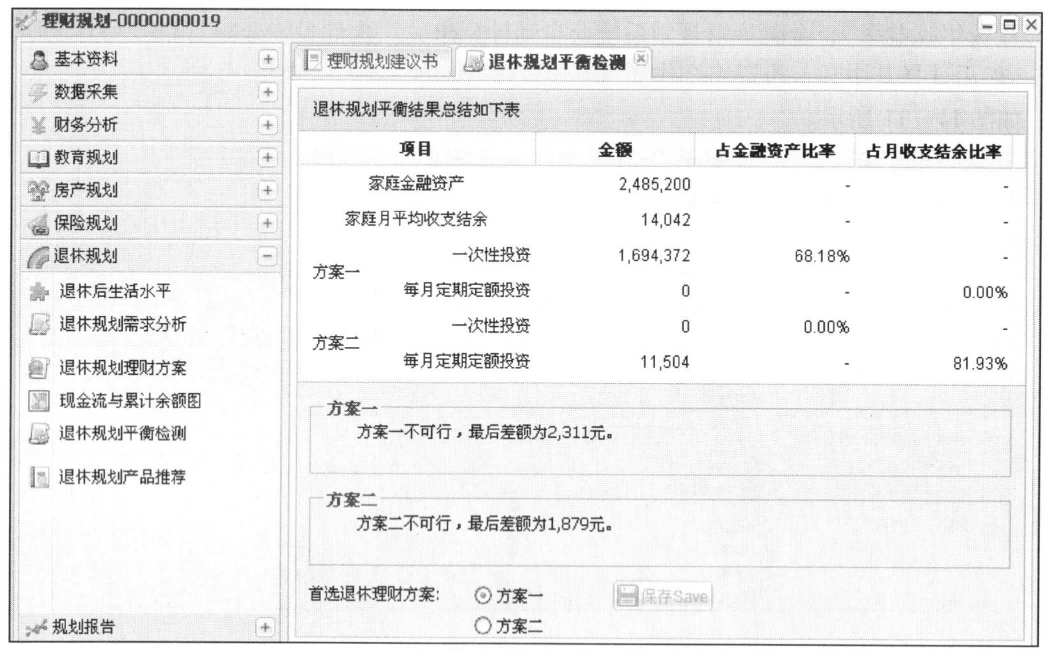

项目		金额	占金融资产比率	占月收支结余比率
家庭金融资产		2,485,200	-	-
家庭月平均收支结余		14,042	-	-
方案一	一次性投资	1,694,372	68.18%	-
	每月定期定额投资	0	-	0.00%
方案二	一次性投资	0	0.00%	-
	每月定期定额投资	11,504	-	81.93%

图 11－13　退休规划平衡检测

8. 单击左侧菜单“退休规划”中“退休规划产品推荐”选项，然后把推荐的退休规划产品录入智盛金融理财规划系统，包括“一次性投资”和“定期定额投资”，单击“新增/修改/删除”即可进行相应操作。以客户“李智贤”的退休规划产品推荐为例，如图 11－14 所示。

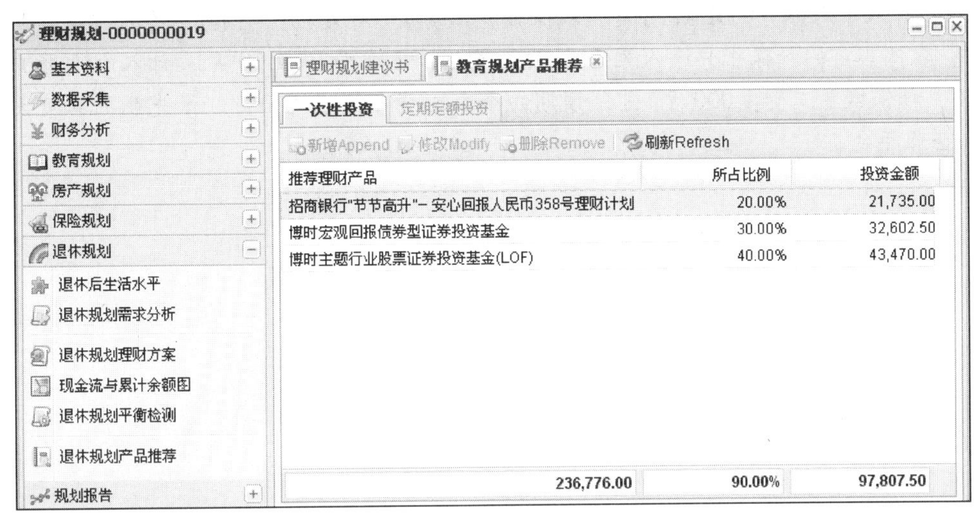

图 11－14　退休规划产品推荐

➢ 实务操作

1. 全班学生分为若干小组，每个小组运用智盛金融理财规划系统按照要求为模拟客户进行退休规划软件操作。

2. 实训课堂上，每个小组推荐 1 名学生代表进行退休规划的说明。

客户资料：

张先生 42 岁，张太太 37 岁，儿子 14 岁正在读初中，张先生月薪税后 8 000 元，年终奖金有 2 万元，张太太月薪税后 5 000 元。夫妻俩共有资产：(1) 有一辆价值 7 万元的车，一年支出 1.2 万元左右；(2) 目前有活期储蓄存款 4 万元，定期存款 12 万元；(3) 耐用消费品贷款 5.5 万元，每月还款 5 000 元，12 个月还清；(4) 两套住房：一套市价 80 万元的住房用于出租，4 年前以总价 65 万元购买，20 年按揭购买，每月租金收入 2 000 元，正好抵每月按揭款。一套市价 100 万元的住房用于自住，9 年前以总价 78 万元购买，20 年按揭购买，贷款余额 23.5 万元；(5) 在国泰君安证券公司购入宝钢集团发行的 5 年期企业债现值 5 万元；(6) 在博时基金公司购入股票型基金 10 万元。

今年张先生在饭馆刷信用卡消费 2 800 元还未还款，张太太在商场刷信用卡消费 8 000 元还未还款，应付话费 300 元，应付水电气费 200 元，应付保费 3 万元。

张先生的家庭固定开支：养车费每月 1 000 元，还耐用消费品贷款每月 5 000 元（1 年还清），房贷每月 2 000 元左右。

张先生的家庭可变开支：张先生一家每月基本生活费用 1 000 元，衣物开支 800 元，交通、通信费开支 600 元，水电煤开支 300 元，根据张先生一家的健康状况，每月医药费支出 300 元，人情世故费用支出平均每月 500 元。

张先生的家庭灵活性开支：娱乐、旅游、美容健身、文化教育等。这部分属于非必要性开支，一般控制在每月 1 000 元左右。

张先生的家庭退休后支出调整系数：消费支出——食、衣、住、行、教育、娱乐、医药、交际、其他的调整系数分别为：0.8、0.3、3、0.5、0、0.3、1.5、0.2、0.5。

张先生的家庭退休已备资源信息：本人当前的社保账户个人累积余额 4 万元，已缴费年数 15 年，计入个人账户的比例 11%，社保缴费工资 1 200 元/月，预期的个人工资年增长率为 5%；配偶当前的社保账户个人累积余额 2 万元，已缴费年数 10 年，计入个人账户的比例 11%，社保缴费工资 1 000 元/月，预期的个人工资年增长率 3%。张先生的家庭无商业保险和企业年金。

项目十二

生成金融理财规划建议书

➢ 实训目标

运用金融理财规划系统，为客户制作金融理财规划建议书。

➢ 实训预备

金融理财规划建议书书签编辑

1. 登录智盛金融理财规划系统，如图 12－1 所示。

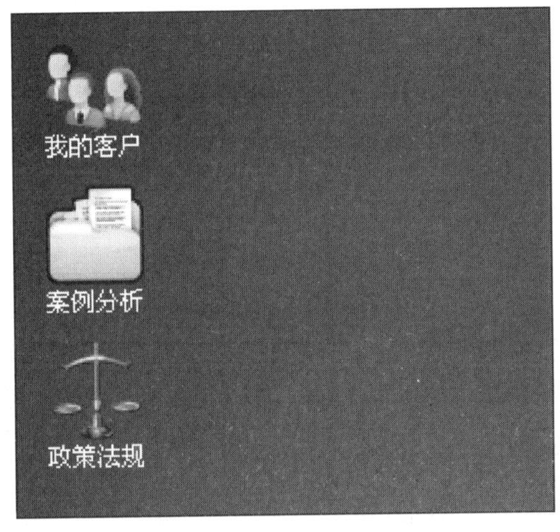

图 12－1　登录理财规划系统

2. 用鼠标单击“我的客户”图标，打开我的客户，出现如图 12－2 的界面。
3. 双击客户资料，如双击上图中“李智贤”的资料，出现如图 12－3 的界面。

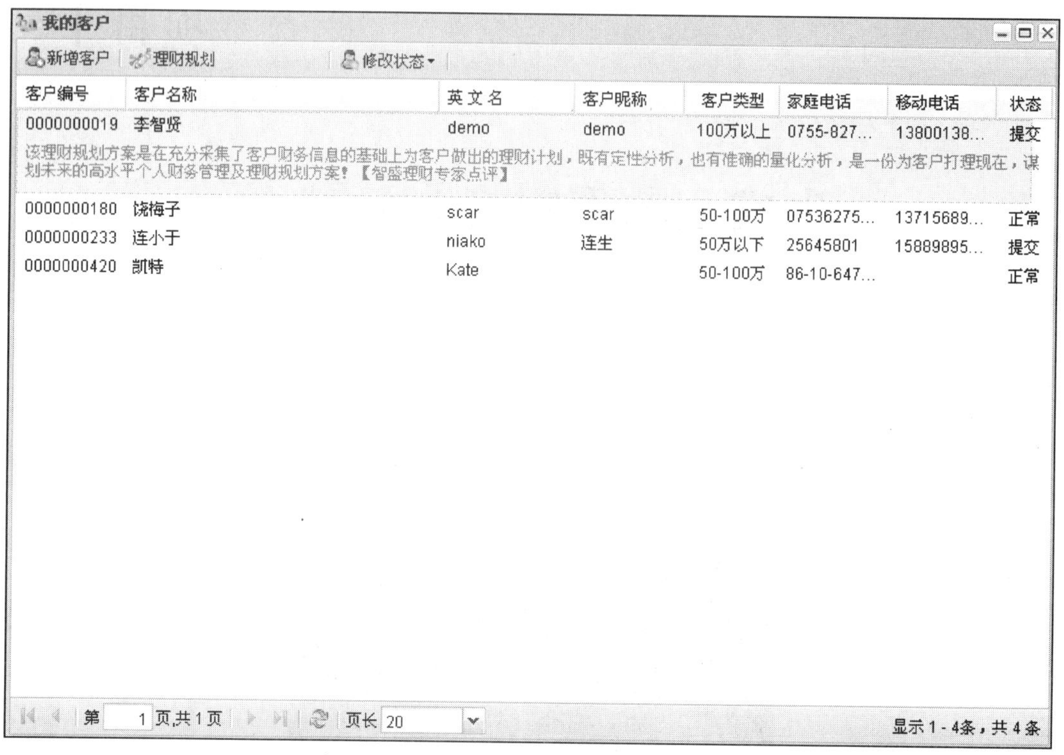

图 12－2　客户信息

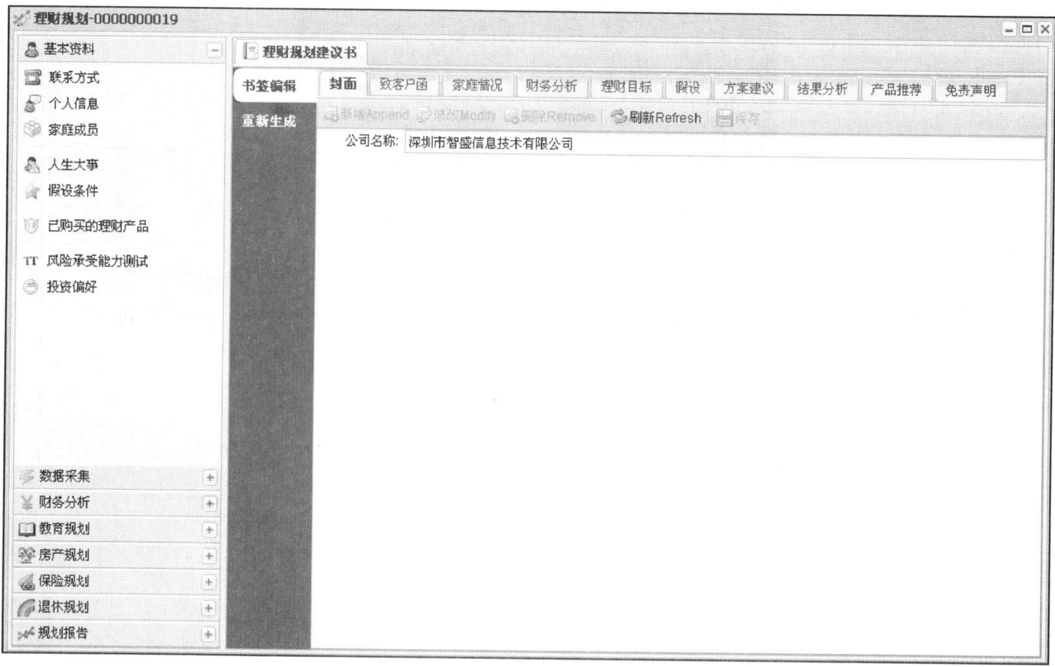

图 12－3　具体客户资料

4. 在空格内输入制作金融理财规划建议书的单位名称，如输入“金融理财工作室”，单击“保存”键即可，出现如图 12－4 的界面。

图 12－4　制作建议书的单位名称

5. 单击上方菜单中的“致客户函”选项，在“感谢语”、“内容”、“祝福语”、“规划师”后面的空格内输入相应内容，单击“保存”键即可，出现如图 12－5 的界面。

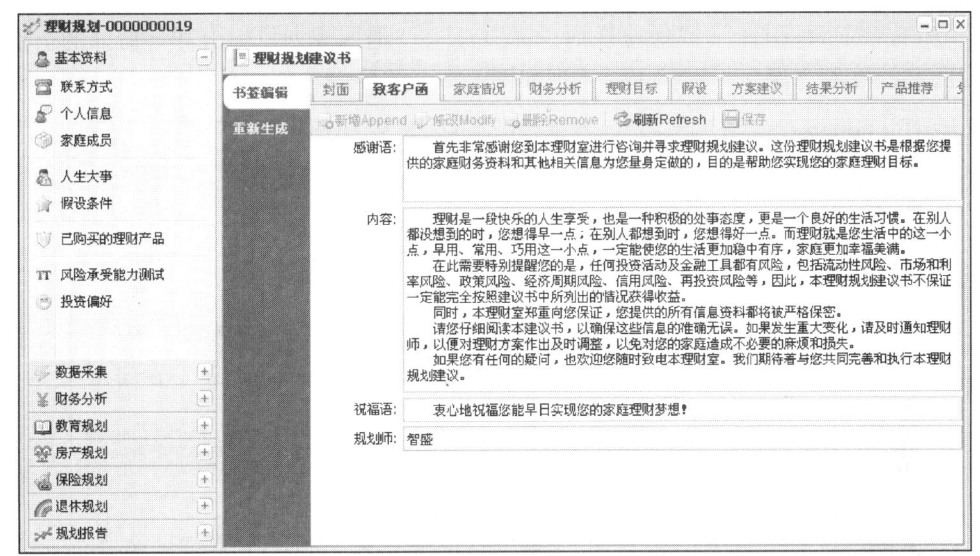

图 12－5　致客户函

6. 单击上方菜单中的“家庭情况”选项，在“家庭成员情况简述”、“家庭财务情况说明”后面的空格内输入相应内容，单击“保存”键即可，出现如图 12－6 的界面。

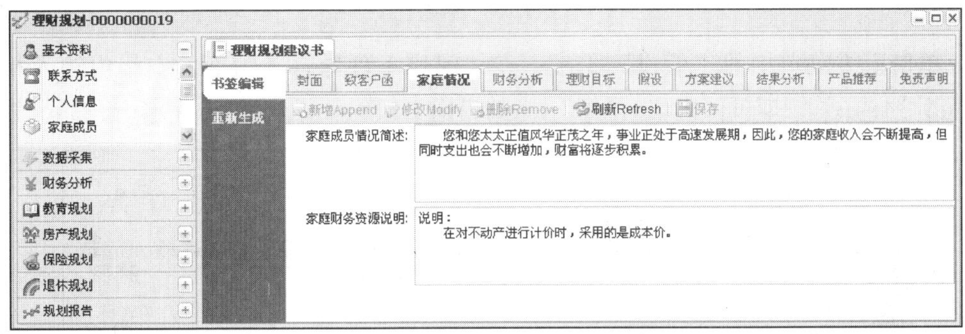

图 12－6　家庭成员及财产情况

7. 单击上方菜单中的“财务分析”选项，在“财务指标分析结论”后面的空格内输入相应内容，单击“保存”键即可，出现如图 12－7 的界面。

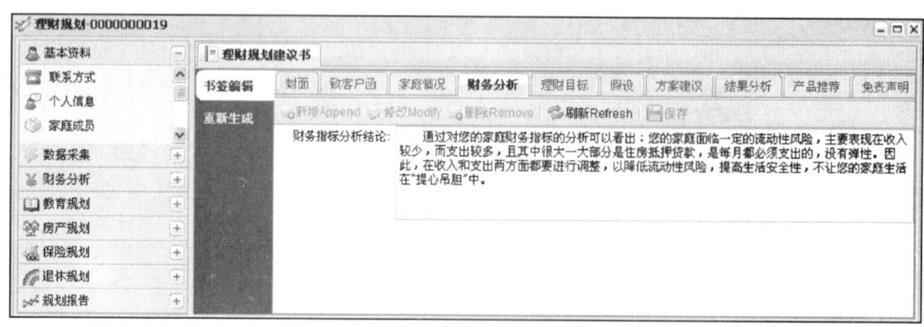

图 12－7 财务指标分析

8. 单击上方菜单中的“理财目标”选项，在“风险承受能力描述”、“教育规划目标引言”、“房产规划目标引言”、“保险规划目标引言”、“退回规划目标引言”后面的空格内输入相应内容，单击“保存”键即可，出现如图 12－8 的界面。

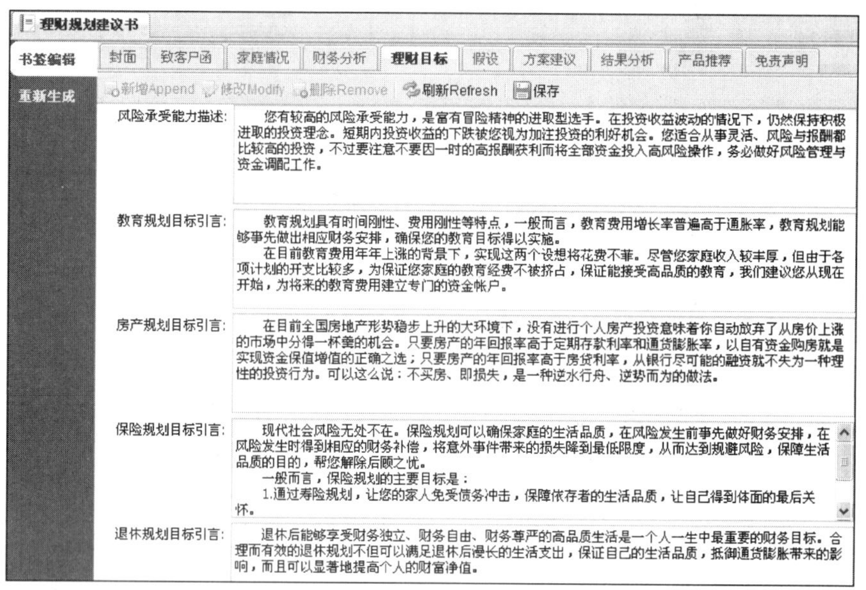

图 12－8 理财目标

9. 单击上方菜单中的“假设”选项，在“家属条件导言”后面的空格内输入相应内容，单击“保存”键即可，出现如图 12－9 的界面。

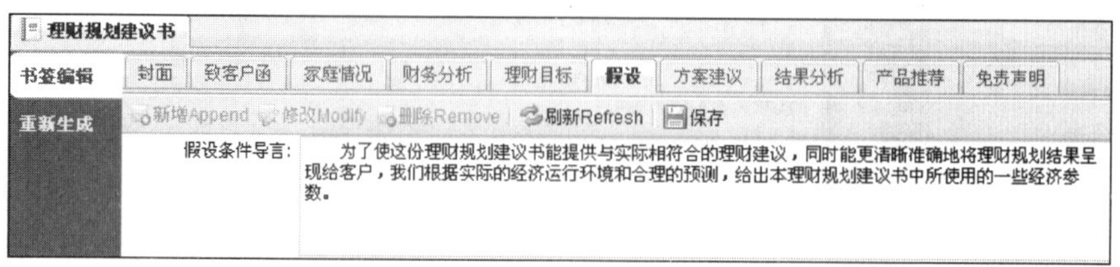

图 12－9 假设条件导言

10. 单击上方菜单中的“方案建议”选项，把“教育规划的方案建议”、“房产规划的方案建议”、“保险规划的方案建议”、“退休规划的方案建议”中的内容填写完毕之后，单击“保存”键即可，出现如图 12－10 的界面。

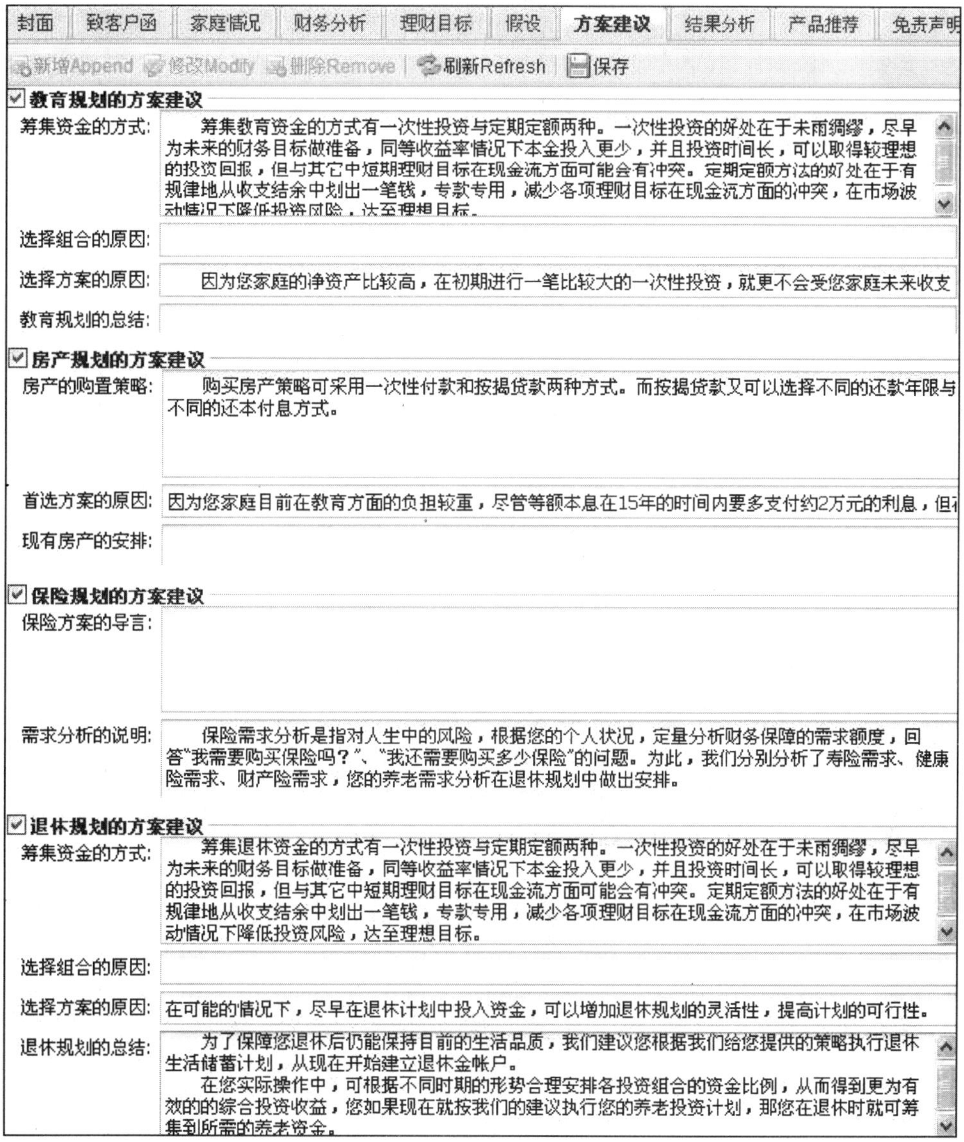

封面 | 致客户函 | 家庭情况 | 财务分析 | 理财目标 | 假设 | 方案建议 | 结果分析 | 产品推荐 | 免责声明

新增Append　修改Modify　删除Remove　刷新Refresh　保存

☑ 教育规划的方案建议

筹集资金的方式：　筹集教育资金的方式有一次性投资与定期定额两种。一次性投资的好处在于未雨绸缪，尽早为未来的财务目标做准备，同等收益率情况下本金投入更少，并且投资时间长，可以取得较理想的投资回报，但与其它中短期理财目标在现金流方面可能会有冲突。定期定额方法的好处在于有规律地从收支结余中划出一笔钱，专款专用，减少各项理财目标在现金流方面的冲突，在市场波动情况下降低投资风险，达至理想目标。

选择组合的原因：

选择方案的原因：　因为您家庭的净资产比较高，在初期进行一笔比较大的一次性投资，就更不会受您家庭未来收支

教育规划的总结：

☑ 房产规划的方案建议

房产的购置策略：　购买房产策略可采用一次性付款和按揭贷款两种方式。而按揭贷款又可以选择不同的还款年限与不同的还本付息方式。

首选方案的原因：因为您家庭目前在教育方面的负担较重，尽管等额本息在15年的时间内要多支付约2万元的利息，但右

现有房产的安排：

☑ 保险规划的方案建议

保险方案的导言：

需求分析的说明：　保险需求分析是指对人生中的风险，根据您的个人状况，定量分析财务保障的需求额度，回答“我需要购买保险吗？”、“我还需要购买多少保险”的问题。为此，我们分别分析了寿险需求、健康险需求、财产险需求，您的养老需求分析在退休规划中做出安排。

☑ 退休规划的方案建议

筹集资金的方式：　筹集退休资金的方式有一次性投资与定期定额两种。一次性投资的好处在于未雨绸缪，尽早为未来的财务目标做准备，同等收益率情况下本金投入更少，并且投资时间长，可以取得较理想的投资回报，但与其它中短期理财目标在现金流方面可能会有冲突。定期定额方法的好处在于有规律地从收支结余中划出一笔钱，专款专用，减少各项理财目标在现金流方面的冲突，在市场波动情况下降低投资风险，达至理想目标。

选择组合的原因：

选择方案的原因：在可能的情况下，尽早在退休计划中投入资金，可以增加退休规划的灵活性，提高计划的可行性。

退休规划的总结：　为了保障您退休后仍能保持目前的生活品质，我们建议您根据我们给您提供的策略执行退休生活储蓄计划，从现在开始建立退休金帐户。
　在您实际操作中，可根据不同时期的形势合理安排各投资组合的资金比例，从而得到更为有效的的综合投资收益，您如果现在就按我们的建议执行您的养老投资计划，那您在退休时就可筹集到所需的养老资金。

图 12－10　方案建议

11. 单击上方菜单中的“分析结果”选项，把“规划结果分析的导言”、“现金流量表分析说明”、“资产负债表分析说明”、“理财目标的实现情况”中的内容填写完毕之后，单击“保存”键即可，出现如图 12－11 的界面。

12. 单击上方菜单中的“产品推荐”选项，把“教育规划产品描述”、“房产规划产品描述”、“保险产品推荐描述”、“退休规划产品描述”中的内容填写完毕之后，单击“保存”键即可，出现如图 12－12 的界面。

理财规划建议书

书签编辑 | 封面 | 致客户函 | 家庭情况 | 财务分析 | 理财目标 | 假设 | 方案建议 | 结果分析 | 产品推荐 | 免责声明

重新生成

新增Append 修改Modify 删除Remove 刷新Refresh 保存

规划结果分析的导言：结合您提出的家庭理财目标和您的家庭实际的财务状况，我们对您的家庭理财作了规划。现将规划的结果作一分析。下面将从规划后的现金流量表分析、资产负债表分析和家庭理财目标的实现情况等三个方面将理财规划的结果呈现出来。

现金流量表分析说明：

资产负债表分析说明：

理财目标的实现情况：

图 12－11　方案分析结果

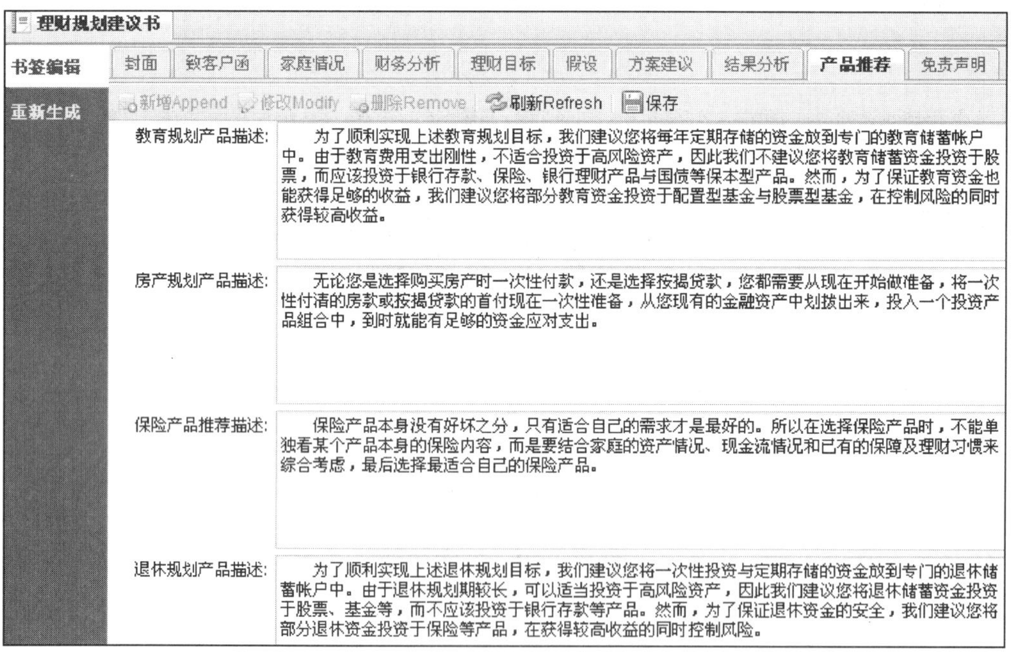

图 12－12　产品推荐

13. 单击上方菜单中的“免责声明”选项，填写“声明内容”完毕之后，单击“保存”键即可，出现如图 12－13 的界面。

14. 单击左侧菜单中的“重新生成”选项，出现如图 12－14 的界面。

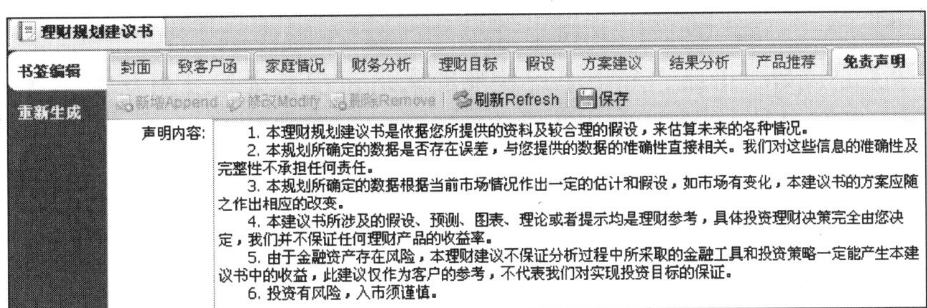

图 12－13　免责声明

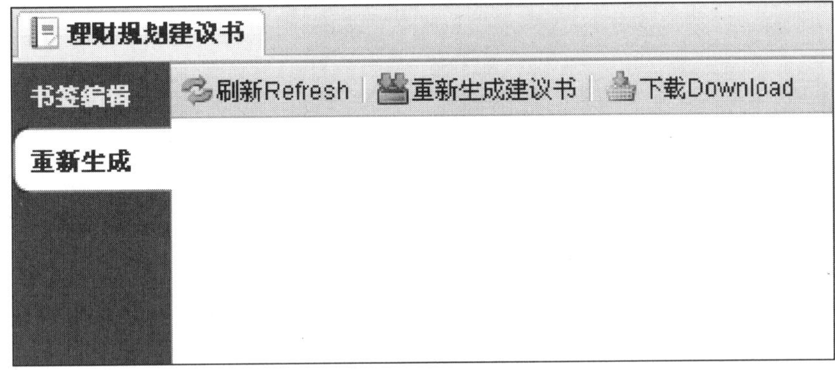

图 12－14　重新生成选项

15. 单击上方菜单栏中的“重新生成建议书”选项，最后单击“下载”选项，即可下载“理财规划建议书”，理财规划建议书的封面如图 12－15 所示。

理 财 规 划 建 议 书

FINANCIAL PLANNING REPORT

深圳市智盛信息技术有限公司

二〇一二年三月

图 12－15　理财规划建议书的封面

➢ **实务操作**

1. 全班学生分成若干小组，每个小组按照要求运用智盛金融理财规划系统为模拟客户张先生的家庭制作理财规划建议书。

2. 下载打印理财规划建议书，在实训课堂上，每个小组推荐1名同学进行理财规划建议书的说明。

附　　录

附录 1

商业银行个人理财业务管理暂行办法

中国银行业监督管理委员会令 2005 年第 2 号

颁布时间：2005 年 9 月 24 日　发文单位：中国银行业监督管理委员会

《商业银行个人理财业务管理暂行办法》已经中国银行业监督管理委员会第三十三次主席会议通过。现予公布，自 2005 年 11 月 1 日起施行。

主席　刘明康

二〇〇五年九月二十四日

第一章　总则

第一条　为加强商业银行个人理财业务活动的管理，促进个人理财业务健康有序发展，依据《中华人民共和国银行业监督管理法》、《中华人民共和国商业银行法》等有关法律法规，制定本办法。

第二条　本办法所称个人理财业务，是指商业银行为个人客户提供的财务分析、财务规划、投资顾问、资产管理等专业化服务活动。

第三条　商业银行开展个人理财业务，应遵守法律、行政法规和国家有关政策规定。

商业银行不得利用个人理财业务，违反国家利率管理政策进行变相高息揽储。

第四条　商业银行应按照符合客户利益和风险承受能力的原则，审慎尽责地开展个人理财业务。

第五条　商业银行开展个人理财业务，应建立相应的风险管理体系和内部控制制度，严格实行授权管理制度。

第六条　中国银行业监督管理委员会依照本办法及有关法律法规对商业银行个人理财业务活动实施监督管理。

第二章　分类及定义

第七条　商业银行个人理财业务按照管理运作方式不同，分为理财顾问服务和综合理财服务。

第八条　理财顾问服务，是指商业银行向客户提供的财务分析与规划、投资建议、个人投资产品推介等专业化服务。

商业银行为销售储蓄存款产品、信贷产品等进行的产品介绍、宣传和推介等一般性业务咨询活动，不属于前款所称理财顾问服务。

在理财顾问服务活动中，客户根据商业银行提供的理财顾问服务管理和运用资金，并承担由此产生的收益和风险。

第九条 综合理财服务，是指商业银行在向客户提供理财顾问服务的基础上，接受客户的委托和授权，按照与客户事先约定的投资计划和方式进行投资和资产管理的业务活动。

在综合理财服务活动中，客户授权银行代表客户按照合同约定的投资方向和方式，进行投资和资产管理，投资收益与风险由客户或客户与银行按照约定方式承担。

第十条 商业银行在综合理财服务活动中，可以向特定目标客户群销售理财计划。

理财计划是指商业银行在对潜在目标客户群分析研究的基础上，针对特定目标客户群开发设计并销售的资金投资和管理计划。

第十一条 按照客户获取收益方式的不同，理财计划可以分为保证收益理财计划和非保证收益理财计划。

第十二条 保证收益理财计划，是指商业银行按照约定条件向客户承诺支付固定收益，银行承担由此产生的投资风险，或银行按照约定条件向客户承诺支付最低收益并承担相关风险，其他投资收益由银行和客户按照合同约定分配，并共同承担相关投资风险的理财计划。

第十三条 非保证收益理财计划可以分为保本浮动收益理财计划和非保本浮动收益理财计划。

第十四条 保本浮动收益理财计划是指商业银行按照约定条件向客户保证本金支付，本金以外的投资风险由客户承担，并依据实际投资收益情况确定客户实际收益的理财计划。

第十五条 非保本浮动收益理财计划是指商业银行根据约定条件和实际投资收益情况向客户支付收益，并不保证客户本金安全的理财计划。

第三章 个人理财业务的管理

第十六条 商业银行应建立健全个人理财业务管理体系，明确个人理财业务的管理部门，针对理财顾问服务和综合理财服务的不同特点，分别制定理财顾问服务和综合理财服务的管理规章制度，明确相关部门和人员的责任。

第十七条 商业银行应区分理财顾问服务与一般性业务咨询活动，按照防止误导客户或不当销售的原则制定个人理财业务人员的工作守则与工作规范。

商业银行个人理财业务人员，应包括为客户提供财务分析、规划或投资建议的业务人员，销售理财计划或投资性产品的业务人员，以及其他与个人理财业务销售和管理活动紧密相关的专业人员。

第十八条 商业银行应建立健全综合理财服务的内部控制和定期检查制度，保证综合理财服务符合有关法律、法规及银行与客户的约定。

第十九条 商业银行应对理财计划的研发、定价、风险管理、销售、资金管理运用、账务处理、收益分配等方面进行全面规范，建立健全有关规章制度和内部审核程序，严格内部审查和稽核监督管理。

第二十条 商业银行应配备与开展的个人理财业务相适应的理财业务人员，保证个人理财业务人员每年的培训时间不少于20小时。

商业银行应详细记录理财业务人员的培训方式、培训时间及考核结果等，未达到培训要求的理财业务人员应暂停从事个人理财业务活动。

第二十一条　商业银行开展个人理财业务，应与客户签订合同，明确双方的权利与义务，并根据业务需要签署必要的客户委托授权书和其他代理客户投资所必须的法律文件。

第二十二条　商业银行销售的理财计划中包括结构性存款产品的，其结构性存款产品应将基础资产与衍生交易部分相分离，基础资产应按照储蓄存款业务管理，衍生交易部分应按照金融衍生产品业务管理。

第二十三条　商业银行不得将一般储蓄存款产品单独当作理财计划销售，或者将理财计划与本行储蓄存款进行强制性搭配销售。

第二十四条　保证收益理财计划或相关产品中高于同期储蓄存款利率的保证收益，应是对客户有附加条件的保证收益。商业银行不得无条件向客户承诺高于同期储蓄存款利率的保证收益率。

商业银行不得承诺或变相承诺除保证收益以外的任何可获得收益。

第二十五条　商业银行向客户承诺保证收益的附加条件，可以是对理财计划期限调整、币种转换等权利，也可以是对最终支付货币和工具的选择权利等。商业银行使用保证收益理财计划附加条件所产生的投资风险应由客户承担。

第二十六条　商业银行应根据理财计划或相关产品的风险状况，设置适当的期限和销售起点金额。

第二十七条　商业银行销售理财计划汇集的理财资金，应按照理财合同约定管理和使用。

商业银行除对理财计划所汇集的资金进行正常的会计核算外，还应为每一个理财计划制作明细记录。

第二十八条　在理财计划的存续期内，商业银行应向客户提供其所持有的所有相关资产的账单，账单应列明资产变动、收入和费用、期末资产估值等情况。账单提供应不少于两次，并且至少每月提供一次。商业银行与客户另有约定的除外。

第二十九条　商业银行应按季度准备理财计划各投资工具的财务报表、市场表现情况及相关材料，相关客户有权查询或要求商业银行向其提供上述信息。

第三十条　商业银行应在理财计划终止时，或理财计划投资收益分配时，向客户提供理财计划投资、收益的详细情况报告。

第三十一条　商业银行应根据个人理财业务的性质，按照国家有关法律法规的规定，采用适宜的会计核算和税务处理方法。

现行法律法规没有明确规定的，商业银行应积极与有关部门进行沟通，并就所采用的会计核算和税务处理方法，制定专门的说明性文件，以备有关部门检查。

第三十二条　商业银行开展个人理财业务，可根据相关规定向客户收取适当的费用，收费标准和收费方式应在与客户签订的合同中明示。

商业银行根据国家有关政策的规定，需要统一调整与客户签订的收费标准和收费方式时，应将有关情况及时告知客户；除非在相关协议中另有约定，商业银行根据业务发展和投资管理情况，需要对已签订的收费标准和收费方式进行调整时，应获得客户同意。

第三十三条　商业银行开展个人理财业务，涉及金融衍生产品交易和外汇管理规定的，应按照有关规定获得相应的经营资格。

第三十四条 商业银行开展个人理财服务，发现客户有涉嫌洗钱、恶意逃避税收管理等违法违规行为的，应按照国家有关规定及时向相关部门报告。

第四章 个人理财业务的风险管理

第三十五条 商业银行开展个人理财业务，应建立相应的风险管理体系，并将个人理财业务的风险管理纳入商业银行风险管理体系之中。

商业银行的个人理财业务风险管理体系应覆盖个人理财业务面临的各类风险，并就相关风险制定有效的管控措施。

第三十六条 商业银行开展个人理财业务，应进行严格的合规性审查，准确界定个人理财业务所包含的各种法律关系，明确可能涉及的法律和政策问题，研究制定相应的解决办法，切实防范法律风险。

第三十七条 商业银行利用理财顾问服务向客户推介投资产品时，应了解客户的风险偏好、风险认知能力和承受能力，评估客户的财务状况，提供合适的投资产品由客户自主选择，并应向客户解释相关投资工具的运作市场及方式，揭示相关风险。

商业银行应妥善保存有关客户评估和顾问服务的记录，并妥善保存客户资料和其他文件资料。

第三十八条 商业银行应制定理财计划或产品的研发设计工作流程，制定内部审批程序，明确主要风险以及应采取的风险管理措施，并按照有关要求向监管部门报送。

第三十九条 商业银行应对理财计划的资金成本与收益进行独立测算，采用科学合理的测算方式预测理财投资组合的收益率。

商业银行不得销售不能独立测算或收益率为零或负值的理财计划。

第四十条 商业银行理财计划的宣传和介绍材料，应包含对产品风险的揭示，并以醒目、通俗的文字表达；对非保证收益理财计划，在与客户签订合同前，应提供理财计划预期收益率的测算数据、测算方式和测算的主要依据。

第四十一条 商业银行应对理财计划设置市场风险监测指标，建立有效的市场风险识别、计量、监测和控制体系。

商业银行将有关市场监测指标作为理财计划合同的终止条件或终止参考条件时，应在理财计划合同中对相关指标的定义和计算方式作出明确解释。

第四十二条 商业银行开展个人理财业务，在进行相关市场风险管理时，应对利率和汇率等主要金融政策的改革与调整进行充分的压力测试，评估可能对银行经营活动产生的影响，制定相应的风险处置和应急预案。

商业银行不应销售压力测试显示潜在损失超过商业银行警戒标准的理财计划。

第四十三条 商业银行应当制定个人理财业务应急计划，并纳入商业银行整体业务应急计划体系之中，保证个人理财服务的连续性、有效性。

第四十四条 个人理财业务涉及金融衍生产品交易或者外汇管理规定的，商业银行应按照有关规定建立相应的管理制度和风险控制制度。

第五章　个人理财业务的监督管理

第四十五条　商业银行开展个人理财业务实行审批制和报告制。

第四十六条　商业银行开展以下个人理财业务，应向中国银行业监督管理委员会申请批准：

（一）保证收益理财计划；

（二）为开展个人理财业务而设计的具有保证收益性质的新的投资性产品；

（三）需经中国银行业监督管理委员会批准的其他个人理财业务。

第四十七条　商业银行申请需要批准的个人理财业务之前，应就有关业务方案与中国银行业监督管理委员会或其派出机构进行会谈，分析说明相关业务资源配备的情况、对主要风险的认识和相应的管理措施等，并应根据中国银行业监督管理委员会或其派出机构的意见对有关业务方案进行修改。

第四十八条　商业银行开展需要批准的个人理财业务应具备以下条件：

（一）具有相应的风险管理体系和内部控制制度；

（二）有具备开展相关业务工作经验和知识的高级管理人员、从业人员；

（三）具备有效的市场风险识别、计量、监测和控制体系；

（四）信誉良好，近两年内未发生损害客户利益的重大事件；

（五）中国银行业监督管理委员会规定的其他审慎性条件。

第四十九条　商业银行申请需要批准的个人理财业务，应向中国银行业监督管理委员会报送以下材料（一式三份）：

（一）由商业银行负责人签署的申请书；

（二）拟申请业务介绍，包括业务性质、目标客户群以及相关分析预测；

（三）业务实施方案，包括拟申请业务的管理体系、主要风险及拟采取的管理措施等；

（四）商业银行内部相关部门的审核意见；

（五）中国银行业监督管理委员会要求的其他文件和资料。

第五十条　中资商业银行（不包括城市商业银行、农村商业银行）开办需要批准的个人理财业务，应由其法人统一向中国银行业监督管理委员会申请，由中国银行业监督管理委员会审批。

外资独资银行、合资银行、外国银行分行开办需要批准的个人理财业务，应按照有关外资银行业务审批程序的规定，报中国银行业监督管理委员会审批。

城市商业银行、农村商业银行开办需要批准的个人理财业务，应由其法人按照有关程序规定，报中国银行业监督管理委员会或其派出机构审批。

第五十一条　商业银行开展其他个人理财业务活动，不需要审批，但应按照相关规定及时向中国银行业监督管理委员会或其派出机构报告。

第五十二条　商业银行销售不需要审批的理财计划之前，应向中国银行业监督管理委员会或其派出机构报告。商业银行最迟应在销售理财计划前 10 日，将以下资料按照有关业务报告的程序规定报送中国银行业监督管理委员会或其派出机构：

（一）理财计划拟销售的客户群，以及相关分析说明；

（二）理财计划拟销售的规模，资金成本与收益测算，以及相关计算说明；

（三）拟销售理财计划的对外介绍材料和宣传材料；

（四）中国银行业监督管理委员会要求的其他材料。

第五十三条 中资商业银行的分支机构可以根据其总行的授权开展相应的个人理财业务。外资银行分支机构可以根据其总行或地区总部等的授权开展相应的个人理财业务。

商业银行的分支机构开展相关个人理财业务之前，应持其总行（地区总部等）的授权文件，按照有关规定，向所在地中国银行业监督管理委员会派出机构报告。

第五十四条 商业银行个人理财业务人员应满足以下资格要求：

（一）对个人理财业务活动相关法律法规、行政规章和监管要求等，有充分的了解和认识；

（二）遵守监管部门和商业银行制定的个人理财业务人员职业道德标准或守则；

（三）掌握所推介产品或向客户提供咨询顾问意见所涉及产品的特性，并对有关产品市场有所认识和理解；

（四）具备相应的学历水平和工作经验；

（五）具备相关监管部门要求的行业资格；

（六）具备中国银行业监督管理委员会要求的其他资格条件。

第五十五条 中国银行业监督管理委员会将根据个人理财业务发展与监管的需要，组织、指导个人理财业务人员的从业培训和考核。

有关要求和考核办法，由中国银行业监督管理委员会另行规定。

第五十六条 中国银行业监督管理委员会及其派出机构可以根据个人理财业务发展与监管的实际需要，按照相应的监管权限，组织相关调查和检查活动。

对于以下事项，中国银行业监督管理委员会及其派出机构可以采用多样化的方式进行调查：

（一）商业银行从事产品咨询、财务规划或投资顾问服务业务人员的专业胜任能力、操守情况，以及上述服务对投资者的保护情况；

（二）商业银行接受客户的委托和授权，按照与客户事先约定的投资计划和方式进行资产管理的业务活动，客户授权的充分性与合规性，操作程序的规范性，以及客户资产保管人员和账户操作人员职责的分离情况等；

（三）商业银行销售和管理理财计划过程中对投资人的保护情况，以及对相关产品风险的控制情况。

第五十七条 商业银行应按季度对个人理财业务进行统计分析，并于下一季度的第一个月内，将有关统计分析报告（一式三份）报送中国银行业监督管理委员会。

第五十八条 商业银行对个人理财业务的季度统计分析报告，应至少包括以下内容：

（一）当期开展的所有个人理财业务简介及相关统计数据；

（二）当期推出的理财计划简介，理财计划的相关合同、内部法律审查意见、管理模式（包括会计核算和税务处理方式等）、销售预测及当期销售和投资情况；

（三）相关风险监测与控制情况；

（四）当期理财计划的收益分配和终止情况；

（五）涉及的法律诉讼情况；

（六）其他重大事项。

第五十九条　商业银行应在每一会计年度终了编制本年度个人理财业务报告。个人理财业务年度报告，应全面反映本年度个人理财业务的发展情况，理财计划的销售情况、投资情况、收益分配情况，以及个人理财业务的综合收益情况等，并附年度报表。

年度报告和相关报表（一式三份），应于下一年度的 2 月底前报中国银行业监督管理委员会。

第六十条　商业银行个人理财业务的统计指标、统计方式，有关报表的编制，以及相关信息和报表报告的披露等，由中国银行业监督管理委员会另行规定。

第六章　法律责任

第六十一条　商业银行开展个人理财业务有下列情形之一的，银行业监督管理机构可依据《中华人民共和国银行业监督管理法》第四十七条的规定和《金融违法行为处罚办法》的相关规定对直接负责的董事、高级管理人员和其他直接责任人员进行处理，构成犯罪的，依法追究刑事责任：

（一）违规开展个人理财业务造成银行或客户重大经济损失的；

（二）未建立相关风险管理制度和管理体系，或虽建立了相关制度但未实际落实风险评估、监测与管控措施，造成银行重大损失的；

（三）泄露或不当使用客户个人资料和交易信息记录造成严重后果的；

（四）利用个人理财业务从事洗钱、逃税等违法犯罪活动的；

（五）挪用单独管理的客户资产的。

第六十二条　商业银行开展个人理财业务有下列情形之一的，由银行业监督管理机构依据《中华人民共和国银行业监督管理法》的规定实施处罚：

（一）违反规定销售未经批准的理财计划或产品的；

（二）将一般储蓄存款产品作为理财计划销售并违反国家利率管理政策，进行变相高息揽储的；

（三）提供虚假的成本收益分析报告或风险收益预测数据的；

（四）未按规定进行风险揭示和信息披露的；

（五）未按规定进行客户评估的。

第六十三条　商业银行开展个人理财业务的其他违法违规行为，由银行业监督管理机构依据相应的法律法规予以处罚。

第六十四条　商业银行违反审慎经营规则开展个人理财业务，或利用个人理财业务进行不公平竞争的，银行业监督管理机构应依据有关法律法规责令其限期改正；逾期未改正的，银行业监督管理机构依据有关法律法规可以采取下列措施：

（一）暂停商业银行销售新的理财计划或产品；

（二）建议商业银行调整个人理财业务管理部门负责人；

（三）建议商业银行调整相关风险管理部门、内部审计部门负责人。

第六十五条　商业银行开展个人理财业务有下列情形之一，并造成客户经济损失的，应按照有关法律规定或者合同的约定承担责任：

（一）商业银行未保存有关客户评估记录和相关资料，不能证明理财计划或产品的销售是符合客户利益原则的；

（二）商业银行未按客户指令进行操作，或者未保存相关证明文件的；

（三）不具备理财业务人员资格的业务人员向客户提供理财顾问服务、销售理财计划或产品的。

第七章　附则

第六十六条　本办法中的“日”指工作日，“月”指日历“月”。

第六十七条　农村合作银行、城市信用社、农村信用社等其他银行业金融机构开展个人理财业务，参照本办法执行。

第六十八条　本办法由中国银行业监督管理委员会负责解释。

第六十九条　本办法自2005年11月1日起施行。

附录2

商业银行个人理财业务风险管理指引

2005年9月30日　　来源：银监会

第一章　总则

第一条　为加强商业银行个人理财业务的监管，提高商业银行个人理财业务风险管理水平，依据《中华人民共和国银行业监督管理法》、《中华人民共和国商业银行法》等相关法律法规和行政规章，制定本指引。

第二条　商业银行应根据本指引及自身业务发展战略、风险管理方式和所开展的个人理财业务特点，制定更加具体和有针对性的内部风险管理制度和风险管理规程，建立健全个人理财业务风险管理体系，并将个人理财业务风险纳入商业银行整体风险管理体系之中。

第三条　商业银行应当对个人理财业务实行全面、全程风险管理。个人理财业务的风险管理，既应包括商业银行在提供个人理财顾问服务和综合理财服务过程中面临的法律风险、操作风险、声誉风险等主要风险，也应包括理财计划或产品包含的相关交易工具的市场风险、信用风险、操作风险、流动性风险以及商业银行进行有关投资操作和资产管理中面临的其他风险。

第四条　商业银行对各类个人理财业务的风险管理，都应同时满足个人理财顾问服务相关风险管理的基本要求。

第五条　商业银行应当具备与管控个人理财业务风险相适应的技术支持系统和后台保障能力，以及其他必要的资源保证。

第六条　商业银行应当制定并落实内部监督和独立审核措施，合规、有序地开展个人理财业务，切实保护客户的合法权益。

第七条　商业银行应建立个人理财业务的分析、审核与报告制度，并就个人理财业务的主要风险管理方式、风险测算方法与标准，以及其他涉及风险管理的重大问题，积极主动地与监管部门沟通。

第八条　商业银行接受客户委托进行投资操作和资产管理等业务活动，应与客户签定合同，确保获得客户的充分授权。商业银行应妥善保管相关合同和各类授权文件，并至少每年重新确认一次。

第九条　商业银行应当将银行资产与客户资产分开管理，明确相关部门及其工作人员在管理、调整客户资产方面的授权。对于可以由第三方托管的客户资产，应交由第三方托管。

第十条　商业银行应当保存完备的个人理财业务服务记录，并保证恰当地使用这些记录。

除法律法规另有规定，或经客户书面同意外，商业银行不得向第三方提供客户的相关资料和服务与交易记录。

第二章 个人理财顾问服务的风险管理

第十一条 商业银行的董事会和高级管理层应当充分了解个人理财顾问服务可能对商业银行法律风险、声誉风险等产生的重要影响，密切关注个人理财顾问服务的操作风险、合规性风险等风险管控制度的实际执行情况，确保个人理财顾问服务的各项管理制度和风险控制措施体现了解客户和符合客户最大利益的原则。

第十二条 商业银行高级管理层应充分认识建立银行内部监督审核机制对于降低个人理财顾问服务法律风险、操作风险和声誉风险等的重要性，应至少建立个人理财业务管理部门内部调查和审计部门独立审计两个层面的内部监督机制，并要求内部审计部门提供独立的风险评估报告，定期召集相关人员对个人理财顾问服务的风险状况进行分析评估。

第十三条 商业银行个人理财业务管理部门应当配备必要的人员，对本行从事个人理财顾问服务的业务人员操守与胜任能力、个人理财顾问服务操作的合规性与规范性、个人理财顾问服务品质等进行内部调查和监督。

第十四条 个人理财业务管理部门的内部调查监督，应在审查个人理财顾问服务的相关记录、合同和其他材料等基础上，重点检查是否存在错误销售和不当销售情况。

个人理财业务管理部门的内部调查监督人员，应采用多样化的方式对个人理财顾问服务的质量进行调查。销售每类理财计划时，内部调查监督人员都应亲自或委托适当的人员，以客户的身份进行调查。

第十五条 商业银行的内部审计部门对个人理财顾问服务的业务审计，应制定审计规范，并保证审计活动的独立性。

第十六条 商业银行开展个人理财顾问服务，应根据不同种类个人理财顾问服务的特点，以及客户的经济状况、风险认知能力和承受能力等，对客户进行必要的分层，明确每类个人理财顾问服务适宜的客户群体，防止由于错误销售损害客户利益。

第十七条 商业银行应在客户分层的基础上，结合不同个人理财顾问服务类型的特点，确定向不同客户群提供个人理财顾问服务的通道。

第十八条 商业银行应当充分认识到不同层次的客户、不同类型的个人理财顾问服务和个人理财顾问服务的不同渠道所面临的主要风险，制定相应的具有针对性的业务管理制度、工作规范和工作流程。相关制度、规范和流程应当突出重点风险的管理，清晰明确，具有较高的可操作性。

第十九条 商业银行应当根据有关规定建立健全个人理财业务人员资格考核与认定、继续培训、跟踪评价等管理制度，保证相关业务人员具备必要的专业知识、行业经验和管理能力，充分了解所从事业务的有关法律法规和监管规章，理解所推介产品的风险特性，遵守职业道德。

第二十条 商业银行应当明确个人理财业务人员与一般产品销售和服务人员的工作范围界限，禁止一般产品销售人员向客户提供理财投资咨询顾问意见、销售理财计划。客户在办理一般产品业务时，如需要银行提供相关个人理财顾问服务，一般产品销售和服务人员应将客户移交理财业务人员。

如确有需要，一般产品销售和服务人员可以协助理财业务人员向客户提供个人理财顾问服务，但必须制定明确的业务管理办法和授权管理规则。

第二十一条　商业银行从事财务规划、投资顾问和产品推介等个人理财顾问服务活动的业务人员，以及相关协助人员，应了解所销售的银行产品、代理销售产品的性质、风险收益状况及市场发展情况等。

第二十二条　商业银行向客户提供财务规划、投资顾问、推介投资产品服务，应首先调查了解客户的财务状况、投资经验、投资目的，以及对相关风险的认知和承受能力，评估客户是否适合购买所推介的产品，并将有关评估意见告知客户，双方签字。

第二十三条　对于市场风险较大的投资产品，特别是与衍生交易相关的投资产品，商业银行不应主动向无相关交易经验或经评估不适宜购买该产品的客户推介或销售该产品。

客户主动要求了解或购买有关产品时，商业银行应向客户当面说明有关产品的投资风险和风险管理的基本知识，并以书面形式确认是客户主动要求了解和购买产品。

第二十四条　客户评估报告认为某一客户不适宜购买某一产品或计划，但客户仍然要求购买的，商业银行应制定专门的文件，列明商业银行的意见、客户的意愿和其他的必要说明事项，双方签字认可。

第二十五条　商业银行在向客户说明有关投资风险时，应使用通俗易懂的语言，配以必要的示例，说明最不利的投资情形和投资结果。

第二十六条　个人理财业务人员对客户的评估报告，应报个人理财业务部门负责人或经其授权的业务主管人员审核。

审核人员应着重审查理财投资建议是否存在误导客户的情况，避免部分业务人员为销售特定银行产品或银行代理产品对客户进行了错误销售和不当销售。

第二十七条　对于投资金额较大的客户，评估报告除应经个人理财业务部门负责人审核批准外，还应经其他相关部门或者商业银行主管理财业务的负责人审核。审核的权限，应根据产品特性和商业银行风险管理的实际情况制定。

第二十八条　商业银行应当建立个人理财顾问服务的跟踪评估制度，定期对客户评估报告或投资顾问建议进行重新评估，并向客户说明有关评估情况。

第二十九条　商业银行向客户提供的所有可能影响客户投资决策的材料，商业银行销售的各类投资产品介绍，以及商业银行对客户投资情况的评估和分析等，都应包含相应的风险揭示内容。风险揭示应当充分、清晰、准确，确保客户能够正确理解风险揭示的内容。

商业银行通过理财服务销售的其他产品，也应进行明确的风险揭示。

第三十条　商业银行提供个人理财顾问服务业务时，要向客户进行风险提示。风险提示应设计客户确认栏和签字栏。客户确认栏应载明以下语句，并要求客户抄录后签名：

“本人已经阅读上述风险提示，充分了解并清楚知晓本产品的风险，愿意承担相关风险”。

第三十一条　商业银行应当保证配置足够的资源支持所开展的个人理财顾问服务，并向客户提供有效的服务渠道。

商业银行应制定相关制度接受并及时处理客户投诉。

第三章　综合理财服务的风险管理

第三十二条　商业银行的董事会和高级管理层应当充分了解和认识综合理财服务的高风

险性，建立健全综合理财服务的内部管理与监督体系、客户授权检查与管理体系和风险评估与报告体系，并及时对相关体系的运行情况进行检查。

第三十三条 商业银行应定期对内部风险监控和审计程序的独立性、充分性、有效性进行审核和测试，商业银行内部监督部门应向董事会和高级管理层提供独立的综合理财业务风险管理评估报告。

第三十四条 商业银行应综合分析所销售的投资产品可能对客户产生的影响，确定不同投资产品或理财计划的销售起点。

保证收益理财计划的起点金额，人民币应在5万元以上，外币应在5 000美元（或等值外币）以上；其他理财计划和投资产品的销售起点金额应不低于保证收益理财计划的起点金额，并依据潜在客户群的风险认识和承受能力确定。

第三十五条 商业银行应当建立必要的委托投资跟踪审计制度，保证商业银行代理客户的投资活动符合与客户的事先约定。

未经客户书面许可，商业银行不得擅自变更客户资金的投资方向、范围或方式。

第三十六条 商业银行的董事会和高级管理层应根据商业银行的经营战略、风险管理能力和人力资源状况等，慎重研究决定商业银行是否销售以及销售哪些类型的理财计划。

第三十七条 商业银行在销售任何理财计划时，应事前对拟销售的理财计划进行全面的风险评估，制定主要风险的管控措施，并建立分级审核批准制度。

第三十八条 商业银行的董事会或高级管理层应根据本行理财计划的发展策略、资本实力和管理能力，确定本行理财计划所能承受的总体风险程度，并明确每个理财计划所能承受的风险程度。

可承受的风险程度应当是量化指标，可以与商业银行的资本总额相联系，也可以与个人理财业务收入等其他指标相联系。

第三十九条 商业银行的董事会或高级管理层应确保理财计划的风险管理能够按照规定的程序和方法实施，并明确划分相关部门或人员在理财计划风险管理方面的权限与责任，建立内部独立审计监督机制。

第四十条 商业银行的董事会或高级管理层应当根据理财计划及其所包含的投资产品的性质、销售规模和投资的复杂程度，针对理财计划面临的各类风险，制定清晰、全面的风险限额管理制度，建立相应的管理体系。

理财计划涉及的有关交易工具的风险限额，同时应纳入相应的交易工具的总体风险限额管理。

第四十一条 商业银行应采用多重指标管理市场风险限额，市场风险的限额可以采用交易限额、止损限额、错配限额、期权限额和风险价值限额等。但在所采用的风险限额指标中，至少应包括风险价值限额。

第四十二条 商业银行除应制定银行总体可承受的市场风险限额外，还应当按照风险管理权限，制定不同的交易部门和交易人员的风险限额，并确定每一理财计划或产品的风险限额。

第四十三条 商业银行对信用风险限额的管理，应当包括结算前信用风险限额和结算信用风险限额。

结算前信用风险限额可采用传统信贷业务信用额度的计算方式，根据交易对手的信用状况计算；结算信用风险限额应根据理财计划所涉及的交易工具的实际结算方式计算。

第四十四条　商业银行可根据实际业务情况确定流动性风险限额的管理，但流动性风险限额应至少包括期限错配限额，并应根据市场风险和信用风险可能对银行流动性产生的影响，制定相应的限额指标。

第四十五条　商业银行的各相关部门都应当在规定的限额内进行交易，任何突破限额的交易都应当按照有关内部管理规定事先审批。对于未事先审批而突破交易限额的交易，应予以记录并调查处理。

第四十六条　商业银行对相关风险的评估测算，应当按照有关规定采用适宜、有效的方法，并应保证相关风险评估测算的一致性。

第四十七条　商业银行应清楚划分相关业务运作部门的职责，采取充分的隔离措施，避免利益冲突可能给客户造成的损害。

理财计划风险分析部门、研究部门应当与理财计划的销售部门、交易部门分开，保证有关风险评估分析、市场研究等的客观性。

第四十八条　商业银行应当将负责理财计划或产品相关交易工具的交易人员，与负责银行自营交易的交易人员相分离，并定期检查、比较两类交易人员的交易状况。

第四十九条　理财计划的内部监督部门和审计部门应当独立于理财计划的运营部门，适时对理财计划的运营情况进行监督检查和审计，并直接向董事会和高级管理层报告。

第五十条　商业银行应当充分、清晰、准确地向客户提示综合理财服务和理财计划的风险。对于保证收益理财计划和保本浮动收益理财计划，风险提示的内容应至少包括以下语句：

"本理财计划有投资风险，您只能获得合同明确承诺的收益，您应充分认识投资风险，谨慎投资"。

第五十一条　对于非保本浮动收益理财计划，风险提示的内容应至少包括以下语句：

"本理财计划是高风险投资产品，您的本金可能会因市场变动而蒙受重大损失，您应充分认识投资风险，谨慎投资"。

第四章　个人理财业务产品风险管理

第五十二条　商业银行开展个人理财业务涉及代理销售其他金融机构的投资产品时，应对产品提供者的信用状况、经营管理能力、市场投资能力和风险处置能力等进行评估，并明确界定双方的权利与义务，划分相关风险的承担责任和转移方式。

第五十三条　商业银行应要求提供代销产品的金融机构提供详细的产品介绍、相关的市场分析报告和风险收益测算报告。

第五十四条　商业银行提供的理财产品组合中如包括代理销售产品，应对所代理的产品进行充分的分析，对相关产品的风险收益预测数据进行必要的验证。商业银行应根据产品提供者提供的有关材料和对产品的分析情况，按照审慎原则重新编写有关产品介绍材料和宣传材料。

第五十五条　商业银行个人理财业务部门销售商业银行原有产品时，应当要求产品开发部门提供产品介绍材料和宣传材料。

个人理财业务部门认为有必要对以上材料进行重新编写时，应注意所编写的相关材料应与原有产品介绍和宣传材料保持一致。

第五十六条 商业银行根据理财业务发展需要研发的新投资产品的介绍和宣传材料，应当按照内部管理有关规定经相关部门审核批准。

第五十七条 商业银行在编写有关产品介绍和宣传材料时，应进行充分的风险揭示，提供必要的举例说明，并根据有关管理规定将需要报告的材料及时向中国银行业监督管理委员会报告。

第五十八条 商业银行研发新的投资产品，应当制定产品开发审批程序与规范，在进行任何新的投资产品开发之前，都应当就产品开发的背景、可行性、拟销售的潜在目标客户群等进行分析，并报董事会或高级管理层批准。

第五十九条 新产品的开发应当编制产品开发报告，并经各相关部门审核签字。产品开发报告应详细说明新产品的定义、性质与特征，目标客户及销售方式，主要风险及其测算和控制方法，风险限额，风险控制部门对相关风险的管理权力与责任，会计核算与财务管理方法，后续服务，应急计划等。

第六十条 商业银行应当建立新产品风险的跟踪评估制度，在新产品推出后，对新产品的风险状况进行定期评估。

第五章 附则

第六十一条 本指引中个人理财业务的定义与分类、适用范围等，与《商业银行个人理财业务管理暂行办法》相同。

第六十二条 本指引中数值所称“以上”，包括本数。

第六十三条 本指引由中国银行业监督管理委员会负责解释。

第六十四条 本指引自 2005 年 11 月 1 日施行。

附录 3

中国银监会关于规范信贷资产转让及信贷资产类理财业务有关事项的通知

银监发〔2009〕113 号

各银监局，各政策性银行、国有商业银行、股份制商业银行，中国邮政储蓄银行，银监会直接监管的信托公司、财务公司、金融租赁公司：

为进一步规范银行业金融机构买入、卖出或转移信贷资产业务（以下简称信贷资产转让业务）以及投资于信贷资产的各类理财业务（以下简称信贷资产类理财业务），促进相关业务规范、有序、健康发展，现就有关事项通知如下：

一、银行业金融机构开展信贷资产转让及信贷资产类理财业务时，应严格遵守国家法律、法规和相关监管规章的规定，健全并严格执行相应的风险管理制度和内部操作规程。

二、银行业金融机构开展信贷资产转让及信贷资产类理财业务时，应保证信贷资产（含贷款和票据融资）是确定的、可转让的，以合法有效地进行转让或投资。

三、银行业金融机构在进行信贷资产转让时，应严格遵守资产转让真实性原则。

转出方将信用风险、市场风险和流动性风险等完全转移给转入方后，方可将信贷资产移出资产负债表，转入方应同时将信贷资产作为自己的表内资产进行管理；转出方和转入方应做到衔接一致，相关风险承担在任何时点上均不得落空，转入方应按相应权重计算风险资产，计提必要的风险拨备。

四、禁止资产的非真实转移，在进行信贷资产转让时，转出方自身不得安排任何显性或隐性的回购条件；禁止资产转让双方采取签订回购协议、即期买断加远期回购协议等方式规避监管。

五、为满足资产真实转让的要求，银行业金融机构应按法律、法规的相应规定和合同的约定，通知借款人，完善贷款转让的相关法律手续；票据融资应具备真实的贸易背景，按照票据的有关规定进行背书转让。

六、银行业金融机构在进行信贷资产转让时，相应的担保物权应通过法律手续予以明确，防止原有的担保物权落空。

七、银行业金融机构在签订信贷资产转让协议时，应明确双方权利和义务，转出方应向转入方提供资产转让业务的法律文件和其他相关资料；转出方接受转入方的委托，进行信贷资产的日常贷后管理和权利追索的，应明确双方的委托代理关系和各自的职责，承担相应的法律责任。

八、银行业金融机构在开展信贷资产转让业务时，应严格按照企业会计准则关于“金融资产转移”的规定及其他相关规定进行信贷资产转移的确认，并做相应的会计核算和账务处理。

九、银行业金融机构开展信贷资产转让业务，不论是转出还是转入，均应按照有关监管要求，及时准确地向监管机构报送相关数据信息。

十、银行业金融机构在开展信贷资产类理财业务时，应严格遵守并切实做到成本可算、风险可控、信息披露充分，遵守理财业务以及银信合作业务的相关规定，同时遵守银行业金融机构之间信贷资产转让的相关规定。

十一、银行业金融机构应在信贷资产类理财产品设计阶段充分评估该产品的信用风险、市场风险和流动性风险等主要风险，制定相应的风险应急预案，并按照理财业务产品报告的规定及时向监管机构报送包括风险应急预案在内的相关资料。

十二、银行业金融机构应在信贷资产类理财产品销售协议中向客户充分披露信贷资产的风险收益特性及五级分类状况。理财资金投资的信贷资产的风险收益特性及五级分类信息应在产品存续期按照有关规定向客户定期披露，如资产质量发生重大变化或者发生其他可能对客户权益或投资权益产生重大影响的突发事件，也应及时向客户披露。

十三、银行业金融机构应严格按照企业会计准则的相关规定对理财资金所投资的信贷资产逐项进行认定，将不符合转移标准的信贷资产纳入表内核算，并按照自有贷款的会计核算制度进行管理，按相应的权重计算风险资产，计提必要的风险拨备。

十四、银行业金融机构应审慎经营信贷资产类理财业务，资本充足率、拨备覆盖率应达到监管机构的相应监管要求。

十五、信贷资产类理财产品应符合整体性原则，投资的信贷资产应包括全部未偿还本金及应收利息，不得有下列情形：（一）将未偿还本金与应收利息分开；（二）按一定比例分割未偿还本金或应收利息；（三）将未偿还本金及应收利息整体按比例进行分割；（四）将未偿还本金或应收利息进行期限分割。

十六、单一的、有明确到期日的信贷资产类理财产品的期限应与该信贷资产的剩余期限一致。

信贷资产类理财产品通过资产组合管理的方式投资于多项信贷资产，理财产品的期限与信贷资产的剩余期限存在不一致时，应将不少于30%的理财资金投资于高流动性、本金安全程度高的贷款、债券等产品。

十七、银行业金融机构开展信贷资产转让业务或信贷资产类理财业务时违反本通知规定，未能审慎经营的，监管部门将依据《银行业监督管理法》的有关规定，追究相关负责人的责任、并责令该机构暂停信贷资产转让业务或信贷资产理财业务。

十八、本通知适用于银行业金融机构，包括在中华人民共和国境内设立的商业银行、城市信用合作社、农村信用合作社等吸收公众存款的金融机构及政策性银行。

十九、本通知中的信贷资产转让及信贷资产类理财业务，如果涉及银信合作业务且另有规定的，银行业金融机构应同时遵守相关规定。

二十、本通知印发之前发生的信贷资产转让及信贷资产类理财业务，应按本通知的要求予以清理和规范，并将相关情况及时报送监管机构。

请各银监局将本通知转发至辖内银监分局和相关银行业金融机构。

二〇〇九年十二月二十三日

附录 4

中国银监会关于进一步规范银信理财合作业务的通知

银监发〔2011〕7 号

各银监局，各政策性银行、国有商业银行、股份制商业银行，邮政储蓄银行，银监会直接监管的信托公司：

为进一步防范银信理财合作业务风险，促进商业银行和信托公司理财合作业务健康发展，结合《中国银监会关于规范银信理财合作业务有关事项的通知》（银监发〔2010〕72 号，以下简称《通知》）有关规定，现就有关事项通知如下：

一、各商业银行应当按照《通知》要求在 2011 年底前将银信理财合作业务表外资产转入表内。各商业银行应当在 2011 年 1 月 31 日前向银监会或其省级派出机构报送资产转表计划，原则上银信合作贷款余额应当按照每季至少 25% 的比例予以压缩。

二、对商业银行未转入表内的银信合作信托贷款，各信托公司应当按照 10.5% 的比例计提风险资本。

三、信托公司信托赔偿准备金低于银信合作不良信托贷款余额 150% 或低于银信合作信托贷款余额 2.5% 的，信托公司不得分红，直至上述指标达到标准。

各银监局应当严格按照上述要求督促商业银行资产转表、信托公司压缩银信合作信托贷款业务。

各单位收到本通知后要立即按上述要求抓紧落实。

二〇一一年一月十三日